中国对中东欧国家差异化投资策略研究

A Study on China's Differentiated Investment Strategies in Central and Eastern European Countries

韩 萌 / 著

中国社会科学出版社

图书在版编目（CIP）数据

中国对中东欧国家差异化投资策略研究 / 韩萌著.

北京：中国社会科学出版社，2024.9. -- ISBN 978 - 7 - 5227 - 4173 - 4

Ⅰ. F835.048

中国国家版本馆 CIP 数据核字第 2024R528K6 号

出 版 人	赵剑英	
责任编辑	范娟荣	
责任校对	李　锦	
责任印制	王　超	

出　　版	中国社会科学出版社	
社　　址	北京鼓楼西大街甲 158 号	
邮　　编	100720	
网　　址	http：//www.csspw.cn	
发 行 部	010 - 84083685	
门 市 部	010 - 84029450	
经　　销	新华书店及其他书店	
印　　刷	北京君升印刷有限公司	
装　　订	廊坊市广阳区广增装订厂	
版　　次	2024 年 9 月第 1 版	
印　　次	2024 年 9 月第 1 次印刷	
开　　本	710×1000　1/16	
印　　张	15.5	
插　　页	2	
字　　数	238 千字	
定　　价	85.00 元	

凡购买中国社会科学出版社图书，如有质量问题请与本社营销中心联系调换
电话：010 - 84083683
版权所有　侵权必究

前　言

作为连接亚欧大陆的门户，中东欧既是"一带一路"建设的重要板块，也是中国优化整体投资布局的关键方向。一方面，中东欧国家大多处于工业化和城市化的快速发展阶段，且在近年来欧洲产业升级与资本转移的带动下，成为当前全球经济发展最具活力的地区。这不仅给予了中东欧与中国较高的经贸合作契合度，并且其相对成熟的市场发育水平与完备的产业发展基础也为中国企业提供了良好的市场经营环境，因此是中国寻求海外投资合作的优势区域。另一方面，中东欧处在连通最发达的欧盟一体化市场和最主要的能源产地间的接合部，其东联西通的地缘优势明显，是中国进入欧盟市场的关键通道，强化中国同中东欧国家投资合作水平将有利于发挥其区域"辐射"效应，从而为中国进一步开拓欧盟市场搭建起更为畅通的对接桥梁。虽然随着中国—中东欧国家合作[1]的逐步深化，中国对中东欧直接投资水平在近年来实现了显著增长，但不可否认，普遍偏低的投资基数显示出中国与中东欧的双边投资关系仍处于调节余缺、互通有无的初级阶段，而中东欧地区差异化的合作需求、多元化的社会环境以及域外大国的竞争挤压等因素也给中国对该地区投资布局的优化拓展带来了不小的挑战，在阻碍了中国与中东欧互利合作进程的同时，也抑制了中国投资者的整体合作意愿，从而使得中国与中东欧经贸合作的持续稳定发展面临着极大的威胁。鉴于此，为了进

---

[1] 2019年4月，希腊成为中国—中东欧国家合作的正式成员，原"16+1合作"更名为"17+1合作"。由于希腊加入以及波罗的海三国退出时间较晚，因此本书主要围绕原16个成员国家展开讨论，如无特别指出，书中相关数据不包含希腊。

一步夯实中国与中东欧国家的投资合作基础，全面优化中国资本在中东欧的区位战略布局，本书在回顾现有文献研究的基础上，从中东欧地区实际出发，系统地梳理了其区位优势及历史机遇条件，在明确了中国区位选择逻辑依据的同时，采用了多种计量方法，从实证入手，先后衡量了中东欧各国的投资便利化水平、中国对中东欧的投资动机以及中国对中东欧各国直接投资的潜力空间，并以此为参考，对中国向中东欧直接投资的区位流向进行了科学划分，从而为中国进一步完善对中东欧投资机制与布局，加快推动"一带一路"建设、"走出去"战略以及中国—中东欧国家合作的顺利实施提供了有益的经验借鉴与合理的决策参考。

本书共有七章。第一章为绪言，在提出研究中国对中东欧国家直接投资区位选择问题原因的基础上，系统阐述了研究的理论及实践意义，详细说明了研究的目标、思路以及创新之处，从而在对论文进行整体性规划的同时，为全文的构架脉络提供了清晰的线索。同时，目前国内外学者在对外直接投资理论及区位选择方面已经取得了丰硕的研究成果。为避免研究重复，拓宽研究空间，本书从发达国家对外直接投资理论、发展中国家对外直接投资理论、中国对外直接投资理论、经济因素影响下对外直接投资区位选择、非经济因素影响下对外直接投资区位选择以及中国对中东欧国家直接投资六个方面入手，对国内外相关研究进行了梳理与归纳，从而在为本书提供了有力论证依据的同时，也为作者发掘研究缺口、探寻研究不足给予了充分的参考支撑，这对于进一步明确本书的研究方向与研究价值起到了十分重要的作用。

第二章为中国对中东欧国家直接投资的发展现状分析。虽然在"一带一路"建设与中国—中东欧国家合作不断深化的历史背景下，中国与中东欧国家无论在合作内容还是规模上都取得了长足的进展，但不可否认，中国对中东欧各国的直接投资基数仍普遍偏低，存在极大的市场拓展空间。为进一步推动双方的优势互补，为"一带一路"投资结构布局的完善奠定更为坚实的发展根基，本章在系统梳理中国对中东欧国家直接投资发展历程的基础之上，对当前投资现状特征进行了总结，并在这一背景下，提出了中东欧的区位优势、中国对其直接投资的历史机遇以及存在的挑战，从而在明确了中国区位选择逻辑依据的同时，为中国企业"扬帆"中东欧提供了有价值的经验参考。

第三章为中东欧投资便利化综合指标体系构建。为了客观、全面、高效地衡量中东欧国家的投资环境，以东道国视角推动中国资本区位投资效益的提升，本章构建了一套完整的投资便利化评价指标体系，从东道国基础设施质量、投资经营效率、金融及信息化服务水平、制度供给能力以及劳动市场环境五个层面入手，对中东欧国家的投资便利程度进行系统量化，在客观评估各国投资环境差异的基础上，进一步细化了市场竞争优势，从而为中国企业投资中东欧提供科学的区位决策参考。

第四章为中国对中东欧国家的区位投资动机分析。对外直接投资的区位选择不仅取决于东道国的便利化水平，也与母国企业的投资动机有着十分紧密的联系。为了客观反映中东欧各国的区位优势与中国企业投资动机的匹配水平，实现中国对不同中东欧国家投资决策的差异化区分，本章从投资动机与区位选择的机理关系入手，在明确中国对外直接投资动机类型的基础上，通过实证分析，科学验证了中国对中东欧国家投资动机的影响方向，并利用灰色关联度分析方法，量化了中国对不同中东欧国家的投资动机偏好，提升了中国企业与中东欧市场对接能效，并为优化中国对中东欧直接投资区位布局提供了一条新的途径。

第五章是中国对中东欧国家直接投资的潜力分析。基于单一视角所提炼的区位优势虽然在一定程度上有助于提升中国对中东欧直接投资的选择效率与经营效益，但参考因素的片面性并不能从整体上实现对于中国投资潜力的客观判断以及对于投资区位选择合理性的系统衡量。因此，本章在前文研究结论的基础上，将第三、四章所涉及的投资因素进行了统一归纳，在综合考虑东道国投资环境与母国投资动机的双重视角下，利用随机前沿模型，科学衡量了不同因素对于中国投资规模的影响方向与程度，并在此基础上明确了中国对于中东欧直接投资的效率与潜力空间，从而为中国企业深入发掘中东欧投资机遇，优化中东欧区位投资布局提供了更为全面的启示与实证支持。

第六章为中国对中东欧直接投资的区位选择框架。以第三、四、五章的计算及分析结果为参考，本章从区域板块层面构建了中国对中东欧直接投资的区位选择框架，并且以各自发展特点与现状为依据，对重点国别进行了深入剖析，在明确了各国投资优势领域的同时，基于市场风险，有针对性地提出了差异化的投资策略，从而为进一步完善中国资本在中东欧国家的行动路径与布局方案、全面提升中国企业在中东欧市场的经营效益提供了有力的规划保障与战略支持。

第七章为结论及政策建议。本章提出了对全书的研究结论，并从政府及企业两个层面出发，基于目前中国对中东欧国家直接投资与区位选择存在的共性问题提出了相应的政策建议，从而在化解中国对中东欧投资合作困境的同时，为全面推进双方合作多元化进程，实现中国与中东欧地区的互利共赢、共同繁荣提供有益的决策参考与政策启示。

目 录

第一章 绪言 ……………………………………………………（1）
  第一节 中东欧是中国扩大和深化对外开放的关键地带 …………（1）
  第二节 优化在中东欧地区投资布局对于提升中国对外经贸
        合作成效意义重大 ……………………………………（4）
  第三节 主要内容思路与目标方向 …………………………………（6）
  第四节 研究方法、数据资料及可行性分析 ………………………（9）
  第五节 特色与创新之处 ……………………………………………（11）
  第六节 文献综述 ……………………………………………………（12）

第二章 中国对中东欧国家直接投资的发展现状分析 …………（30）
  第一节 中国对中东欧国家直接投资发展历程 ……………………（31）
  第二节 中国对中东欧直接投资的现状特点 ………………………（35）
  第三节 中东欧的总体区位投资优势 ………………………………（50）
  第四节 中国对中东欧国家直接投资的历史机遇 …………………（69）
  第五节 中国对中东欧国家直接投资存在的挑战 …………………（79）

**第三章 基于东道国视角的中东欧国家投资便利化水平评估
         及区位划分** ………………………………………………（88）
  第一节 投资便利化的概念与研究进展 ……………………………（89）
  第二节 投资便利化指标的选取及影响机制分析 …………………（94）
  第三节 投资便利化与投资区位选择的逻辑关系 …………………（108）
  第四节 投资便利化综合指标体系权重的确定 ……………………（111）

第五节　中东欧投资便利化水平的测度结果与区位划分 ……… （123）

第四章　基于母国视角的中国对中东欧国家投资动机分析
　　　　　及区位划分 ………………………………………………… （137）
　　第一节　对外直接投资动机与区位选择的作用机制关系 ……… （138）
　　第二节　中国对中东欧直接投资的动机因素影响效果分析 …… （142）
　　第三节　基于灰色关联度分析法衡量中国对中东欧国家直接
　　　　　　投资偏好及区位划分 ……………………………………… （152）

第五章　基于综合视角的中国对中东欧国家直接投资
　　　　　潜力分析及区位划分 ……………………………………… （161）
　　第一节　直接投资潜力测算的模型选择 ………………………… （161）
　　第二节　随机前沿模型的理论框架 ……………………………… （163）
　　第三节　模型的设定与数据的来源 ……………………………… （167）
　　第四节　中国对中东欧直接投资潜力测算及区位划分 ………… （169）

第六章　中国对中东欧国家直接投资的区位选择框架 ……………… （176）
　　第一节　打造维谢格拉德集团与斯洛文尼亚板块成为投资
　　　　　　战略核心区 ………………………………………………… （180）
　　第二节　培育巴尔干半岛国家成为投资战略支撑区 …………… （185）
　　第三节　开发波罗的海三国成为投资战略功能区 ……………… （191）

第七章　结论及政策建议 …………………………………………… （196）
　　第一节　主要研究结论 …………………………………………… （196）
　　第二节　相关政策建议 …………………………………………… （199）

附录　中国对中东欧国家部分投资项目成果汇总
　　　　（截至 2020 年 5 月） ……………………………………… （212）

参考文献 ……………………………………………………………… （234）

第一章

绪　言

第一节　中东欧是中国扩大和深化
对外开放的关键地带

面对当前复苏乏力的全球经济形势，加强国际经贸合作已成为推动世界经济发展的关键动力。而对外直接投资作为开展经贸合作最重要的途径之一，对于一国优化其生产资源配置、拓展产品市场空间、推动技术水平升级更是发挥了不可忽视的作用，并得到了越来越多国家和地区的重视。美国、欧盟、日本、俄罗斯等主要经济体均制定了与对外直接投资密切相关的战略导向，如美国为了加强对中亚、阿富汗、南亚以及印度的投资合作而提出的"新丝绸之路战略"；俄罗斯为了进一步寻求在亚欧地区发展主动权所提出的"欧亚经济联盟"战略；日本为了推动与中亚及高加索地区外交关系的常态化，从而谋求战略资源的顺利开发与储备所提出的"丝绸之路外交"战略等。虽然近年来英国"脱欧"以及美国大选等一系列"黑天鹅"事件使逆全球化思潮一度升温，给各国间的开放合作带来了一定的挑战，经济合作与发展组织（OECD）数据显示，2016年全球外围直接投资（FDI）规模为1.61万亿美元，同比下降7%，此后，全球整体投资水平一蹶不振，联合国贸易和发展会议（UNCTAD）发布的报告显示，2018年全球对外直接投资比上年减少13%，降至1.3万亿美元，已连续三年减少，虽然在2019年恢复至1.54万亿美元，但受新冠疫情的影响，2020年全球外国直接投资急剧减少42%，比2008年国际金融危机后的低谷还低30%，达到近20年来的最低水平。新冠疫情的冲击以及全球经济政策的不确定性使得国际投资近年来整体陷入低迷，但从发展趋势来看，全球化进程并未就此止步。2018年，在各国的贸易结构中，70%以上是零部件半成品，这意味着绝大部分产品是要通过跨国分工生产而成的，而这也是市场自发演化的结果。根据联合国贸易和发展会议数据，在各国政策的大力刺激下，2021年全球经贸迎来"V型"复苏，全球跨国直接投资比2020年增长77%，从9290亿美元增至1.65万亿美元，超过新冠疫情前的水平。可见，全球化仍然是未来世界经济发展的"主旋律"，而对外直接投资也必然在国际分工体系不断完善、国际利益融合不断深化的大趋势下加快发展步伐，从而为全球经济一体化发展注入新能量，并成为驱动全球经济前进的新引擎。

作为最大的发展中经济体，中国自改革开放以来，就将对外贸易作为支撑经济高速发展的重要模式，而对外直接投资增长却相对缓慢。直到2000年10月11日党的十五届五中全会通过的"十五"计划建议中将"走出去"战略上升到正式的国家战略，中国对外直接投资才开始了高速的扩张。2010年，中国对外直接投资净额为688亿美元，2016年，中国对全球164个国家和地区的7961家境外企业投资11299亿元人民币，约合1701亿美元，相较于2010年增幅达147.2%，是继美国之后全世界第二大投资国，且首次成为"净对外投资国"。截至2022年年底，中国已有2.9万家境内投资者在国（境）外共设立对外直接投资企业4.66万家，分布在全球190个国家（地区），对外直接投资累计净额达2.75万亿美元，存量规模达2010年的8倍以上。近年来，虽然中国在对外直接投资方面取得了举世瞩目的成就，但面对当前国际政治经济的复杂变化以及国内经济结构调整压力的不断加大，中国外向型经济发展的战略举措正在迎来巨大的挑战，并随着全球投资环境的持续恶化，使得中国对外直接投资的发展将面临前所未有的制约。为了开辟对外开放的新局面，实现共同繁荣、持续发展的新目标，2013年9月和10月，习近平主席在出访中亚和东南亚国家期间，先后提出共建"丝绸之路经济带"和"21世纪海上丝绸之路"（简称"一带一路"）的重大倡议。十年来，"一带一路"已得到世界上150多个国家和30多个国际组织的响应和支持，顺应了经济全球化、开放合作的趋势，以"包容、开放、合作、共赢"的发展理念，推动了范围更广、水平更高、热情更高、层次更深的多边区域合作，从而对全球投资便利化与自由化的发展起到了十分重要的促进作用，进而为中国对外直接投资带来了新的发展机遇，也为中国对外开放格局的构建提供了新的发展空间。

"一带一路"辐射范围广阔，区域发展差异明显，因此层次化的投资布局将有效提升合作效率，挖掘开放潜力。作为连接亚欧大陆的门户，中东欧是"一带一路"建设重要的板块。一方面，不同于绝大多数共建"一带一路"国家，中东欧国家经济转型早、进展快，已建立起较为完善的市场机制下的生产要素配置体系，因此与同样处于工业化和城市化快速发展阶段的中国拥有较高的经贸合作契合度，更成熟的市场发育水平以及更完备的产业发展基础；另一方面，作为中国与亚欧交流合作的重要纽带，中东欧是中国进入欧盟市场的关键通道，是"一带一路"与欧洲投资计划的对接区。在亚欧经济带中，中东欧处在连通最发达的欧盟一体化市场和最主要的能源产地间的接合部，其东联西通的地缘优势明显，是欧盟市场的重要接入口。中东欧国家多数已是欧盟成员国，而其余国家也在不同程度上启动了入盟程序，因此，强化中国对中东欧国家的投资合作，不但有利于进一步挖掘区域内的市场及产业潜力，而且有利于充分发挥其"辐射"效应，夯实并推进中国对整体欧盟市场的投资与贸易进程。可见，强化中国与中东欧国家的经贸合作基础，优化中国对中东欧投资战略将极大地释放中国潜在的对外开放活力，从而为"一带一路"建设良性发展提供了更为宽广的合作平台。目前，中国已与中东欧国家间开展了长达 70 多年的经贸往来，且双边合作一直维持在较高水平，而近年来，随着中国与中东欧各国合作关系不断深入，特别是自 2012 年中国—中东欧国家领导人会晤举办以来，中国对中东欧国家的投资水平更是迈入了实质性飞跃阶段。据不完全统计，中国企业在中东欧国家投资逾 100 亿美元，是继美德等发达国家后中东欧地区最大的投资国，且涉及了机械、化工、电信、家电、新能源、物流商贸、研发、金融、农业等多个领域。由此可以看出，中国与中东欧国家投资合作正日趋紧密，已然成为中国在推进"一带一路"建设中的"新亮点"。但不可否认的是，在取得令人瞩目的合作成果的同时，全球经贸格局的变化以及中东欧各国在政治、经济、文化以及资源禀赋等方面的巨大差异也给中国探求构建"一带一路"框架下对中东欧合理的投资战略布局带来了不小的挑战,并在一定程度上阻碍了中国与中东欧开展互利合作,实现协同发展的进程,而这恰恰也意味着中国对中东欧国家直接投资的发展仍然存在较大的改进空间。基于此,在推进"一带一路"建设背景下充分发挥中国与中东欧双边合作基础作用,科学评价中东欧投资环境、潜力以及国别优势,并以此为依据全面优化中国对中东欧直接投资的区位战略布局,将为中国与中东欧经贸关系向着和谐、稳定、健康方向发展以及"一带一路"建设的稳步推进提供有力的理论支撑。

第二节 优化在中东欧地区投资布局对于提升中国对外经贸合作成效意义重大

对外直接投资已然成为当前推动中国经济发展的重要驱动因素,特别是在中国步入"新常态"的发展新阶段,国内要素成本不断升高,市场环境约束不断趋紧使得中国经济的发展受到了严重制约。与此同时,自2008年国际金融危机以来,全球经济持续低迷以及国家间发展不平衡使得全球化的进程进一步受阻。多边机制的不振、保护主义的升级、区域合作的碎片化以及疫情的冲击不但极大地影响了全球资本的自由运转,而且也使得全球经济治理格局发生剧变,从而给中国对外开放战略的顺利实施以及企业对外直接投资的顺利开展带来了巨大的挑战。以新兴经济体为主的中东欧近年来得益于欧洲产业升级与资本转移,已成为当前全球最具活力的经济发展区域,不但市场环境优越,且地缘优势明显。凭借着中国与中东欧交往程度的不断加深以及全球化发展目标与诉求的统一性,中东欧已然成为带动中国对外直接投资的新增长点。随着中国—中东欧国家合作的持续深入以及"一带一路"倡议的逐步落实,中国与中东欧的投资合作潜力将得到更大程度的释放,有利于为中国开展全方位、宽领域、多层次的对外经贸合作开辟空间。因此,本书在深入研究中国对中东欧直接投资现状的基础上,系统分析了中东欧国家的投资环境、中国对中东欧国家投资的规模潜力以及驱动因素,并以此为依据为中国在"一带一路"背景下对中东欧的直接投资区位选择进行优化，从而为中国进一步拓展中东欧市场，完善对外直接投资机制与布局，推动"一带一路"建设与"走出去"战略的顺利实施提供了参考依据，具有十分重要的理论意义和实践意义。

一 中国对中东欧直接投资区位选择研究的理论价值

多年以来，随着全球跨国投资的快速发展，国外关于对外直接投资的理论研究已经十分成熟，形成了较为完备的理论体系。然而，这些学术研究往往是从发达国家的角度出发，缺乏对于发展中国家在要素禀赋方面与发达国家存在客观差异的具体考量，因此在解释及优化发展中国家对外直接投资行为的过程中难免存在偏差与局限。对于中国这样一个发展中大国来说，其国际地位以及经济影响力的特殊性，更使得基于传统西方国家发展特征所产生的投资理论失去了其应有的诠释能力，特别是西方理论与中国现实问题的"错位"也证明了传统的西方投资理论已无法全面有效指导当前中国对外直接投资的合理发展。与此同时，由于中国目前对于中东欧直接投资的规模尚且有限，虽然近年来增长势头强劲，但无论是从中国总量的角度，还是从"一带一路"框架的角度，中东欧与中国的投资合作仍仅占少量的份额。鉴于此，中国对于中东欧直接投资的相关研究并不多，更鲜有针对该区域进行投资布局的整体性探究与规划。基于以上研究现状，本书将从中东欧国家实际情况出发，深入探究中国对中东欧直接投资的规模潜力、驱动因素以及该区域的自身环境水平，并以此为依据对直接投资区位进行战略选择与优化，从而建立并完善充分考虑中国具体国情以及符合中东欧发展现状的投资合作理论，以弥补并完善中国在该领域相关学术成果的空白与不足，因此具有一定的理论价值与现实意义。

二 中国对中东欧直接投资区位选择研究的实践意义

"一带一路"是中国向全球提出的一项开放包容的重大经贸合作倡议，而中东欧作为共建"一带一路"国家的关键区域，对于中国开拓海外市场，利用优势资源具有显著的促进作用。凭借着良好的合作基础以及多元化的合作诉求，中国"一带一路"建设与中东欧"向东开放"政策不谋而合，这也在一定程度上推动了双边投资互动关系，开启了快速发展的进程。但不可否认，中国与中东欧国家的投资基数偏低、依存度不足，因此双边投资关系仍处于调节余缺、互通有无的初级合作层面。而中东欧各国多样性的需求、差异化的营商环境以及域外大国的竞争与挤压也使得中国对该区域的投资受到了诸多不利因素的制约与影响，从而给中国与中东欧经贸合作的深化带来了不小的挑战。针对当前发展现状，本书将在"一带一路"建设背景下，采用定性与定量相结合的研究方法，探究中国开展对外直接投资的驱动因素，科学地量化东道国投资环境及中国对中东欧直接投资潜力，并以此为基础，系统且有针对性地提出中国对中东欧国家直接投资战略的具体方案，从而为化解中国与中东欧经贸合作困境，推进双边合作多元化进程，实现互利共赢、共同繁荣提供科学合理的决策参考，因而具有重要的实践意义。

第三节　主要内容思路与目标方向

一　主要内容思路

本书紧密围绕中国对中东欧国家直接投资的差异化区位选择这一现实问题，沿着"理论梳理—现状总结—实证分析—策略研究"的基本脉络开展深入探讨（见图1.1）。在系统梳理发达国家、发展中国家以及中国对外直接投资相关理论和差异化区位选择动因的基础上，首先，本书对中国对中东欧国家直接投资的发展趋势与现状特点进行了全面总结。其次，以此为逻辑基点，本书从东道国投资环境和中国投资动机的双重视角出发，量化评估了影响投资区位选择的关键因素，并测算了中国对不同中东欧国家直接投资的规模潜力。最后，基于实证分析结果，本书设计了中国对中东欧国家直接投资的区位选择框架（见图1.2），并有针对性地提出了差异化的投资策略，为进一步完善中国资本在中东欧国家的行动路径与布局方案、促进双方开展更高水平经贸合作提供了有力的经验支持与政策参考。

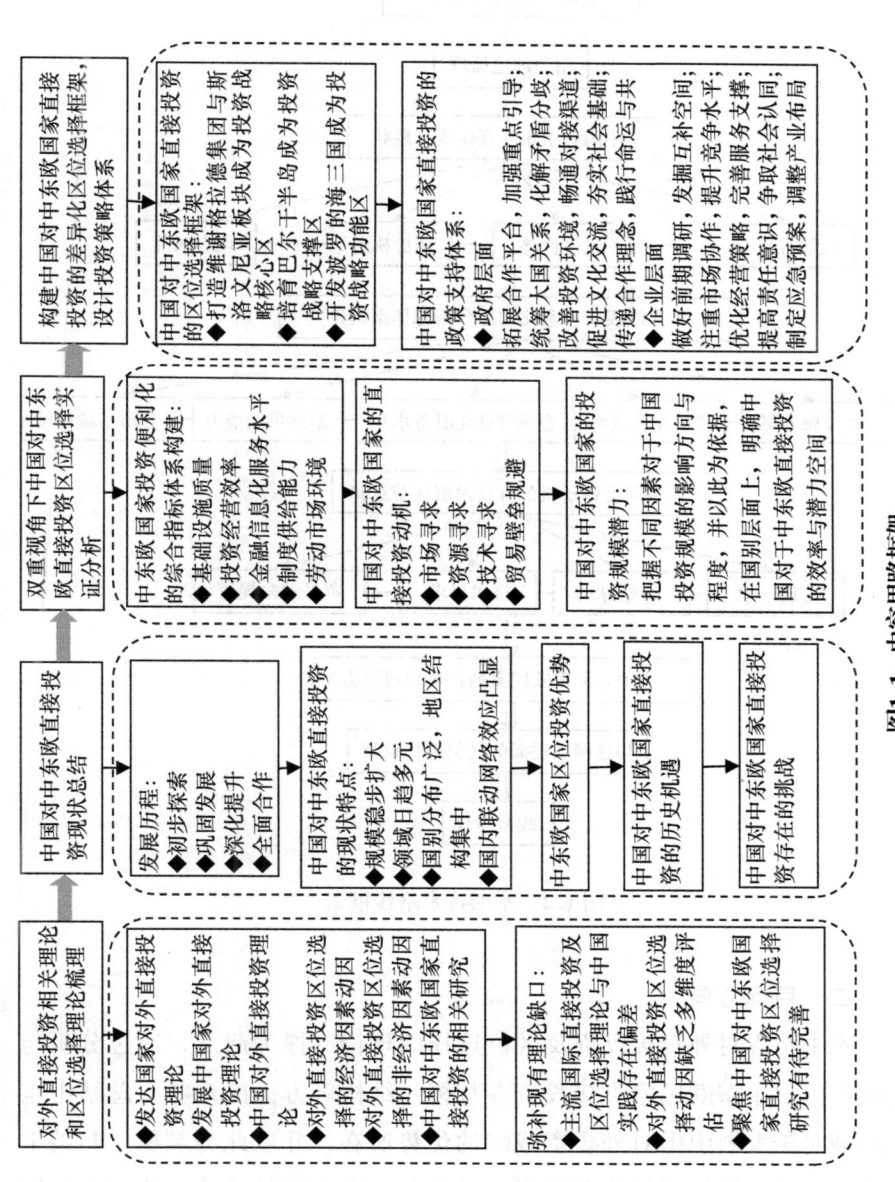

图1.1 内容思路框架

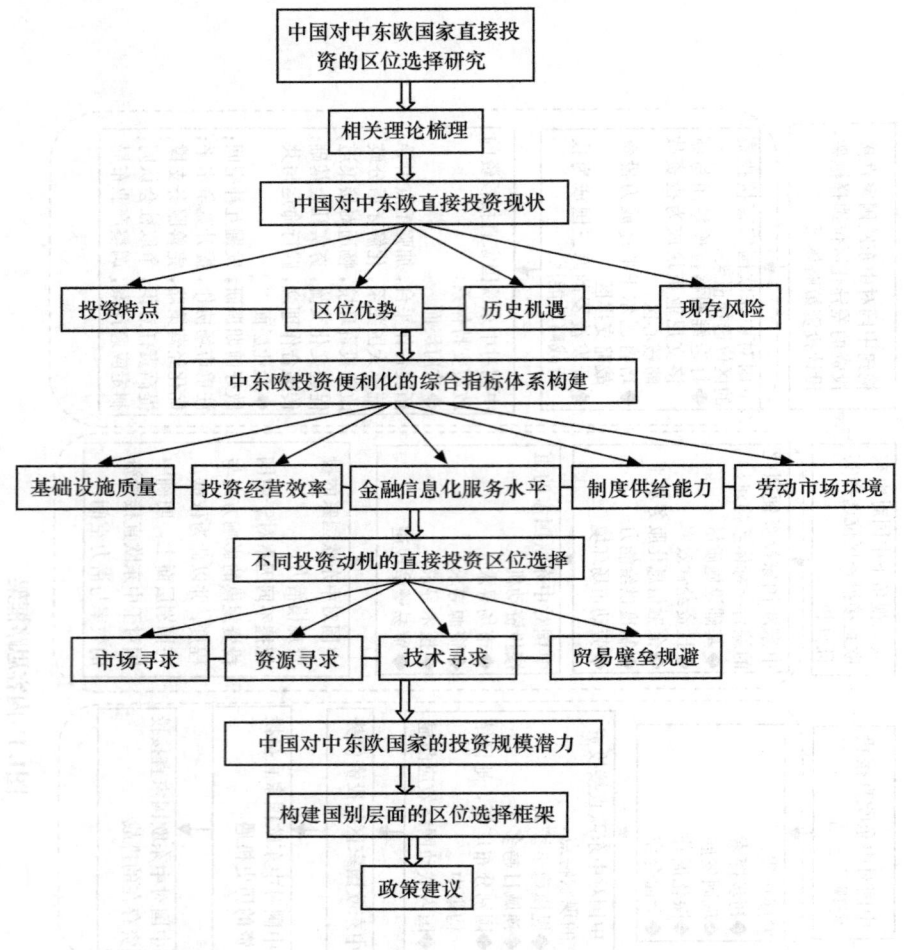

图1.2 本书技术路线框架

二 目标方向

本书将以对外直接投资及区位选择的理论支撑为起点,通过分析与阐述中国对中东欧国家直接投资在规模、结构等方面的现状,总结中东欧区域对于发展中国对外投资战略的优势所在,并以此为契机,归纳中国对该区域直接投资的驱动因素,通过多角度实证的检验,从而在国别层面构建中国对中东欧直接投资的区位选择框架,并针对当前投资合作及区位选择存在的共性问题,以模型分析结果为指导,给予合理的政策建议，以期为中国进一步完善对外开放战略布局提供理论参考和科学支持。

同时，基于以上研究目标，本书关注的核心问题如下：

（1）在系统梳理现有对外直接投资区位选择理论的基础上，根据中国及中东欧国家发展现状，总结中国对中东欧直接投资的特点与趋势，从而进一步完善符合中国国情的对外直接投资理论体系。

（2）通过主成分分析、灰色关联度分析以及随机前沿投资引力模型等方法，对中东欧各国的投资便利化水平、规模潜力以及动机关联度进行测度，对各国间的区位优势进行科学评价。

（3）以模型结果为依据，从国别层面构建中国对中东欧国家直接投资的区位布局政策框架。

第四节　研究方法、数据资料及可行性分析

一　研究方法

（一）规范研究与实证分析相结合

规范性研究是一种演绎归纳的方法，其主要特点是在分析之前便确定相应的准则，并根据这些准则来判断研究对象目前的状态是否符合这些准则。而实证分析法则是要求事先对现实提出一些前提或假定，然后通过经验及证据来证明。本书在参考国内外相关文献的基础之上，对中国向中东欧直接投资及区位选择进行了理论分析，并以此为指导，从不同角度对相应的影响因素进行了合理的选取。与此同时，通过灰色关联度分析、随机前沿投资引力模型等方法对相关因素进行计量分析，从而对中东欧各国的投资便利化水平、规模潜力以及动机关联度进行科学测度，进而为中国对中东欧直接投资的区位选择提供经验支持。

（二）比较分析与逻辑演绎相结合

一方面，通过对中东欧各国投资便利化指数、潜力指数以及动机关联度的比较，本书对不同国家的区位优势进行了科学的评价，并以此为

依据，为中国对中东欧的投资区位选择提供了客观清晰的意见。另一方面，基于系统梳理中国对中东欧直接投资的发展历程、成果现状以及机遇挑战，本书对未来中国与中东欧投资关系的发展趋势进行了合理判断，从而在明确中国对中东欧直接投资区位选择逻辑依据的同时，也为中国企业"扬帆"中东欧提供了有价值的经验参考。

（三）定性分析与定量分析相结合

本书基于中国对中东欧区域的投资特点，对当前所面临的问题与阻碍进行了"质"的解析，并在相关案例与数据材料的支撑下，客观、全面地阐释了中国对中东欧的投资互动关系，从而使得文章的论证及结论更具说服力。同时，通过科学量化中东欧的投资环境、动机联系以及区位潜力，本书以多元化视角优化重塑了中国对于中东欧的投资布局，在拓展了本书研究思路的同时，也为中国开展同中东欧国家的投资差异化对接提供了有益启示。

二　数据资料及可行性分析

本书研究的主要对象为中东欧 17 国[①]，对于该区域投资环境及相关驱动因素的数据及资料来源主要有：中国社会科学院图书馆、对外经济贸易大学图书馆、联合国贸易和发展会议数据库、世界银行、中东欧各国投资数据库等。由于本书在实证部分将用到主成分分析、灰色关联度分析以及随机前沿投资引力模型等方法，且相关模型已有大量的前期文献做铺垫，这为本书提供了良好的技术支撑，同时，中东欧国家体制较为健全，而相关的数据统计也比较完善，使得本书具备了良好的数据保障，因此，确保了实证分析的可行性。此外，笔者近年来一直从事国际投资及中国企业对外投资研究，已经发表了系列相关的著作、论文和研究报告，因此具有较为丰富的研究经验与理论基础，从而为本书在实践基础上实现理论创新提供了经验支撑。

[①] 由于希腊在 2019 年作为正式成员国加入中国—中东欧国家合作机制，而波罗的海三国分别于 2021 年和 2022 年宣布退出合作机制，因此本书量化部分主要采用原"16 + 1 合作"国家数据进行分析，涉及希腊内容部分，本书将作明确说明。

第五节 特色与创新之处

本书在总结并借鉴前人关于对外直接投资与出口贸易驱动因素及区位选择的研究成果的基础上,主要在以下几个方面做出了一些有益的特色与创新:

(1) 研究对象的创新

目前,有关中国与中东欧国家经贸合作方面的研究并不多,而全面系统地分析中国对其直接投资区位选择的研究则更为鲜见。本书将从实证研究的角度出发,系统深入地对相关影响因素进行科学量化,并基于国别层面对于该区域的直接投资区位进行合理选择,从而在弥补对于该区域研究缺口的同时,为中国在"一带一路"建设背景下进一步拓展与中东欧国家的投资合作提供经验参考与理论支撑。

(2) 研究内容的创新

前人对于对外直接投资的区位选择研究往往只集中于单一的角度,缺乏从东道国环境、投资潜力、动机关联等多角度对于区位选择进行优化分析。因此,本书将在考察中国对中东欧直接投资现状的基础上,通过实证分析,科学量化不同视角下中国对中东欧国家直接投资的评价,从而为中国对中东欧开展具有差异化的投资战略提供政策指导。

(3) 研究方法的创新

随机前沿引力模型是当前国际上研究区位选择及其影响因素最重要的经验工具,本书不但将在原有模型要素的基础上根据中东欧国家经济发展的特点,将基础建设、资源禀赋、金融及信息化水平等因素作为新的解释变量加入其中,构建起更具普遍适用性的随机前沿引力模型,还将灰色关联度分析以及主成分分析等方法引入到区位选择的实证研究当中,从而使得研究方法进一步实现了多元化,进而更加系统全面地优化了中国对中东欧国家直接投资的区位选择。

第六节　文献综述

20世纪60年代后，随着全球对外直接投资的快速发展，世界各国学者开始注重对这一领域的探索，不但在理论上积累了大量的文献资料，而且在实践中取得了丰富的政策经验，对经济全球化的发展起到了重要的推动作用，为中国对中东欧直接投资战略的实施提供了很好的参考与借鉴。与此同时，随着中国"走出去"战略以及"一带一路"建设的持续深化，更加开放的制度环境以及更大力度的政策支撑推动了中国企业国际化经营的步伐不断加快。而作为资本在国际范围内流动的最高形式以及开展国际经济合作的重要途径，对外直接投资更是成为中国大量企业克服发展制约、增强综合实力的必然选择。通过努力开拓海外市场并深入挖掘优势资源，中国企业已构建起了庞大的全球生产及业务网络，不但促进了自身经营效益显著增加，而且也为国内产业整体竞争力的快速提升以及经济结构的优化升级注入了强劲的动力。因此，在当前国际化发展趋势的引导下，对外直接投资逐渐成为中国学者研究的热点，无论在全球层面还是区域层面均取得了较为丰硕的学术成果。但不可否认，由于中国在开展对外直接投资方面起步较晚，特别是对于中东欧直接投资来说，可给予研究的经验基础尚且不足，因此相关领域的研究成果依然有限，从而无法有效解释并指导中国对中东欧直接投资实践。鉴于此，为了为中国对中东欧直接投资的区位选择研究提供一个更高的平台，笔者在查阅大量资料的基础上，将从发达国家对外直接投资理论、发展中国家对外直接投资理论、中国对外直接投资理论、经济因素影响下对外直接投资区位选择、非经济因素影响下对外直接投资区位选择以及中国对中东欧国家直接投资六个方面入手，对国内外相关研究进行梳理与归纳，从而在努力避免重复性研究工作的同时，也为本书提供有力的论证依据，以期对加快中国与中东欧开展经贸合作的步伐、保障"一带一路"倡议可持续发展有所裨益。

一　对外直接投资相关理论研究

（一）发达国家对外直接投资理论

一般情况下，对外直接投资是指一国投资者通过输出实物、现金以及无形资产等形式，获取境外企业经营管理控制权的经济行为。理论的形成往往源于实践的发展，而对外直接投资理论的产生同样也与其实践有着密不可分的联系。自20世纪50年代后期开始，以跨国公司为主导的对外直接投资发展迅速，不但成为全球资本投资活动的主流，而且也吸引了大量西方学者的关注，形成了一整套以发达国家行为为实践基础的对外直接投资理论体系。

1960年，美国经济学家斯蒂芬·海默（Stephen Hymer）开创了国际直接投资理论研究的先河，率先提出了垄断优势理论。该理论以不完全的竞争市场为假设，认为企业在进行对外直接投资时，通常面临着货币汇率波动以及由东道国文化、制度与语言等方面的差异所带来的阻碍与风险。为了抵消额外的经营成本，并实现高额的利润创造，跨国企业必须拥有如先进的生产技术、成熟的管理经验以及强大的销售能力等垄断优势才能开展对外直接投资，而垄断优势的存在也为企业高额利润的维持创造了条件，使其得到了比单一国内投资更大的经济效益。垄断优势理论与战后美国跨国企业的对外直接投资行为较为吻合，较好地阐释了全球化发展初期企业开展跨国经营的原因（Hymer，1976）。但随着时间的推移，发展中国家企业以及并无垄断优势的中小企业对外直接投资的兴起使得垄断优势理论的适用性受到了冲击，进一步激发了西方学者对国际直接投资理论深入探讨与研究的热情。

在垄断优势理论的研究基础之上，美国经济学家雷蒙德·弗农（Raymond Vernon）在其发表的《产品周期里的国际贸易与投资》一文中，开创性地提出了"产品生命周期理论"。该理论指出，产品在市场营销的过程中存在周期性的特征，而这一生命周期通常分为三个阶段，即产品的创新阶段、产品的成熟阶段以及产品的标准化阶段（Vernon，1966）。如图1.3所示，在创新阶段，由于消费者对于新产品的特性了解不足，因此该阶段产品的需求主要来自本地，而企业对产品的生产也仅是针对国内市场。到了成熟阶段，企业的生产设备已趋于完善，产品得到国内消费者的普遍接受，国内市场的销售增速开始下降，而国外的产品需求逐步增加，此时企业出口规模迅速扩大，而对外直接投资水平也随着生产技术的进一步成熟有所上升。在产品标准化后，其生产技术已开始老化，此时为了维持一定的市场份额，企业将会把生产转移至低成本地区，以更大规模的对外直接投资替代产品出口，从而为本国新一轮的产品创新创造空间。虽然产品生命周期理论从动态角度描述了部分跨国企业对外直接投资的动机，但在解释范围上并不能涵盖所有对外直接投资现象，如非出口替代的对外直接投资以及商品在东道国市场中的改进与升级等，因此同实际情况存在一定程度的偏差。

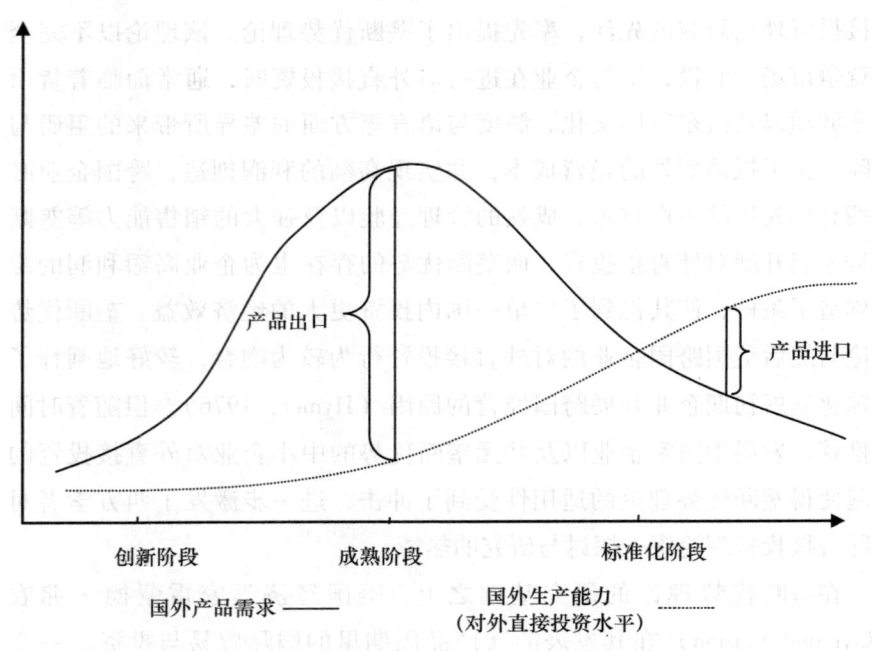

图1.3 不同产品生产周期下的企业对外直接投资水平

1976年，英国学者彼得·巴克利（Peter J. Buckley）和马克·卡森（Mark Casson）在《跨国企业未来》（*The Future of Multinational Enterprise*）一书中对"内部化理论"进行了阐释（Buckley，Casson）。该理论

建立在不完全的市场之上，而这种市场的不完全性是由市场失灵以及中间产品（如信息、知识、商誉、零部件等）的特殊属性所导致的。为了在最大程度上实现利润的最大化，避免市场不完全所带来的效率损失，企业必须将外部市场内部化，通过提高对内部资源的协调配置，从而实现外部市场成本的消除。当这一内部化过程跨越了国界限制时，意味着企业对外直接投资活动的开展，而跨国公司也将因此产生。企业的内部化过程一方面为其自身经营带来了更多利益，另一方面也伴随着成本的产生，因此开展内部化经营活动的先决条件是内部化的边际收益大于边际成本，而这也直接决定了企业内部化的相应规模。内部化理论将对外直接投资看作企业国际内部化的直接结果，虽然与之前对外直接投资理论相比，该理论具有更大的适用性以及更全面的解释能力，但其内部市场相比外部市场成本更低、效率更高且内部市场不存在市场失灵的假设前提，与企业外部市场网络不断强化的发展现状不相符，同时也无法阐明跨国企业的投资区域分布，因此仍然存在解释局限性。

为了给企业对外直接投资活动提供更为规范的理论解释与指导，1977年，英国学者约翰·哈里·邓宁（John Harry Dunning）在参考及综合了以往理论的基础之上，提出了"国际生产折衷理论"。邓宁认为，传统的对外直接投资理论未能将投资与贸易行为有机结合，而一国的国际经济活动是贸易、投资以及货币交易等方面的综合，因此需要一种折中理论对企业的对外投资进行更为一般化的阐释。通过将厂商理论、区位理论以及工业组织理论等一系列西方经济理论整合吸收，邓宁将对外直接投资、对外贸易及非股权转让合为一体，提出了国际生产折衷理论的范式，即跨国企业的对外直接投资行为是由其所有权、内部化和区位这三个基本优势综合决定的，而对于三大优势的内涵，邓宁做出了详细的解释：所谓所有权优势就是企业对有形及无形资产占有上的优势；内部化优势是企业将生产经营内部化后，避免了外部机制不完全性所产生的优势；而区位优势则是由东道国不可移动的禀赋资源以及政策制度所带来的优势。邓宁认为，只有企业同时具备这三大优势时，对外直接投资活动才会顺利开展，没有区位优势，企业缺乏投资方向；没有内部化优势，企业无法充分享有投资收益；而没有所有权优势，企业更是失去了对外直接投资的基本前提（Dunning, 1977）。可见，国际生产折衷理论在一定程度上解释了企业的投资方向与目的，但缺乏动态因素的考量，因此在日益复杂的国际经济环境下，其适用性仍然面临着挑战。

（二）发展中国家对外直接投资理论

随着20世纪80年代以来新兴工业化国家对外直接投资规模的大幅提升，原先基于"优势"条件形成的发达国家对外直接投资理论的解释局限性开始逐步显现。由于发展中国家无论在资金还是技术方面，往往落后于发达国家，因此在传统理论下，其对外直接投资缺乏必要的先决条件。但在实践中，发展中国家的异军突起使得传统理论的合理性受到了质疑。发展中国家究竟拥有什么优势以支持其企业国际化的扩张？为何不同的发展中国家之间的对外直接投资规模会有如此巨大的差距？为了更全面地解释这些现象，学者们纷纷加大了对发展中国家的关注，并从不同角度给予了相应的解释，从而为发展中国家对外直接投资研究提供了丰富的理论依据。

美国学者路易斯·威尔斯（Louis T. Wells）根据发展中国家对外直接投资的特点，率先提出了小规模技术理论，并在出版的《第三世界跨国企业》一书中对该理论进行了详细的论述。威尔斯认为，发展中国家企业开展对外直接投资的比较优势在于其拥有小规模生产技术，而这种小规模生产技术所带来的竞争优势通常表现为三个方面：第一，大规模的生产技术往往无法满足细分市场的需求，而以劳动密集型为主的小规模技术较好地弥补了这一市场空白，从而获得规模效益。第二，"民族的纽带性"为发展中国家企业在海外生产并销售民族产品时奠定了稳定的市场基础。第三，更低的生产经营成本使得发展中国家产品价格较发达国家企业偏低，多层次的市场产品需求为这些产品提供了销售渠道，从而为发展中国家企业开辟了更大的海外市场空间（Wells, 1983）。从本质上讲，小规模技术继承了产品生命周期理论的思想，认为发展中国家生产的产品往往处于生命周期末端，容易导致这些国家在国际生产体系中的边缘化。这虽然为研究发展中国家的对外直接投资行为提供了思路与启示，但对于发展中国家高新企业国际化水平的快速发展以及发展中国家对发达国家直接投资水平的不断增长并没有给出合理的解释，因此仍然具有一定的片面性。

英国经济学家桑加亚·拉奥（Sanjaya Lall）在1983年用技术地方化理论对发展中国家的对外直接投资行为进行了解释。通过对印度跨国企业的深入研究，拉奥发现虽然发展中国家企业规模相对偏小，且通常运用劳动密集型及标准化的技术，但仍然存在内在创新，从而形成了自身的独特竞争优势。而这种优势的建立往往源于以下几个因素：第一，基于发达国家要素价格和质量的技术知识本地化。第二，基于进口技术的适应性改造。第三，创新所产生的具有更高经济效益的小规模技术。第四，消费的差异化所创造的差异化市场空间。第五，其他发展中国家在文化、资源、政策等方面给予的积极影响（Lall，1983）。这一理论不但从微观层面证明了发展中国家可以凭借自身比较优势进行对外直接投资，而且还强调了发展中国家跨国企业形成比较优势所特有的创新活动。与小规模技术理论不同的是，技术地方化理论反映了技术再创新的过程，从而进一步丰富了发展中国家跨国企业比较优势形成的内涵。

面对发展中国家企业对外直接投资的新趋势，英国学者约翰·坎特维尔（John A. Cantwell）和他的学生帕斯·埃斯特雷拉·托伦蒂诺（Paz Estrella Tolentino）先后提出了"技术创新与产业升级理论"（Cantwell，1989；Tolentino，1993）。他们认为，发展中国家企业的对外直接投资与其自身的技术创新能力和国内的产业结构水平息息相关，并且表现出了可预测的动态演进发展特性，即在产业上从资源开发为核心的纵向一体化生产逐步转向以进口替代和出口导向为核心的生产活动，而在区位分布上遵循了先邻国，再向发展中国家，最后向发达国家直接投资的渐进式发展轨迹。与此同时，该理论也指出，发展中国家企业的对外直接投资是以技术积累为内在动力，而这一过程主要依赖其独特的学习组织优势得以实现，随着经济的不断发展，发展中国家企业的独特优势可能会加快其与发达国家的趋同步伐，并使其对外直接投资行为最终表现出与发达国家企业相似的特性。技术创新与产业升级理论进一步推进了技术地方化理论的深化，更为全面地阐释了发展中国家对发达国家直接投资上升以及投资领域由传统产业向高科技产业转变的原因，因此受到了学界的广泛关注，但研究视角的局限性也使其理论结论有待进一步考证与挖掘。

虽然先前国际生产折衷理论的提出使得邓宁的研究成果在西方社会取得了较好的认可，但由于该理论对于解释发展中国家企业行为存在局限性，因此邓宁将原有理论进行了延伸，以动态视角解释了不同发展水平国家在国际直接投资中的位势，从而形成了投资发展周期理论。该理论指出，发展中国家的企业对外投资倾向取决于该国的经济发展程度以及企业的所有权、内部文化和区位优势。邓宁将影响一国对外直接投资的经济发展程度分为四个层次：第一，当一国人均 GDP 低于 400 美元时，则该国不具备任何优势，因而无论是对外直接投资的流入还是流出在这一阶段均很少。第二，当人均 GDP 上升至 400—2000 美元时，该国的对外直接投资流入远大于流出，这也说明了该国区位优势的提升使得其自身的外资吸引力增强，但尚没有形成可有效带动对外投资的所有权及内部化优势。第三，当人均 GDP 到了 2000—4750 美元时，该国企业所有权及内部化优势有所加强，因此这时对外直接投资的净流入量开始下降。第四，当人均 GDP 超过 4750 美元时，该国的净对外直接投资流出额呈正数增长，各优势项目均显著增强（Dunning，1993）。虽然邓宁在研究中首次将经济发展水平与对外直接投资相关联，并试图以模型形式概括发展中国家甚至全部国家的对外直接投资发展规律，但仅以人均 GDP 作为衡量一国经济发展程度的指标显然在方法上略显粗糙，缺乏对于各国具体情况的细化考量，因此无法对同一经济水平国家的直接投资差异进行合理的说明。

日本经济学家小泽辉智（Terutomo Ozawa，1992）将开放经济的发展理论与跨国企业推动经济增长的作用相结合，以全球经济结构的特点为依据，提出了动态比较优势投资理论。小泽辉智认为，经济发展水平的差异性不但决定了一国对外投资的速度与形式，而且还为技术在发达国家与发展中国家之间转移创造了空间，而发展中国家在利用外资以及对外投资的过程中会逐步积累经验，这也为增强其国内产业比较优势奠定了基础，并进一步推动了其对外直接投资水平。同时，小泽辉智还将发展中国家对外直接投资划分为不同阶段：外资的净流入，国内企业开始对外直接投资，由劳动密集型向技术密集型对外直接投资转型，由资本密集型产业输入向资本密集型产业输出的交叉型对外直接投资转型（Ozawa，1992）。动态比较优势投资理论强调了不同发展中国家投资主体在不同发展阶段的投资模式选择应与自身现有或潜在的比较优势相联系，从而为优化发展中国家投资策略提供了有益的理论参考。

从以上理论可以看出，发展中国家企业的对外直接投资行为打破了传统理论中"垄断优势"的必要条件假设，但仍是以发挥其自身的比较优势以及寻求优势的过程为基础的，因此在2006年发布的《世界投资报告》中，联合国贸易和发展会议对发展中国家的优势来源与类型进行了归纳，并形成了以下矩阵（见表1.1），从而进一步丰富并完善了发展中国家对外直接投资的本质解释。

表1.1 发展中国家竞争优势矩阵

优势的类型	优势	优势的来源	
	企业具体优势	源自于母国的环境优势	源自于投资过程与发展阶段的优势
所有权及渠道	1. 率先研发及采用适应当地市场的专业化先进技术	2. 资源垄断、技术集群、金融支持以及基础设施发展	3. 经济上升期的发展中国家会给予其跨国企业更大的规模及所有权优势
生产/服务、生产过程及价值链缺口	4. 生产效率及分销能力	5. 创造性资产的获得：包含关联要素投入的生产集群	6. 基于适应发展中国家以及廉价的产品市场缺口
网络及关系	7. 商业模式：利用网络发展并重视客户及供应商关系	8. 移民的亲缘关系	9. 发展中国家政府间合作关系
组织结构及商业文化	10. 管理模式：家族企业、国有企业以及集体企业	11. 与其他国家的文化历史联系	12. 与相似发展阶段国家的商业文化、结构以及政企关系

资料来源：UNCTAD。

（三）中国对外直接投资理论

由于经济建设实践的特殊性使得中国的对外直接投资无论在动机上

还是在进程上均有别于其他国家，因此如果仅以现有的理论对中国的投资行为加以解释必然会出现一定程度的偏差。为了进一步探索并把握中国企业在国际拓展过程中有别于他国企业的内在机理，已有越来越多的学者将目光聚焦中国，提出了许多颇具价值的理论。

邓宁就曾将中国企业的对外直接投资行为与发达国家进行了对比，他发现中国跨国企业开展对外直接投资更倾向于依托其特定优势，如企业募集资金能力、国内市场规模以及制度政策支持等，而对外直接投资同样为其扩大特定优势提供了路径支持（Dunning，2006）。刘（Jie Liu）和乔安娜·斯科特·肯内尔（Joanna Scott - Kennel）也从所有权角度研究了中国对外直接投资的动机。他们发现，与西方不同，中国不同所有制企业在投资动机上存在明显差异。中国国有企业更倾向于通过海外投资寻求战略资产（技术、管理技能和人力资本等），而非国有企业则以寻求关系资产（本地化网络、民间联系等）而非自然资产作为对外直接投资的主要动机。究其原因，中国国有企业通常具备着规模与国际业务经验优势，而这些优势有助于其更多地通过直接收购和绿地投资模式获取国际战略资产。寻求关系资产将承担较低的进入成本和风险，这将为规模偏小、经验不足且资源匮乏的非国有企业规避不利因素，从而为其发展竞争优势创造条件（Liu，Soctt - Kennel，2011）。

中国学者也在中国对外直接投资的理论探索方面取得了一定的成果。如孙建中就以中国为研究对象，提出了综合优势理论。他认为，直接投资的综合优势通常表现在三个方面，即动机的多极化、差别优势的多元化以及发展空间的多角化。而中国作为经济快速增长且存在不平衡性的发展中大国，不但拥有发展中国家的投资特性，而且兼具了一定的发达国家特征，多层次投资阶段的并存使得中国的对外直接投资无论在动机、优势，还是在结构、空间方面均表现出了多元化特性，从而通过各因素间的相互促进形成了中国独有的综合优势，进而实现了投资的综合收益（孙建中，2000）。而杨德新通过构建国际直接投资的经济网络模型，发现国际投资可以为企业建立国际网络，而这种网络具备了信息流动以及资源交换的功能，因此不仅可用于企业资产的开发，并且还能够获取战略性资源、关键信息以及优化市场交易。中国企业开展对外直接投资的核心目的就是为了获取效益，这就为中国对外直接投资的地理分布集中于美国、加拿大等发达国家的现象提供了解释，即由于这些国家的市场体制相对完善且文化同一性高，因而为国际运作经验有限的中国企业提供了更低交易成本的可能性，并且这些国家所拥有的高价值资源（包含自然、技术等资源）与中国的要素禀赋也表现出了极高的组合价值（杨德新，2005）。国际直接投资经济网络模型在弥补了主流国际投资理论仅强调供给面而忽略需求面缺陷的同时，也使中国对外直接投资的实践得到了更具说服力的解释，从而为中国相关理论体系的进一步完善作出了贡献。此外，邢建国（2003）将马克思 FDI 理论范式与西方理论范式相结合，构建了有效资本型 FDI 模型。他指出，无论是以过剩资本，还是以垄断优势资本为核心的理论对于解释中国的对外直接投资实践都是片面的，而有效资本反映了要素的整合能力、价值链融入能力与适应能力，增强有效资本的水平才是提升中国企业对外直接投资的最佳战略选择。

可见，立足于中国经济发展的独特性质，越来越多的学者在建立适合中国的对外直接投资理论体系方面进行了大胆的尝试，并获得了很多有价值的研究成果。但不可否认，目前关于中国企业国际化的理论探索仍处于起步阶段，且基本依托于西方传统理论体系，鲜有突破性的理论创新，因此以中国经验为依据，从多角度对中国对外直接投资的一般规律进行总结与探讨，将进一步丰富和完善中国相关理论体系的构建，对于保障新形势下中国企业"走出去"的平稳健康发展具有十分重要的意义。

二 对外直接投资区位选择相关研究

作为企业开展国际化经营最为重要的问题之一，区位选择一直是国际直接投资领域研究的重点，其思想虽然在许多主流国际直接投资理论中均有涉及，但到目前为止仍没有形成独立的一般理论体系。如在前文提到的垄断优势理论中，虽然，没有正面阐述国际投资的区位选择，但却涵盖了以竞争力为标准的区位思想。又如产品生命周期理论中对于技术优势的探讨，也体现出了投资应以梯度形式进行区位的转移。由于前文中已经对各时期国际直接投资理论进行了较为详细的论述,因此为了避免重复,本节将不再从理论视角出发,而是以影响因素为切入点,对企业国际直接投资的区位选择偏好进行归纳总结,以期为完善区位选择的经验分析框架提供必要的参考依据。

(一) 经济因素影响下对外直接投资区位选择相关研究

目前,国内外对于对外直接投资区位分布经济影响因素的研究已涵盖了较广的范围,包括市场规模、双边贸易规模、资源禀赋、战略资产水平、人力资本等方面。如邓宁认为,寻求和获得持久的生产资源是对外直接投资的主要动机之一(Dunning,1981)。而艾伦·贝文(Alan A. Bevan)和索尔·埃斯特林(Saul Estrin)认为,东道国市场规模对于母国对外直接投资具有显著的促进作用,市场规模越大,越能够使直接投资者扩大产量,降低生产成本,从而实现规模收益(Bevan, Estrin, 1992)。郑(Leonard K. Cheng)和马(Zihui Ma)采用了2003—2006年中国企业在90个东道国的直接投资流量和存量数据为样本,通过引力模型实证分析发现,资源丰富、市场规模较大、工资水平较低的东道国或地区对于中国对外直接投资具有更大的吸引力(Cheng, Ma, 2007)。与郑和马的结论相似,郑(Yin - Wang Chueng)和钱(XingWang Qian)通过分析1991—2005年中国企业对于31个东道国或地区投资的流量数据指出,丰富的自然资源、较大的市场规模以及较低的工资水平是东道国吸引更多的对外直接投资的主要决定因素(Cheung, Qian, 2009)。巴拉·拉马萨米(Bala Ramasamy)等通过微观数据对中国对外直接投资的区位偏好进行了深入分析(Ramasamy et al., 2012)。依据2006—2008年中国上市公司年报数据,拉马萨米等人得出了中国企业对外直接投资存在不同的动机:国有企业倾向于投资自然资源丰富的东道国,而民营企业更多以利润最大化为目标,从而显著地表现为市场驱动型。端木(Jing - Lin Duanmu)以分布在32个国家的194次投资活动数据为依据,通过实证检验,分析了东道国市场规模、东道国的失业率、人民币对东道国货币的汇率、东道国的经济风险和经济自由度对中国企业区位选择的影响。研究表明,人民币对东道国汇率以及东道国的市场规模对于中国企业向该国投资具有明显的促进作用,反之,东道国失业率的提高则会降低中国企业到该国投资的可能性,同时,东道国的经济风险和经济自由度对中国企业的区位选择影响并不显著(Duanmu,2012)。

中国学者在对外直接投资区位选择的经济影响因素研究领域也有着较为丰硕的成果。程惠芳和阮翔选取中国对外直接投资流量的横截面数据,运用引力模型对中国企业投资区位选择的影响因素进行检验,发现中国对东道国的直接投资流量与中国及东道国的经济规模、人均国民收入差值、双边贸易量表现出了显著的正相关关系(程惠芳、阮翔,2004)。胡博和李凌以对外直接投资的动机为视角,以2003—2006年中国对54个国家的对外直接投资流量为样本,在对样本国聚类的基础之上,深入分析了中国OFDI的区位选择影响因素。研究在控制了东道国的治理基础以及双边贸易量之后,发现中国对于发达国家直接投资目的在于获取技术,而资源禀赋和市场潜力则是促进投资流向发展中国家的主要动因。同时,研究还表明,发达国家的国内市场规模对中国直接投资具有一定的反向作用,而对于部分资源丰富的发展中国家来说,市场因素对于投资的吸引作用也不显著(胡博、李凌,2008)。项本武(2009)充分结合中国对外投资发展现状,拓展并完善了当前研究文献中的理论和实践方法,利用GMM的估计法,建立了中国对外直接投资驱动因素的动态面板模型,从而考察了东道国宏观经济情况和双边贸易情况对于中国对外直接投资的影响及动态效应。研究结果显示,东道国的市场规模和中国对外直接投资呈负相关性,这也解释了为何中国的对外直接投资集中于发展中国家的事实。与此同时,东道国与中国贸易规模对于中国对外直接投资的影响十分显著,呈现出明显的区域差异,进而揭示了中国对外直接投资区位决定因素的独特性(项本武,2009)。谢娟娟等(2013)在对当时国际投资理论综述的基础上,选取了2000—2010年73个最具代表性的中国对外直接投资目的国的相关数据为样本,依据不同东道国的投资动因差距,采用分类回归的方法进行了实证分析,研究结果显示,企业开展FDI的动机与东道国自然资源禀赋、市场规模、技术与管理水平以及资本供给等有着直接关系(谢娟娟等,2013)。翟卉、徐永辉采用中国对共建"一带一路"33个国家2008—2014年的直接投资数据进行了实证分析,结果显示,不同经济因素对于中国向不同区域直接投资的影响存在显著性差异,对于东南亚、南亚以及欧洲地区来说,劳动力成本是中国对这些国家直接投资最主要的驱动因素,而自然资源状况对于中国在中亚、西亚国家的投资影响则更为显著(翟卉、徐永辉,2016)。

(二)非经济因素影响下对外直接投资区位选择相关研究

影响直接投资区位选择的非经济驱动因素主要包括东道国或投资国优惠的投资政策、制度环境、文化、双边协定等,这些因素在很大程度上决定了一国的综合投资环境,从而对于国际投资的流向起到了重要的引导作用。因此,国内外学者很早便开始了对于非经济驱动因素与对外直接投资区位选择相互关系的关注,以更加丰富的视角进一步推动了区位选择理论体系趋于完善,也为相关政策的实践提供了多样有效的切入点。安德鲁·德利奥斯(Andrew Delios)和维托尔德·赫尼兹(Witold I. Henisz)认为制度是对人们行为的一种约束,制度约束是影响交易成本的重要因素,国家制度对企业的生产经营具有重要影响,因此,地区制度极大地影响了跨国公司在该区域的投资行为(Delios,Henisz,2000)。何塞·加兰(Jose I. Galan)等在邓宁投资发展周期理论的基础之上,对东道国的经济水平进行了区分,并对西班牙对外直接投资的区位选择动因进行了实证分析,其结果显示,对于发达程度较高的国家,母国更倾向于资源获取型的直接投资,而对于发达程度偏弱的国家,社会文化因素则成为母国投资者最为看重的因素。彼得·巴克利等对中国的对外直接投资影响因素进行了考察,他们根据1981—2001年中国对49个国家的对外直接投资流量进行了分析,研究结果发现,除了较大的市场规模以外,风险较高的政治制度以及与中国文化程度近似的东道国将会吸引更多的对外直接投资。而资源禀赋以及战略资产对于中国资本的吸引并不十分显著(Buckley et al.,2009)。与巴克利、克莱格等的结论存在差异,迭戈·奎尔(Diego Quer)等并没有发现政治风险对中国企业区位选择的影响。这种经验观察上的差异主要是由于尽管对于中国企业而言,政治风险高的国家通常具有更多的投资机会以及更小的竞争压力,但与此同时,这种优势也在一定程度上被更大的投资风险所抵消(Quer et al.,2012)。姚·达芙妮(Daphe Yiu)和牧野成史(Shige Makino)认为,文化差异程度是决定海外投资的重要因素，对投资选址有强烈的影响。东道国与母国的文化差异越大，则跨国企业越难获得东道国的文化认可，因此，企业更加倾向于在与母国文化差异较小的东道国进行投资（Yiu，Makino，2002）。夫塔琳娜·布洛姆维斯特（Katarina Blomkvist）和里安·德罗根代克（Rian Drogendijk）还研究了其他一些文化层面的因素对中国企业区位选择的影响，其研究表明，中国企业倾向于到与母国心理距离、宗教差异较小的国家投资的同时，还愿意到与母国语言距离较大的国家投资（Blomkvist，Drogendijk，2013）。

在国内研究方面，鲁明泓通过收集全球110多个国家及地区的数据，深入分析了制度因素对FDI的影响，他将制度因素分为国际经济制度安排、经济制度、法律制度和企业运行的便利性四大类，选取了贸易壁垒、对外资态度、双边投资保护条约、地区整合、市场发育程度、金融管制程度、经济自由度、私有财产保护程度、法律完善程度、企业运行障碍、清廉程度等十多个变量，研究发现，这四类制度因素均对FDI的流向有着显著的影响，即市场发育程度高、经济自由度高、法律制度完善以及企业运行障碍低的国家或地区，其FDI流入越多，而经济因素税率对于FDI流入无关（鲁明泓，1999）。谭晶荣和周英豪通过层次分析法，对影响国际直接投资区位选择的因素水平进行了系统的量化，研究结果表明，文化差异性、私有财产保护、基础设施建设等因素均对投资的流向影响显著，而制度因素相较于经济因素具有更重要的意义（谭晶荣、周英豪，2005）。宗芳宇等认为，双边投资协定是促进投资的特殊机制，能够替代较差的东道国制度环境。发展中国家与潜在投资目标国家的制度环境往往差距较大。制度较差的东道国法制薄弱、政策多变，外国企业的投资很难得到东道国一般性制度的有效保护，投资风险很大，而投资协定能够保护其利益，大幅减少投资风险（宗芳宇等，2012）。王鹏飞以41个国家和地区数据为样本，通过实证分析，考察了中国对外直接投资区位选择的影响因素，研究结论表明，中国的对外直接投资对于东道国市场规模、教育水平以及双边贸易额较为敏感，而工资水平、出口规模以及教育水平对于外资的影响具有明显的区位差异（王鹏飞，2014）。陈恩和陈博选取了2005—2013年81个发展中国家的中国OFDI数据，通过面板模型对样本进行分析，结果表明中国对发展中国家直接投资具有寻求市场及自然资源的动机，其中，东道国的市场规模、资源禀赋、基础设施、政治制度以及与中国的双边投资协定对吸引中国直接投资有明显的促进作用，而东道国的工资与技术水平、与中国的地理距离以及来自中国的进口额则有显著的负向影响（陈恩、陈博，2015）。

（三）中国对中东欧国家直接投资的相关研究

由于中东欧长期以来在中国的对外直接投资份额中占比不高，因此中国对该区域投资的相关研究并不多，随着双边关系的稳步升温以及投资契合优势的逐步凸显，近年来，中国对于中东欧的直接投资才逐渐引起了国内学者的关注。刘作奎从投资"气候"的改善出发，通过分析中国与中东欧国家的发展形势与现状，提出中国对中东欧投资正处于"窗口期"。同时，在探讨了中国对中东欧投资特点的基础上，他指明了中国在中东欧投资所面临的来自欧洲大国、地区文化以及社会制度等方面的挑战，从而提出了抢抓机遇期，推动双边务实合作；强化风险规避和危机管理能力；加强对投资行为的引导；尽快完善人员流动及保障体系的政策框架（刘作奎，2013）。张鹏（2014）以农业投资为视角，运用引力模型分析了中东欧各国的投资潜力，结果显示，经济总量、需求水平的相似程度等因素对于促进中国对中东欧投资的影响十分显著，但由于中东欧国家与中国的距离彼此差别不大，因此，国家距离对于直接投资影响与预期不符，且影响程度有限。而在区位选择上，拉脱维亚、波兰、马其顿、罗马尼亚、黑山投资潜力巨大，是中国农业企业对中东欧开展直接投资的首选地。鞠维伟以美国与中东欧经贸合作现状为切入点，提出了中国可以充分借鉴美国对中东欧直接投资的成功经验，通过利用中东欧地区适应欧盟准则、完善金融保险措施支持中小投资者、推行本土化政策、构建贸易投资互动局面等措施，进一步推动中国与中东欧国家投资关系的发展（鞠维伟，2015）。与鞠维伟的研究方法相似，马骏驰通过探究德国与维谢格拉德集团国家（V4）的投资关系，认为与德国相同，明确投资动机以及优化投资模式是中国企业对中东欧 V4 国家直接投资所面临的最主要问题。德国通过深远的战略布局，利用企业的生产活动转移和多领域的投资掌握了大部分上游资源，而获取技术是中国与中东欧国家合作的重点。同时德国充分利用产业优势，通过以点带面的联动效应，带动相关产业对 V4 国家的投资布局，而中国也应借鉴这一模式，在转移产业的同时要抢占产业链高端的研发和设计以及市场营销，采取多层次并进的投资方式，在中东欧构建以中国为主的完备产业链条（马骏驰，2015）。巩雪运用世界银行、美国传统基金会以及透明国际三个世界级权威机构的相关数据，从经济自由度、经商便利度以及腐败指数的角度对中东欧的投资环境进行了评估，结果显示，捷克、立陶宛及波兰在中东欧各国中具有较好的投资环境优势（巩雪，2016）。杨成玉和陈虹选取了 2003—2014 年中国对中东欧各国直接投资及 3 位 SITC 编码的 200 多种产品的出口数据，测度了中国对中东欧 16 国出口技术复杂度，并以两国人均 GDP、贸易距离、出口额以及合作机制等数据作为控制变量，实证检验了对外直接投资对出口贸易转型升级的影响。研究结果显示，中国对于中东欧各国的直接投资有效促进了对该区域的出口升级，且人均GDP、"16 + 1 合作"等因素也对出口的转型升级起到了不同程度的推动作用（杨成玉、陈虹，2016）。高运胜和尚宇红认为，"一带一路"倡议为中国高铁产业走入中东欧乃至整个欧洲基础设施领域提供了良好的契机。基于修正钻石模型，他们认为，无论从生产要素、需求条件、市场结构、企业发展战略、政府支持、外在机遇，还是对相关技术的消化吸收和创新，中国高铁在中东欧具有明显的产业优势，为了促使高铁成为中东欧国家联通"丝绸之路经济带"的重要经济走廊，国家层面要构建长效"16 + 1 合作"机制，企业则要积极应对欧盟激烈的市场竞争与繁苛的技术标准，注重进入及融资模式创新，并防范投资风险（高运胜、尚宇红，2017）。刘永辉、赵晓晖和张娟基于中国对中东欧国家直接投资存量数据，分别在"16 + 1"和"16 + 1 + 9"[①] 背景下计算了中国对中东欧国家直接投资效率和潜力，结果显示在"16 + 1 + 9"的样本下，中国对中东欧国家投资效率较在"16 + 1"样本下的投资效率有明显的提升，而

---

① 这里的"16 + 1 + 9"不仅包含了除希腊以外的中国—中东欧国家合作成员国，而且还包含了德国、英国、法国、意大利、奥地利、韩国、日本、俄罗斯及美国 9 个中东欧国家主要外资来源国。

"16+1+9"样本下的投资潜力也同样高于"16+1"样本，以此说明了中国对中东欧国家的投资不会对中东欧传统外资来源国的投资造成挤出效应。同时，通过对比投资效率差异性，该文指出，中国对罗马尼亚、匈牙利及保加利亚等欧盟成员国的投资效率较高，且投资潜力较大；对于波黑、塞尔维亚、黑山及北马其顿等巴尔干半岛国家的投资效率总体偏低（刘永辉、赵晓晖、张娟，2020）。

三 研究评价

通过对国内外相关研究现状的回顾，笔者认为，虽然目前国内外学者在对外直接投资理论及区位选择方面已经取得了丰硕的研究成果，并且中国学者对于中国向中东欧直接投资的研究已开始逐渐关注，但总体而言仍然存在以下三个方面的不足。第一，对外直接投资最初从发达国家兴起，因而基于发达国家现状的研究成果较为丰富，并形成了完善的理论体系。而对于中国这样一个发展中大国来说，发展的特殊性使得现有的主流国际直接投资及区位选择研究理论无法有效解释并指导中国当前的对外直接投资实践，存在一定的理论偏差，并且部分学者基于中国发展现状而构建的分析框架虽然在一定程度上弥补了理论效果缺陷，但研究方式大多仍以经验数据对现有理论的验证、补充及修正为主，缺少从中国企业特殊的动机与性质等角度出发而形成的理论创新，使得中国对外直接投资的内在机理依旧无法被有效把握，从而削弱了理论的支撑作用。第二，现有文献对于区位选择决定因素的研究大多集中于经济要素层面，而较少涉及非经济要素，即使对于非经济要素进行考量，往往也仅局限于单一层面，如是否存在双边协定、政治制度环境等，因此缺乏通过多维度的视角全面评估一国或地区的投资环境、规模潜力以及动机的关联，从而存在一定的片面性，并且使得研究结论无法有效地服务实践。第三，中国对于中东欧直接投资的研究尚处于起步探索阶段，而基于区域国别层面，对其区位直接投资的选择优化更是存在研究空白，面对当前日益复杂的国际形势以及快速发展的中国—中东欧国家合作关系，加快丰富对中东欧直接投资的研究成果将为中国进一步深化与中东欧的经贸合作提供决策支持。鉴于此，本书的研究将着力弥补当前文献的不足，立足于中国与中东欧国家发展现状，以多元化角度科学评估中东欧国家的投资环境、潜力以及优势动机，从而在完善并修正中国对外直接投资理论体系的基础上，优化中国对中东欧国家的投资布局。

第 二 章

中国对中东欧国家直接投资的发展现状分析

  作为连接亚欧大陆的关键节点及重要纽带，中东欧国家以其独特的地理位置和政治关系已成为中国开展对外经贸合作的重要选择，特别是在当前"一带一路"建设不断深化以及中国—中东欧国家合作日臻完善的历史背景下，中国与中东欧的合作潜力得到了进一步释放，无论在合作内容还是在规模上都取得了长足的进展。而对外直接投资作为中国开展对外经贸合作的重要方式之一，更是在中国与中东欧对接成果不断落地的支持下，实现了前所未有的突破。截至 2020 年 6 月底，中国已累计对中东欧国家直接投资 30.5 亿美元，间接投资超过 120 亿美元，不但成为中国对外直接投资增长的新亮点，而且也在全球经济低迷、国际投资不振的外部环境下树立了互利共赢的合作典范。不可否认，当前中国—中东欧投资合作还处于起步阶段，随着双边合作机制的深化完善，得益于良好的发展势头、优质的商业环境以及有力的政策支持，中国企业对中东欧直接投资意愿必将进一步强化，从而为推动双边优势互补，优化"一带一路"投资结构布局奠定发展根基。本章将在系统梳理中国对中东欧国家直接投资发展历程的基础之上，对当前投资现状特征进行总结，并在这一背景下，提出中东欧的区位优势以及中国对其直接投资的历史机遇与挑战，以期在明确中国区位选择逻辑依据的同时，也为中国企业"扬帆"中东欧提供有价值的经验参考。

第一节　中国对中东欧国家直接投资发展历程

对于直接投资发展历程的分析应建立在对于中东欧地区概念明确的基础之上。中东欧原本是地缘政治的概念，是由第二次世界大战之后的东欧演变而来，虽然随着冷战的结束，东欧的政治意义不复存在，但地理意义上的替换使得中东欧作为重要的政治经济区域依然在很大程度上影响着全球市场体系的构建。因此，作为连接亚欧大陆的战略要道以及世界各强国的博弈焦点，将中东欧当作独立区域开展研究对于准确把握世界经济发展动态，有效强化中国"西进"发展步伐具有重要的意义。

作为近些年来才兴起的概念，对于中东欧的界定一直没有一个统一的标准。如按照联合国、世界贸易组织、世界银行以及国际货币基金组织的定义，中东欧国家特指地处欧洲中东部的12个国家，即阿尔巴尼亚、克罗地亚、爱沙尼亚、拉脱维亚、保加利亚、罗马尼亚、斯洛文尼亚、捷克、立陶宛、匈牙利、波兰以及斯洛伐克。随着2012年4月中国—中东欧国家领导人首次会晤的成功举行，"中东欧16国"的概念被正式提出，该16国是在原先12国的基础上加入了波黑、黑山、塞尔维亚和北马其顿。2019年4月，希腊作为正式成员国加入中国—中东欧合作机制，自此，"16+1合作"升级为"17+1合作"，而本书正是采用了17国的概念对中国向中东欧直接投资问题开展细化研究。鉴于希腊加入以及波罗的海三国退出时间较晚，因此如无特别指出，本书涉及投资数据部分主要围绕原16个成员国展开讨论。作为欧洲市场不可忽视的重要板块，中东欧17国总面积达144万平方千米，总人口1.3亿。其中在已加入欧盟的12个国家中，爱沙尼亚、斯洛文尼亚、斯洛伐克、立陶宛、拉脱维亚以及希腊已加入欧元区，即使尚未入盟的黑山、北马其顿、波黑、塞尔维亚以及阿尔巴尼亚也均成为欧盟对外政策的优先目标。可见，中东欧已基本确立了其西方化的视角，并在不断加深的相互合作下强化着自身的一体化进程。

中国与中东欧国家经贸往来历史悠久，并且作为与新中国首批建交的国家，也在中国的外交领域占据了重要地位。但随着苏联解体，冷战结束，中东欧的自身政治经济制度发生了巨大转型，中国与中东欧双边关系的基础及内容也产生了重大变化。自此，中国与中东欧国家关系进入了全新的发展时期，而1990年也成为了中国资本探寻并了解中东欧市场的新起点。因此，本书以1990年为开端，将中国对中东欧直接投资的发展历程分为了以下四个阶段：

第一阶段（1990—1995年）：初步探索阶段

在政局发生剧变之后，中东欧各国的"改旗易帜"使得中国与其的双边关系失去了原有的制度基础及共同意识，且由于双方在经贸关系发展方向上均以西方为首要合作对象，这就造成了中国对其直接投资一度进入了停滞状态，仅维持着低水平的经贸往来。为了进一步增进了解，消除因制度差异与意识分歧所带来的经贸障碍，中国与中东欧在这一时期进行了互动往来，如1990年，中国外交部副部长田曾佩先后赴保加利亚、匈牙利等国参与了例行磋商，达成了中国与中东欧国家不存在根本的利害冲突，发展全面的国家关系有利于双方利益的共识。而1991年，时任国务委员钱其琛通过对中东欧5个国家的走访，再次表达了中国寻求双边合作的积极意愿，并得到了5国领导人的高度认同，从而进一步巩固了中国对中东欧直接投资的政治基础。可见，虽然政治上的敏感使得中国对中东欧国家直接投资出现了短暂中断，但高层间的友好往来将双边外交关系逐步拉入了正轨，从而为未来经贸关系的深化创造了更广阔的合作空间。

第二阶段（1996—2004年）：巩固发展阶段

1995年7月，时任中国国家主席江泽民在访问匈牙利期间提出中国与中东欧双边关系发展的五项基本原则，即"布达佩斯原则"，其内容包括：第一，尊重中东欧国家的制度选择；第二，坚持以和平共处五项原则为基础发展与中东欧国家的关系；第三，中国同中东欧各国不存在根本的利益冲突，因此将在遵守双边原则的基础上开展合作；第四，坚持以平等互利为原则促进双边经贸合作发展；第五，为深化合作进程，中国支持中东欧国家以和平方式解决分歧。"布达佩斯原则"的提出使中国—中东欧在政治和经济领域的互动逐步回暖，并在之后一系列高层会晤的推动下，进一步消除了中国对中东欧的直接投资障碍。虽然在这一时期，中国与中东欧的经贸关系相较于上一时期已得到了一定程度的巩固，但价值观念的分歧以及政治博弈的需要使得中国与中东欧国家之间的外交摩擦逐渐增多，从而给我国对中东欧直接投资的发展带来了不利的影响。

第三阶段（2005—2011年）：深化提升阶段

2004—2007年，中东欧16国中先后有10个国家加入了欧盟，因此，此时的中东欧经贸关系出现了二重性的特征：中东欧国家既存在与中国的双边往来，又拥有了在欧盟框架内同中国的多边关系。大规模入盟一方面促进了中东欧国家产品在欧盟内的自由流通，另一方面，欧盟在政策上对于外资企业的优惠与补贴也在很大程度上推动了中东欧国家开放的步伐，因而有效提升了中国企业赴中东欧国家直接投资的热情。2005年中国对欧盟国家直接投资仅为1.9亿美元，而到了2007年，这一数字提高至了10.44亿美元，两年时间就实现了近4.5倍的增长，而对于中东欧国家的直接投资也在这一时期实现了跃升，两年时间增幅达到了2.6倍。虽然受2008年国际金融危机的影响，使得中国对中东欧直接投资稍有回落，但之后便再次进入增长期，2011年，中国对中东欧国家直接投资流量达1.3亿美元，虽然仅占中国当年对外直接投资总量的0.17%，但相较于2005年0.08%的占比，已增加了1倍多，表现出了强劲的增长态势。与此同时，中国也进一步加强了与中东欧的相互沟通，如2004年，时任中国国家主席胡锦涛在访问波兰、匈牙利以及罗马尼亚3国期间就曾发表联合声明，提出要建立并深化与各国的友好合作伙伴关系，并且在罗马尼亚的演讲中，胡锦涛还针对中国与中东欧国家关系发展提出了四点建议，也就是中国与中东欧关系发展的"布加勒斯特原则"，概括来说分别为：增进政治互信、拓展经贸合作、扩大文化交流以及加强国际合作。值得注意的是，该演讲首次提出了中国与中东欧国家在反恐以及国际事务方面合作的意愿，更加说明了中东欧国际地位以及中国重要程度的提升。因此，在高层的大力推动下，中国与中东欧之间的双边关系得到了显著提升，从而为中国企业对中东欧直接投资的开展提供了更大机遇。

第四阶段（2012年至今）：全面合作阶段

2012年，时任中国总理温家宝在波兰举行的中国—中东欧论坛上提出了《中国关于促进与中东欧国家友好合作的十二项举措》，并由此正式开启了"16+1"的合作机制。该"十二项举措"涉及机构建设、经贸合作、投资互动、人文交流以及学术论坛五部分内容，其中最引人瞩目的便是为了推动双边经贸合作而设立的总额达100亿美元的"中国—中东欧投资合作基金"和专项贷款，并且为了加快落实合作成果，推进深化双边务实合作，在同年九月，"中国—中东欧国家合作秘书处"在北京正式成立，这也是中国外交部第一次以推动中国与某一特定区域的双边关系发展为目标而设立的机构。可见，作为中国"走出去"战略的新方向，中东欧在中国对外经贸领域的地位迅速提升。此后，在新一届政府的深化推进下，中国与中东欧国家的合作规模及水平不断提升，如2013年提出的《中国—中东欧国家合作布加勒斯特纲要》使得中国与中东欧高层会晤实现了制度化，而2015年发布的《中国—中东欧国家合作中期规划》进一步完善了"16+1"机制的顶层规划，明确了未来五年合作重点，也为"一带一路"建设与"16+1"机制的融合对接指明了方向。2019年4月，第八次中国—中东欧国家领导人会晤在克罗地亚杜布罗夫尼克召开，会晤期间，希腊作为新成员国正式加入"中国—中东欧国家合作"框架，这是"16+1合作"启动以来首次扩容，"16+1"平台扩大成为"17+1"，为进一步拉紧中国同欧盟国家关系、促进"一带一路"地区合作注入了强劲活力。2021年2月9日，中国—中东欧国家领导人峰会以视频形式举行，习近平主席主持峰会并发表主旨演讲。作为中国—中东欧国家合作机制建立以来举行的最高级别领导人会晤，本次峰会在总结了以往合作历程与经验的基础上，以百年变局叠加新冠疫情为背景，进一步明确了中国—中东欧国家合作未来的重点方向，并通过发布《2021年中国—中东欧国家合作北京活动计划》，系统擘画出中国—中东欧国家合作新蓝图，充分彰显了中国—中东欧国家合作开放、包容、务实的合作精神，在切实体现"17+1＞18"这一合作信念的同时，也为多边主义和全球化发展凝聚了新共识、为跨区域多边合作模式创新实践注入了新力量。随着中国—中东欧国家合作机制的逐步成熟以及中东欧国家投资开放水平的持续提升，中国企业在中东欧市场也日趋活跃，华为、联想、中兴等一大批中国知名企业纷纷落户中东欧，无论在规模、领域，还是在方式上，中国对中东欧直接投资已达到了前所未有的水平，并且随着双边了解的稳步加深，经济结构的互补性也被进一步发掘，这必将转化为巨大潜力，从而为中国企业开拓中东欧市场提供更多机会。作为当前共建"一带一路"的关键地带，中国与中东欧投资合作前景十分广阔，在崭新的历史机遇下，推动中国对中东欧国家的直接投资取得更快的发展并迈入更高的阶段。

第二节　中国对中东欧直接投资的现状特点

亚欧大陆一直是世界上最重要的经济板块，而中东欧作为对接亚欧经济圈的纽带，无论在推进区域经济融合方面，还是在协调关系方面具有不可替代的作用。随着近年来中国"一带一路"建设的不断深化以及中国—中东欧国家合作机制的日益成熟，中国与中东欧经贸合作关系已步入了快车道。重要的战略位置以及良好的投资环境不但使中东欧成为了中国在"一带一路"框架下最具潜力的投资区域，而且强烈的经济发展诉求也使得中东欧国家对于外资的需求持续提升，这均为中国企业进一步开拓中东欧市场、扩大对中东欧直接投资创造了有利契机。在双边开放政策的推动下，中国对中东欧直接投资从无到有，而投资质量也随着中国经济实力的提升而不断加强。面对广阔的投资合作前景，本节将对中国在中东欧直接投资的现状特征进行详细总结，从而在把握当前发展趋势的同时，为中国企业进一步完善对中东欧投资战略提供借鉴参考。

一　经贸合作不断升级，投资规模稳步扩大

虽然因意识形态以及价值观念方面的差异曾使中国与中东欧之间的经贸关系发展出现过停滞，但在近年来一系列双边合作成果的支持下，中国对中东欧直接投资取得了较快的发展，投资额不断增加。从流量上看，《中国对外直接投资统计公报》显示，2003 年，中国对中东欧 16 国

直接投资净额仅为673万美元，随着欧盟东扩以及中国在提升双边关系质量上的不懈努力，2007年，这一数值已跃升至3893万美元，实现了478.5%的巨大增幅，更创造了截至当年中国对中东欧直接投资流量的最大值。虽然在2008年国际金融危机的冲击下，中东欧国家经济的普遍衰退使得中国对其直接投资数额出现了小幅回落，但经济优势的互补以及双边关系的深化使得投资水平迅速回升，2009年，中国对中东欧直接投资流量继续攀升至4654万美元，同比上升23.7%，即使在面对欧债危机的不利影响下，中国对中东欧直接投资依然保持了迅猛的增长势头，2010年，中国流向中东欧直接投资额达到了4.19亿美元，增幅近八倍，远高于中国对欧洲及全球直接投资提升的水平。这一方面是由于欧元区的持续动荡使得部分欧盟国家无暇顾及中东欧，从而迫使其不得不加紧寻求同包括中国在内的东方国家之间的投资合作，以稳定其自身的经济发展，另一方面也说明了中国对中东欧市场的重视程度已大幅提升，抢抓投资"窗口期"，加快投资价值链在欧盟市场的延伸成为这一时期中国投资布局中东欧市场的重要动机。自2010年之后，中国对中东欧直接投资流量一直维持在亿元大关水平，这得益于中国与中东欧地区合作框架的不断完善以及双边合作成果的积极落实，特别是在《布加勒斯特纲要》的有效引导下，2014年，中国对中东欧直接投资再度突破2亿美元，同比增速更是达到了惊人的100%。2018年，中国对中东欧直接投资流量已达6.05亿美元，创造了历史峰值，在不断深化拓展共同利益的同时，有力彰显了中国—中东欧投资合作的巨大潜能。虽然自2019年以来，中国对中东欧直接投资流量连续三年呈下滑态势，但2022年，流量大幅回升，达历史第二高位（见图2.1）。未来，在大量先期成果的铺垫下以及"一带一路"建设的助力下，可以预见中国对中东欧直接投资流量将保持稳步增长态势，从而使中东欧市场的"辐射效应"得以有效发挥。

从直接投资存量上看，双边关系定位的不断升级以及投资环境的持续优化使得中国对中东欧直接投资得到了良好的积累，2003—2022年，中国对中东欧直接投资存量快速上升，19年的时间增长了79倍，不但远高于中国与中东欧同期的经济增长水平，并且在2005年、2006年、

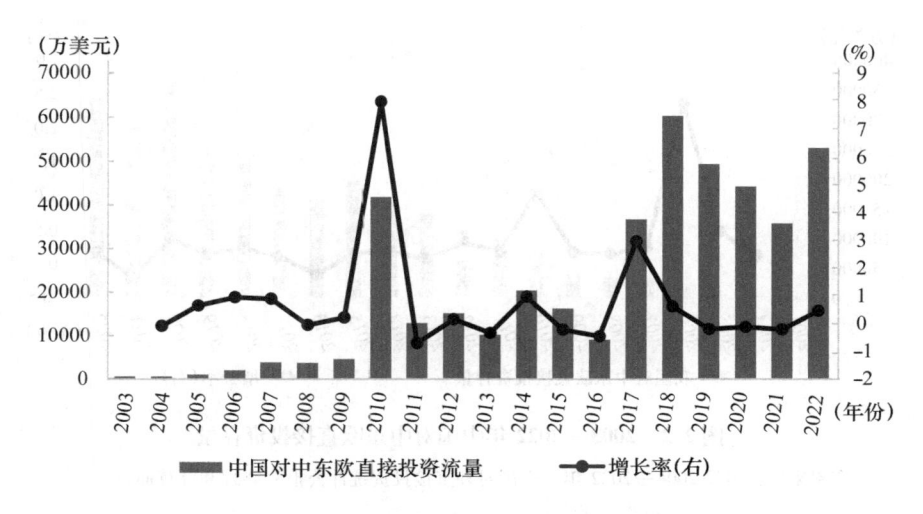

图 2.1　2003—2022 年中国对中东欧直接投资流量

资料来源：根据 2004—2022 年《中国对外直接投资统计公报》整理和计算而得。

2010 年、2012 年、2018 年、2020 年以及 2022 年的同比增幅均超过了中国对外直接投资存量的总体年增长率（见图 2.2）。中国同中东欧地区合作互动已逐渐成为中欧乃至中国与全球关系发展的新亮点，作为新兴市场，中东欧有着比传统发达经济体更低廉的成本优势与热切的引资意愿，而作为以欧盟成员为主的区域经济体，中东欧无论是在法制水平，还是在政局稳定性上均优于绝大多数共建"一带一路"国家，这些因素形成了中国与中东欧发展目标的契合点，从而为实现双边互利共赢奠定了合作基础，也为推动中国企业加快对中东欧直接投资进程注入了新的活力。

值得注意的是，虽然近年来中国对中东欧直接投资实现了显著增长，但限于历史投资基数较低以及较大的市场差异等因素的影响，使得中国对其直接投资份额并没有达到与其战略地位以及市场规模相匹配的规模。从流量上看，2003 年，中国对中东欧直接投资占中国对外直接投资总额的 0.24%，而到了 2022 年，这一比值也仅为 0.33%，而同期中国对中东欧直接投资占中国对欧洲直接投资比重也仅从 4.64% 略微上升至 5.15%（见图 2.3）。从存量上看，虽然自 2003 年以来中国对中东欧直接投资存量占对外直接投资总量比重相对平稳，但占中国对欧洲直接投资存量的

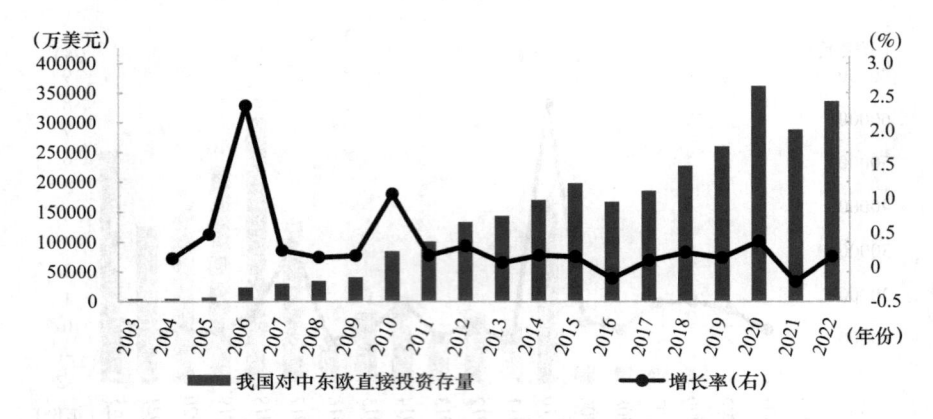

图 2.2　2003—2022 年中国对中东欧直接投资存量

资料来源：根据 2004—2022 年《中国对外直接投资统计公报》整理和计算而得。

比重却由 8.62% 下降至 2.38%（见图 2.4）。由此可见，中东欧仍是中国当前对外直接投资的"浅水区"，而投资比重的长期偏低不但在一定程度上说明了中国对中东欧市场仍缺乏足够的了解，而且也反映了中国与中东欧国家在投资互动中还存在不小的阻碍，以"一带一路"建设与中国—中东欧国家合作框架为指引，全面推进相关成果落实，进一步强化中国同中东欧各国友好合作关系将是未来中国深化挖掘中东欧市场潜力、促进对中东欧直接投资水平跃升的必然方向。

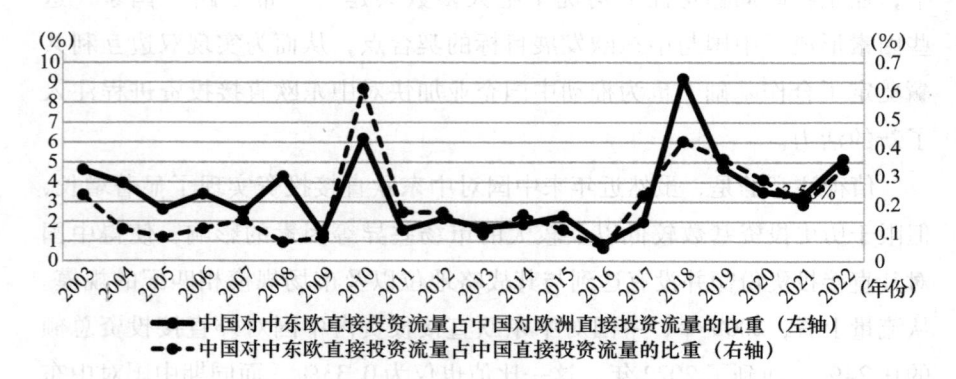

图 2.3　2003—2022 年中国对中东欧直接投资流量占比

资料来源：根据 2003—2022 年《中国对外直接投资统计公报》整理和计算而得。

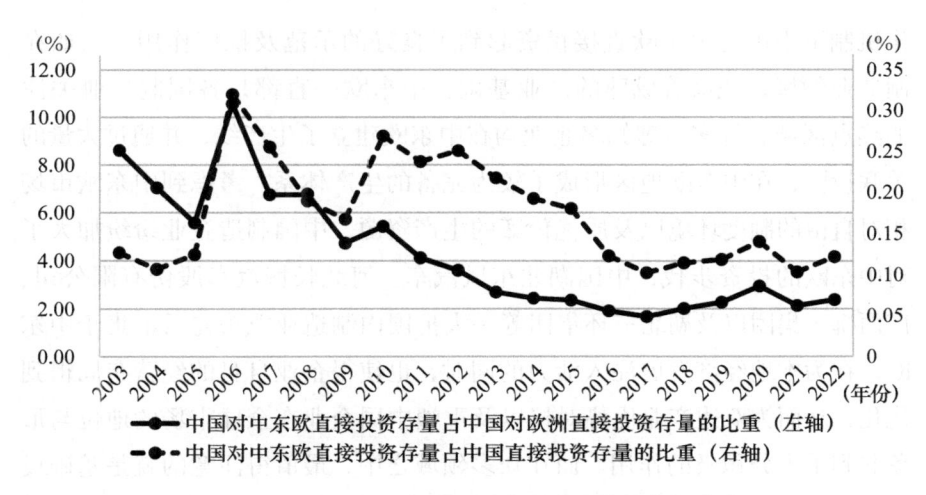

图 2.4　2003—2022 年中国对中东欧直接投存量占比

资料来源：根据 2004—2022 年《中国对外直接投资统计公报》整理和计算而得。

二　产业互补优势凸显，投资领域日趋多元

长期以来，中国与中东欧国家"向西看"的对外经贸合作方向使得双方在投资领域的相互探索不足，加之各自作为"欧洲工厂"以及"世界工厂"，产业上的竞争性造成了很长一段时期内中国对于中东欧直接投资的领域较为单一。随着近年来中东欧市场开放进程的持续加速以及中国与中东欧合作关系的不断加深，使得中国对中东欧无论在资源禀赋，还是在产业特征方面都有了更为全面的认识，不但为中国企业寻求海外合作对接指明了新的方向，而且也使中国与中东欧国家在更多领域的投资合作潜力得到了进一步释放。目前，中国在中东欧的直接投资已从过去的金融与通信逐步扩展至基础设施、农业、能源、制造以及高新技术等众多领域，呈现出了多元化的特征。如在农业领域，中东欧地区土地资源十分丰富，但农业基础设施欠佳，因此具有较低的投资门槛与极大的发掘潜力。在农业经贸合作论坛、农业合作促进联合会等一系列双边合作机制的有效推动下，近年来，中国与中东欧国家在农业领域的投资合作范围不断拓宽，合作层次与规模也不断提升。2017 年 5 月，中国—中东欧首个农业合作示范区在保加利亚的筹建正式启动，标志着中国与中东欧农业投资合作进入了全面加速阶段，从而为中国—中东欧国家合

作机制下中国对中东欧直接投资起到了良好的示范及推广作用。又如在制造业领域，凭借着成熟的产业基础，中东欧一直都是各国制造业关注的热点区域，许多全球知名企业均在中东欧建立了生产线，并通过大量的关联投资，在中东欧地区形成了较为完备的生产体系。考虑到中东欧市场相对自由的制度环境以及质优价廉的生产资源，中国制造企业纷纷加大了对中东欧的投资步伐，中国湖北东风汽车、河北长城汽车股份有限公司、广西柳工集团以及湖北三环集团等一大批国内制造业龙头先后汇集于中东欧，在为本地经济发展注入活力的同时，也使得企业自身的经营布局得到优化，从而为双边产业优势对接以及重塑中国企业在全球市场的地位与形象起到了十分积极的作用。而在众多领域之中，最值得注意的就是基础设施领域的投资合作。一方面，中东欧各国基础设施水平较落后，对于铁路、港口、机场、电信及核电等基础设施建设需求强烈；另一方面，作为"一带一路"建设的优先领域，中国在基础设施建设方面一直具有突出的产能及技术优势，且相较于西方企业具有更为优惠的融资支持。这在为双边合作需求对接创造良好条件的同时，也为中国企业化解过剩产能、加快转型升级提供了有效的途径。摩拉瓦运河水电站、Kostolac煤电厂改造以及匈塞铁路工程等项目在近年来的相继落实充分说明了中国与中东欧在基础设施领域的投资合作已上升到新的层面。普华永道数据显示，预计到2025年，中东欧交通基础设施建设资金需求将达6150亿欧元，投资潜力依然巨大。未来，中东欧仍将是中国投资者最重要的市场，并在"一带一路"倡议的带动下，为中国基础设施建设领域在全球范围内优化资源配置效率提供了空间保障。综上所述，产业结构的互补使中国与中东欧经贸合作范围显著扩大，而在双边关系不断深化的背景下，会有更多的产业契合点得以凸显，从而为构建相互学习、互利互惠的合作伙伴关系，实现中国对中东欧地区直接投资规模与质量的全面突破创造有利条件。

三 国别分布趋于广泛，但地区结构相对集中

随着中东欧各国投资环境的持续改善以及与我国经贸交流的不断深化，近年来，中国对中东欧直接投资的国别分布已日趋广泛。从流量上看，2003年，在中东欧16国中，中国仅对拉脱维亚、保加利亚、罗马尼

亚、匈牙利、波兰以及波黑6个国家开展了对外直接投资，而到了2022年，实现当年中国直接投资净流入的中东欧国家增加至10国，投资覆盖率显著提升（见图2.5）。在存量方面，截至2003年年底，中国对中东欧国家的投资覆盖率仅为50%，仅过了5年的时间，这一比例便已达到100%（见图2.6），且在双边关系逐步加深以及合作机制不断成熟的带动下，各国对中国直接投资的吸收总体表现出了稳中有升的发展态势，从而使得地区投资结构在一定程度上实现了优化。

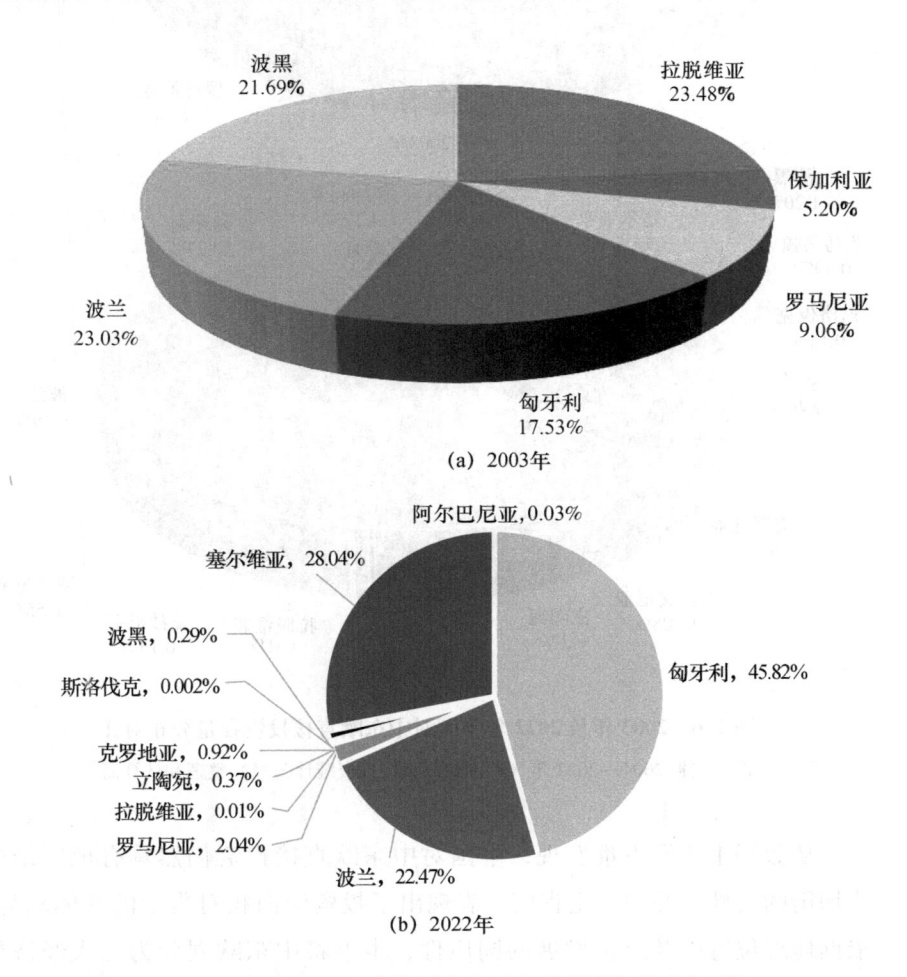

波黑 21.69%
拉脱维亚 23.48%
保加利亚 5.20%
罗马尼亚 9.06%
匈牙利 17.53%
波兰 23.03%

(a) 2003年

阿尔巴尼亚, 0.03%
塞尔维亚, 28.04%
波黑, 0.29%
斯洛伐克, 0.002%
克罗地亚, 0.92%
立陶宛, 0.37%
拉脱维亚, 0.01%
罗马尼亚, 2.04%
波兰, 22.47%
匈牙利, 45.82%

(b) 2022年

图2.5 2003年及2022年中国对中东欧直接投资流量分布对比

资料来源：根据2004—2022年《中国对外直接投资统计公报》整理和计算而得。

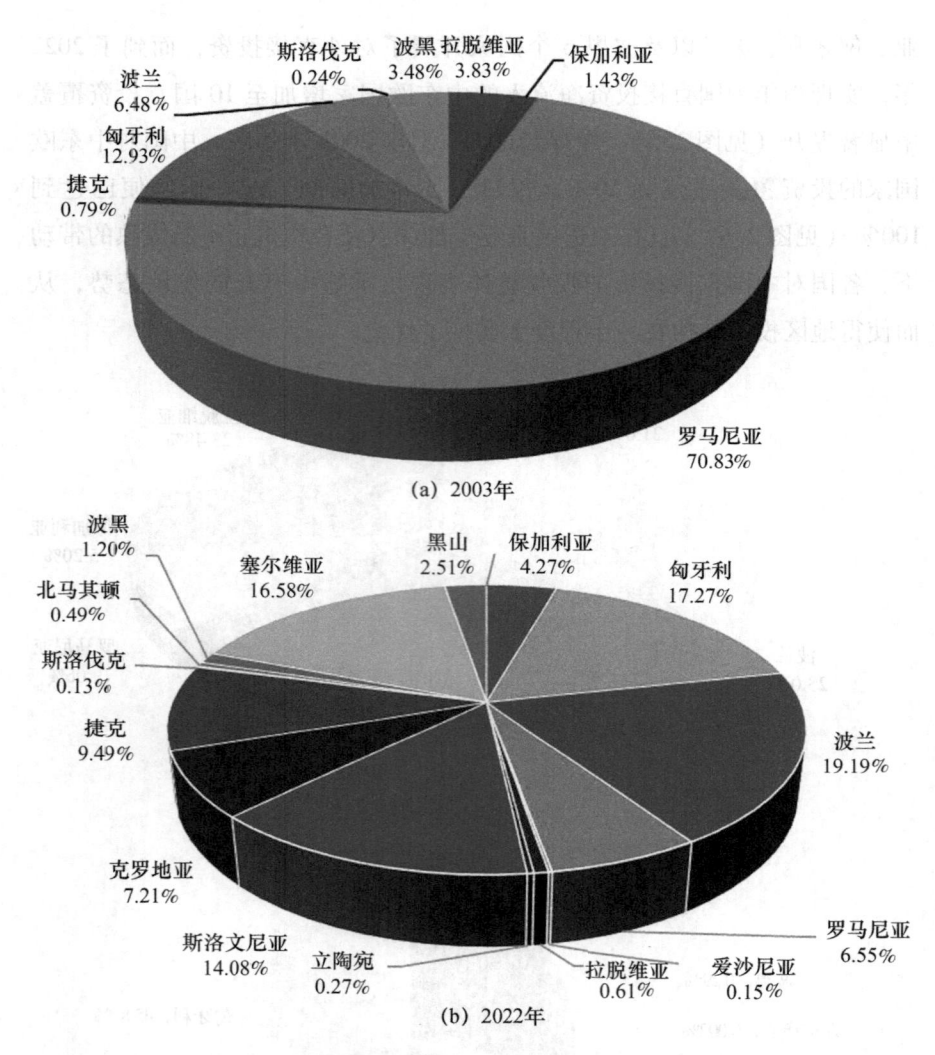

图 2.6 2003 年及 2022 年中国对中东欧直接投资存量分布对比

资料来源：根据 2004—2022 年《中国对外直接投资统计公报》整理和计算而得。

  从数据中我们不难发现，中国对中东欧直接投资仍然具有地区结构非均衡的特性，并在一定程度上表现出了投资流向相对集中的整体趋势。依据地理位置以及经济发展的同质性，本书将中东欧划分为三大经济板块，以归纳中国对不同发展阶段国家的直接投资动态差异，从而进一步阐明中国对中东欧国家地区投资分布的现状特征。这三大板块分别为：

波罗的海三国、巴尔干半岛国家、维谢格拉德集团与斯洛文尼亚。

第一，波罗的海三国包括了立陶宛、爱沙尼亚以及拉脱维亚。作为中东欧国家中经济发展水平最高的地区，波罗的海三国均位居国际货币基金组织分类的发达国家的行列，而良好的经济基础以及完善的投资环境使其被视为欧盟向东拓展的关键依靠。虽然自2004年正式加入欧盟以来，波罗的海三国曾一度展现出了强劲的经济发展势头，经济增速远超中东欧其他国家，但受2008年国际金融危机与欧债危机的双重冲击，这一增长势头戛然而止。2009年，立陶宛、爱沙尼亚以及拉脱维亚GDP分别下降了14.81%、14.72%以及14.40%，跌幅位居中东欧国家前三，虽然在之后出现了较快的回升，但经济增长动力相较于2008年之前仍表现出了一定程度的下滑。虽然波罗的海三国总体外资环境"适度自由"，且拥有经济基础优势，但内生增长动力不足以及依附于欧盟的政策导向使得其对于中国投资者的整体吸引力有所下降，即便在中国"走出去"战略的推动下实现了对中国直接投资流存量的双提升，但在中东欧国家所占比重却大幅下滑。2003年中国对波罗的海三国直接投资流量占中国对中东欧直接投资流量的23.48%，存量占比为3.83%，而在2022年，这两组数据分别降至0.38%以及1.04%（见图2.7、图2.8），投资份额的流失一方面离不开波罗的海三国携手"退群"使其投资环境不确定性上升，影响了中企投资意愿。另一方面，中国在该地区投资份额下降趋势早有显现，反映出了波罗的海三国在中国经贸合作地位已经有所弱化，在寻求国际关系缓和的基础上挖掘新的发展契合点将成为未来促进中国与波罗的海三国投资互动的重要方向。

第二，中东欧的巴尔干半岛国家包括阿尔巴尼亚、克罗地亚、保加利亚、罗马尼亚、波黑、黑山、塞尔维亚以及北马其顿。作为欧洲的新兴与发展中经济体，巴尔干半岛国家中仅有保加利亚、罗马尼亚及克罗地亚3国加入了欧盟，而其余5国仍处于入盟的进程之中，因此，该地区相对于中东欧其他地区而言，总体经济实力偏弱。巴尔干半岛地处欧洲大陆东南部，是连接欧、亚、非的"咽喉要道"，因而有着"欧洲十字路口"的盛誉。同时，巴尔干半岛国家产业体系较为完善且自然资源十分丰富，如阿尔巴尼亚是欧洲最大的陆上石油储藏国，能源产业十分发达，而罗马尼亚的农业面积占到了其总面积的61.7%，耕地资源的充足也使其农业行业领先于中东欧，所以被誉为"欧洲粮仓"。凭借着得天独厚的地理条件以及资源基础，巴尔干半岛长期以来一直是中国对外直接投资的重要区域，2003年，中国对巴尔干半岛国家直接投资流量242万美元，占当年中国对中东欧直接投资流量的35.96%，而3181万美元的直接投资存量更是使巴尔干半岛国家位居三大板块的首位，其存量额占到了中国对中东欧直接投资存量的75.74%。虽然中国与巴尔干半岛地区的经贸互动历史关系融洽，但近年来在吸引中国直接投资方面却并没有表现出其应有的热情。2022年，中国对巴尔干半岛8国的直接投资流量占中国对中东欧直接投资总流量的31.32%，相较于2003年仅下降了4.64个百分点，而存量占比为38.79%，与2003年相比甚至出现了36.95%的巨大下滑（见图2.7、图2.8）。一方面，重要的战略地位使得大国博弈在巴尔干半岛持续升温，造成了地区投资风险有所上升；另一方面，域内北马其顿、黑山以及波黑等国经济总量较小，发展水平相对滞后，也在一定程度上影响了中国企业与之开展投资合作的意愿。但不可否认，由于该地区聚集了中东欧的非欧盟成员，因此与其他板块相比，对来自欧盟外的投资者表现出更为积极的态度，加之区域内旺盛的基建需求及迫切的发展期望，中国与巴尔干地区将出现更多的投资对接机会，从而进一步引导中国直接投资在该地区实现有序健康的发展。

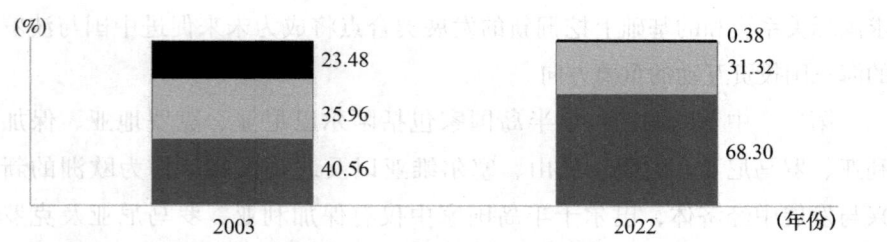

图2.7　2003年及2022年中国对中东欧不同板块直接投资流量占比的变动情况

资料来源：根据2003—2020年《中国对外直接投资统计公报》整理和计算而得。

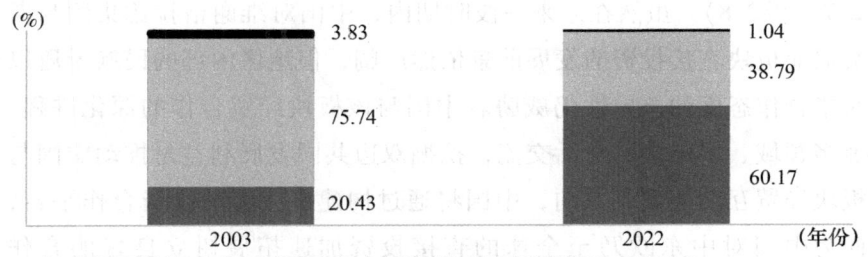

```
(%)
                3.83              1.04
                                  38.79
               75.74
                                  60.17
               20.43
               2003              2022        (年份)
```

■ 中国对波罗的海三国直接投资存量占中国对中东欧直接投资存量的比重
■ 中国对巴尔干半岛国家直接投资存量占中国对中东欧直接投资存量的比重
■ 中国对维谢格拉德集团与斯洛文尼亚直接投资存量占中国对中东欧直接投资存量的比重

图 2.8　2003 年及 2022 年中国对中东欧不同板块直接投资存量占比的变动情况

资料来源：根据 2003—2022 年《中国对外直接投资统计公报》整理和计算而得。

第三，维谢格拉德集团与斯洛文尼亚板块是中东欧工业水平较为发达的地区，该板块包括匈牙利、捷克、波兰、斯洛伐克以及斯洛文尼亚 5 个国家。该 5 国均于 2004 年加入欧盟，其中斯洛文尼亚与斯洛伐克分别在 2007 年及 2009 年加入了欧元区，可见其良好的经济发展基础。近年来，维谢格拉德集团与斯洛文尼亚均保持了稳定快速的经济增长态势，2014—2019 年，该板块各国的 GDP 增长率均在 2.1% 以上，在中东欧地区处于领先水平，并且远高于其他板块的制造业增值，充分证明了维谢格拉德集团与斯洛文尼亚板块雄厚的工业实力以及强劲的制造业发展势头。产业互补特性给予了中国与该经济板块极大的投资合作空间，而对华政策的开放也为中国投资者的顺利进入提供了更为有利的外部环境，如波兰推出了面向中国企业的"去波兰投资项目"以及匈牙利制定的"向东开放"经济发展战略等，不但降低了其自身对于欧盟经济的过度依赖，而且也为中国"一带一路"建设在中东欧的落地起到了良好的示范效应。在多重利好因素的支持下，中国对维谢格拉德集团与斯洛文尼亚板块的直接投资不但实现了快速增长，而且占中国对中东欧总体的直接投资份额也得到了显著提升，成为当前中国在中东欧地区直接投资最为集中的经济板块。2003 年，中国对维谢格拉德集团与斯洛文尼亚直接投资流量与存量分别占中国对中东欧的 40.56% 及 20.43%，而到了 2022 年，这组数字分别上升至了 68.30% 以及 60.17%，占比达一半以上（见

图 2.7、图 2.8)。虽然在未来一段时期内,中国对维谢格拉德集团与斯洛文尼亚板块直接投资的发展前景依然广阔,但地区内部的民族矛盾以及对华合作态度的差异性仍威胁着中国与该板块经贸合作的深化进程。开展多领域、多层次的对话交流,挖掘双边共同发展利益是推动中国与该板块经贸互动的重点方向,中国将通过构建更完善的投资合作平台,从而为中国对中东欧乃至全球的直接投资加速拓展树立良好的合作典范。

四　国内地域布局鲜明,联动网络效应凸显

随着近年来中国与中东欧国家经贸合作的不断深化,国内地方政府也纷纷加快了与中东欧在不同层面的互动对接,形成了次区域特色鲜明的多点联动格局,从而为中国与中东欧实现多维度合作平台建设提供了良好的区域发展基础。

当前,中国与中东欧的经贸往来主要集中在华东、华北以及华西三大地区。

第一,华东地区(以沪甬为主)对中东欧的投资合作特点主要体现在投资机制与模式的创新与拓展。作为中国对外开放的前沿以及"海上丝绸之路"的起点,沪甬在推进中国与中东欧的合作进程中进行了一系列富有成效的探索,从而使其在机制建设上抢占了先机。如作为目前全国唯一的中国—中东欧国家经贸合作示范区,宁波不但积极承办了中国—中东欧国家投资贸易博览会,而且出台了《宁波市中东欧经贸合作补助资金管理办法》以及《关于加强与中东欧国家全面合作的若干意见》等长效支持政策,在为双边企业的交流互动搭建了常年化平台的同时,还通过对项目前期费用、项目贷款贴息以及境外园区投建费用等实施50%补助的方式,进一步赋予了本地企业赴中东欧直接投资更大的热情。在市场商机以及政策激励双重因素的带动下,宁波企业纷纷将目光投向了中东欧,不但实现了在投资规模上的突破,并且涉及的领域也十分广泛。截至2014年年底,宁波在中东欧国家设立的境外企业和机构为34家,其中中方核准投资额2037万美元,中方实际投资额1433万美元。随着中国—中东欧国家地方合作进程的快速推进,宁波企业在中东欧国家

布局力度不断增加，2022年，宁波对中东欧国家投资规模达4.3亿美元，超过往年投资金额总和，历年累计投资金额突破50亿元，提前完成示范区建设总体方案制定的目标。2019年6月、2021年6月，中国社会科学院中国—中东欧国家智库交流与合作网络先后发布了2018年度与2019年度地方参与中国—中东欧国家合作绩效评估指数及城市排名（见表2.1）。宁波同中东欧国家地方合作水平十分突出（见表2.2），其综合绩效指数与经贸合作绩效指数得分均遥遥领先于中国其他城市，客观呈现了宁波同中东欧国家的高质量对接，明确了其中国—中东欧国家地方合作前沿地位，以科学、准确的量化评估，为中国地方同中东欧国家投资合作的提速增效树立了示范样板。可见，随着对接机制的丰富与完善，宁波与中东欧的投资合作已进入了"快车道"，这不仅为宁波企业自身国际化发展迎来了新的机遇，并且也为中国地方政府提供了机制对接上的经验借鉴，从而为促进中国对中东欧直接投资发展产生了积极影响。又如，上海在与中东欧经贸合作方面也取得了丰硕的成果，其不仅在2016年建立了中国（上海）自由贸易试验区中东欧16国国家馆，为中国与中东欧之间的投资互动打造了综合交流平台，并且还通过组织面向中东欧的经贸文化交流巡展，带领中国企业对中东欧市场开展了实地考察，为企业深入了解中东欧开辟了新途径，也为投资项目的顺利落成提供了合作新契机。

表2.1　2018年与2019年度地方参与中国—中东欧国家合作综合绩效测度结果

排名	2018年		2019年	
	城市	综合绩效指数	城市	综合绩效指数
1	宁波	100	宁波	100
2	天津	58.50072	天津	67.91287
3	北京	47.29102	厦门	65.50841
4	厦门	45.71701	北京	58.67702
5	深圳	42.20300	上海	58.11881
6	上海	41.43828	深圳	49.46457
7	杭州	39.82894	苏州	47.44643

续表

排名	2018 年		2019 年	
	城市	综合绩效指数	城市	综合绩效指数
8	成都	31.96597	沈阳	43.30542
9	大连	31.78081	大连	43.26616
10	郑州	27.80289	广州	37.83503
11	西安	26.41881	成都	34.50495
12	青岛	24.81697	西安	31.99446
13	沈阳	21.71135	青岛	30.21474
14	广州	20.77228	南京	28.28689
15	武汉	17.57379	武汉	25.55343

资料来源：《2018 年度地方参与"17+1 合作"绩效评估报告》《中国—中东欧国家地方合作研究报告（2020）》。

表 2.2　2018 年与 2019 年度地方参与中国—中东欧国家经贸合作水平测度结果

排名	2018 年		2019 年	
	城市	综合绩效指数	城市	综合绩效指数
1	宁波	100	宁波	100
2	厦门	75.75984	厦门	98.68713
3	天津	70.07403	天津	76.16208
4	深圳	58.76356	深圳	72.78286
5	上海	57.43945	上海	72.60888
6	杭州	56.88335	北京	66.81839
7	郑州	53.03900	苏州	64.48754
8	大连	47.74431	沈阳	61.97132
9	北京	47.01220	青岛	44.86752
10	沈阳	41.53546	杭州	36.90819
11	青岛	39.49204	武汉	34.97820
12	成都	39.23604	长沙	34.88763
13	西安	35.79099	成都	32.98034
14	武汉	27.05195	大连	32.59296
15	广州	24.06131	广州	31.55659

资料来源：《2018 年度地方参与"17+1 合作"绩效评估报告》《中国—中东欧国家地方合作研究报告（2020）》。

第二，华北地区（以京冀为主）对中东欧的直接投资集中在基础设施领域，形成了以产能合作为主导的地区投资发展格局。作为当前全球最具发展活力的新兴市场，中东欧总体基础设施水平较为薄弱，这一方面使得中东欧国家大多有着旺盛的基建需求，另一方面也为中国工程类企业带来了巨大的市场机会。华北地区汇集了中国大批优秀的工程企业，基建水平领先于全国，因而是中国基建领域的发展高地。作为"一带一路"建设以及中国—中东欧国家合作的优先突破口，基础设施建设合作项目的加速推进将华北企业对中东欧的直接投资提升到了全新的水平。例如，为了进一步深化中国与中东欧国家的互联互通，以中国交建、中国路桥等为代表的央企在中东欧地区承建了大量具有典范性的交通建设项目，塞尔维亚 E763 高速公路苏尔钦—奥布雷诺瓦茨段、黑山南北高速公路、佩列沙茨大桥等项目的顺利推进均体现了华北地区企业在中东欧基建领域的收获与成就，从而在实现了优势产能与技术输出的同时，也为深化中国与中东欧市场的畅通合作给予了有效支持，为双边经贸往来的扩大与延伸提供了更加便利的对接途径。又如，为了充分发挥产业技术优势，华北企业纷纷通过新建、并购等方式入驻中东欧，以此优化自身资源的全球化布局。以河北钢铁集团为例，通过并购塞尔维亚斯梅代雷沃钢厂，河钢不但为国内产业营造了更为广阔的转型空间，并且凭借在技术以及管理经验上的优势，河钢重新激发了斯梅代雷沃钢厂的生产活力，在实现了发展"双赢"的同时，也为中国与中东欧国家产能合作树立了新的典范。

第三，华西地区（以成渝为主）凭借自身在产业方面的优势以及优越的地理位置同样在与中东欧投资合作中表现出了越发强劲的势头。一方面，通过地方层面对接交流活动的积极开展使得成渝企业对中东欧的了解不断加深，从而为其发掘中东欧市场机遇提供了良好的先决条件。如重庆市通过举办投资合作推介、发展机遇与法律服务讲座以及组团实地考察等多种形式，全面拉近了重庆与中东欧市场的距离，为企业的客观投资决策给予了有效的信息支持，也为企业务实合作的稳步推进提供了更有力的保障。例如，成都市也以企业主导、协会参与以及政府引导为原则，积极举办与中东欧国家间的推介与洽谈会，充分发挥对接活动的带动效应，不断提升地方企业与中东欧国家的经贸合作水平。另一方面，作为内陆地区对外开放的高地，陆上枢纽的交通优势也为华西地区企业强化自身在中东欧地区的辐射能力提供了外部支撑。如2011年开通的渝新欧铁路是以重庆为起点，连接中国与欧洲的重要国际联运大通道，"渝新欧"的开通不但大幅缩短了中国企业特别是重庆企业与中东欧国家的物流时间，并且内陆直通式的通关模式也在很大程度上降低了双边的对接成本，使得重庆一跃成为了中国面向中东欧国家的"桥头堡"，并带动了当地企业对中东欧投资意愿的不断升温。又如，2013年开通的蓉欧快线，将成都与罗兹相连，不仅打通了成都及周边企业与中东欧经贸交流的便捷渠道，还为成都企业融入全球产业链，推动双边资本的融合对接注入了强劲的动力。在利好因素的刺激带动下，华西地区企业在用好"两种资源""两个市场"的经营指引下，不断深化同中东欧各国间的利益融合，在塑造中国同中东欧陆上交通及技术合作新高地的基础上，实现了对中东欧直接投资规模的不断提升。

第三节　中东欧的总体区位投资优势

作为当前世界经济发展最为活跃的地区之一，中东欧国家在全球经济提振乏力的大背景下，依然表现出了强烈的发展诉求，通过不断扩大对外开放水平，为自身的经济发展注入了新的活力，不但成为全球经济增长的新亮点，而且吸引了全球投资者的目光，成为外资流入的新高地。与此同时，作为共建"一带一路"国家，中东欧地理位置独特，无论是从海上航线还是陆路通道，都是中国连接亚欧大陆的门户，因此在"一带一路"建设中具有极其重要的战略地位。近年来，中国与中东欧各层面往来日趋频繁，实现了双边关系质量不断提升，更为经贸领域的互利发展奠定了坚实的基础。尤其是在中国—中东欧国家合作机制逐步成熟的带动下，中国与中东欧各国的投资互动水平迅速提升，而"一带一路"建设与中东欧"向东开放"战略的契合，更为中国企业布局中东欧市场，开展对中东欧直接投资提供了良好的政策保障，从而进一步推进了中国与中东欧开放合作进程，也有效拓宽了中国企业的赴欧投资之路，进而为未来中国对中东欧直接投资的持续增长提供了不竭动力。但不可否认，虽然中东欧的区位投资价值已逐步显现，但经济社会的巨大差异以及合作前期经验的不足使得中国企业对中东欧市场仍缺乏足够的了解，这不仅不利于双边合作的深化推进，而且也抑制了中东欧在"一带一路"框架下辐射作用的发挥。基于此，本节将对中东欧总体区位投资优势进行总结，以期为中国企业投资中东欧提供借鉴的同时，也为"一带一路"区域布局的完善给予有力的经验支撑。

一 良好的经济发展势头为中国投资者提供了广阔的市场前景

自20世纪的苏联解体以来，中东欧多国在经济体制方面发生了根本性的变革，计划经济体向市场经济体的转变虽然在短期中造成了中东欧经济的大幅波动，但随着经济转型成果的日益显现，中东欧各国不仅逐步回归于正常的发展节奏，而且在21世纪甚至表现出了极强的发展活力，成为欧洲"新兴市场"的代表。世界银行数据显示，2003年，中东欧16国国民生产总值（以2010年不变价美元计算）为10884.92亿美元，到了2008年，这一数字上升至14200.11亿美元，增幅达30.46%，远高于欧盟12.1%的增长水平，而在这五年中，中东欧每年5%以上的年增幅也明显高于欧盟2%—3%的年增长水平。虽然受2008年国际金融危机的影响，中东欧16国在2009年出现了一定程度的衰退，但很快便在2010年重新恢复了增长势头，且经济增速仍快于西欧以及欧盟水平，以2010年不变价美元计算，2010—2019年，中东欧16国国民生产总值增长率为31.48%，3.09%的年均复合增幅使中东欧成为欧盟乃至整个欧洲的重要经济增长引擎。2019年，中东欧国家GDP增长率为3.81%，达同年欧盟增长率的2倍以上。新冠疫情使2020年全球经济遭遇逆流，以2015年不变价美元计算，欧盟GDP大幅下滑5.65%，虽然中东欧国家也经历了经济的收缩，但4.05%的降幅表现仍然优于欧盟。2021—2022年，全球经济呈复苏态势，欧盟GDP分别上升6.01%和3.48%，中东欧国家GDP增幅依旧高于欧盟水平，2021年达6.7%，即使面对2022年俄乌冲突的冲击，其GDP增幅仍达4.34%（见图2.9），高于欧盟整体水平0.86个百分点。可见，中东欧国家已呈现出高于欧盟的经济韧性与复原力，随着疫情影响的消退与地缘局势趋于可控，中东欧国家经济将实现加速恢复，长期经济增长预期或进一步上升。

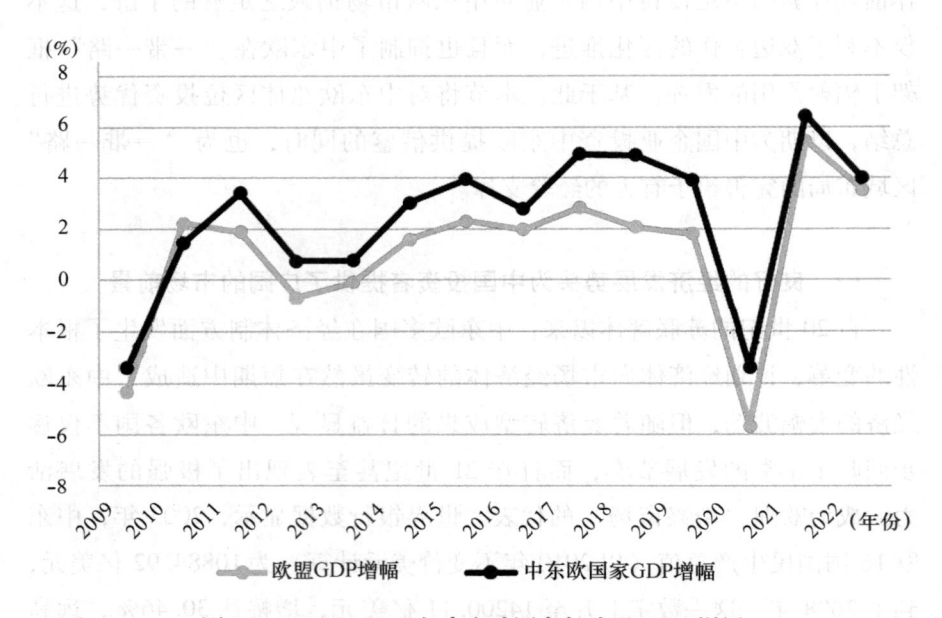

图 2.9　2009—2022 年中东欧国家与欧盟 GDP 增幅

资料来源：世界银行发展指标数据库。

注：图中数据以 2015 年不变价美元计算得出。

从国别经济增长来看，2018 年，中东欧的 5 个欧元区国家 GDP 年增长率均超过了 3.5%，即使是当年 5 国增幅最小的爱沙尼亚，其 3.78% 的增长率依然高于欧元区整体 GDP 增幅 2 个百分点。到了 2019 年，中东欧 5 国在欧元区增长率依然名列前茅，GDP 增长率全部超过了 2%，而同期的欧元区 GDP 增长率仅为 1.58%。此外，2018 年，中东欧 16 国中仅有克罗地亚、保加利亚与北马其顿的经济增速低于 3%，分别为 2.80%、2.68% 及 2.88%。2019 年，16 国经济总量年增速全部超过了 2% 的水平，显著高于欧盟 1.81% 的增长水平，且近一半国家增长速度超过了 4%。面对 2020 年新冠疫情的冲击，中东欧国家面临不同程度的经济衰退，但除克罗地亚、北马其顿和黑山以外，各国经济跌幅均小于欧盟水平。2021 年，全球经济加速回暖，中东欧国家复苏态势更为乐观，除捷克年增长率低于 4%，10 个国家 GDP 增速达 6% 以上，且除拉脱维亚、捷克、斯洛伐克三国，其余国家经济增速均高于欧盟整体水平。2022 年，中东欧国家成为地缘冲突的前沿地带，尽管总体经济表现较上一年度低迷，但克罗地亚、斯洛文尼亚、黑山等部分国家依旧表现出了强劲增长态势，并为在"逆风"中艰难前行的欧洲经济注入了动能（见表 2.3）。

表 2.3　2018—2022 年中东欧 16 国、欧盟及欧元区 GDP 增速　　（%）

国家（地区）	2018 年	2019 年	2020 年	2021 年	2022 年
爱沙尼亚	3.78	3.74	-0.55	8.01	-1.29
立陶宛	3.99	4.63	-0.02	5.98	1.89
拉脱维亚	3.99	2.57	-2.20	4.06	1.98
匈牙利	5.36	4.86	-4.54	7.20	4.58
捷克	3.22	3.03	-5.50	3.55	2.46
波兰	5.95	4.45	-2.02	6.85	4.87
斯洛伐克	4.03	2.51	-3.34	4.86	1.67
斯洛文尼亚	4.45	3.45	-4.32	8.21	5.37
阿尔巴尼亚	4.02	2.09	-3.30	8.91	4.84
克罗地亚	2.80	3.42	-8.58	13.07	6.33
保加利亚	2.68	4.04	-3.96	7.63	3.36
罗马尼亚	6.03	3.85	-3.68	5.79	4.79
波黑	3.83	2.89	-3.02	7.39	3.90
黑山	5.08	4.06	-15.31	13.04	6.09
塞尔维亚	4.50	4.33	-0.90	7.55	2.25
北马其顿	2.88	3.91	-6.11	5.51	2.15
欧盟	2.07	1.81	-5.67	5.47	3.54
欧元区	1.78	1.58	-6.13	5.39	3.48

资料来源：世界银行发展指标数据库。

在人均收入方面，2019 年，中东欧 16 国人均 GDP 的中位数已达 15521.99 美元，超过了世界银行制定的 12375 美元的"高收入国家标准"，且高收入国家达到了 10 个，分别为克罗地亚、波兰、拉脱维亚、立陶宛、爱沙尼亚、斯洛伐克、捷克、斯洛文尼亚、匈牙利及罗马尼亚，而其余国家也均达到了"中高收入国家"的水平，总体经济发展程度较高。与此同时，中东欧人均 GDP 的增长表现也十分抢眼，2019 年，14 个中东欧国家实现了人均 GDP 的增长，其中保加利亚与罗马尼亚人均 GDP 同比增幅超过了 4%，分别为 4.58% 与 4.04%，16 国人均 GDP 同比增幅均值也达到了 1.37%，而同期，欧盟与欧元区的人均 GDP 分别下降了 1.83% 与 2.12%。与此同时，2010—2019 年，中东欧各国累积人均 GDP 增幅普遍在 30% 以上，立陶宛、爱沙尼亚、罗马尼亚、拉脱维亚以及保加利亚甚至超过了 40% 的累积增长，分别达到了 63.3%、59.57%、57.04%、56.96% 以及 44.16%，相较于欧盟与欧元区 6.5% 与 4.31% 的累积增幅更是反映出了极大的发展潜能。值得注意的是，2019 年之前，经济的快速增长并没有带来市场价格水平的攀升，世界银行公布的以消费者价格指数计算的通货膨胀率数据显示，2017—2019 年，中东欧各国的年通货膨胀率基本均在 5% 以下，表现相对平稳。由此可见，疫情前，中东欧国家在保持了强劲经济增长势头的同时，也维持了良好的市场稳定性，这为其在长期实现经济健康稳定发展提供了有利的市场环境保障。

在新冠疫情和地缘冲突的双重冲击下，2020 年以来中东欧国家人均 GDP 增长受阻，但多数国家表现依旧优于欧盟。2019—2022 年，以 2015 年不变价美元计算，欧盟人均 GDP 增幅为 2.87%，而中东欧 16 国中，有 13 个国家高于这一数值，且波兰、克罗地亚、保加利亚、阿尔巴尼亚、波黑、塞尔维亚六国人均 GDP 增幅超过 10%（见表 2.4），经济保持了向好态势，市场韧性得以显现。

表2.4　中东欧16国及欧盟2019—2022年人均GDP及增长率　（美元;%）

国家（地区）	2019年人均GDP	2020年人均GDP	2021年人均GDP	2022年人均GDP	2019—2022年人均GDP增长率	经济体类型 按国际货币基金组织标准分类	按世界银行标准分类
斯洛文尼亚	24125.39	22928.76	24744.84	26066.69	8.05	发达经济体	高收入国家
爱沙尼亚	20269.58	20118.11	21707.24	21207.31	4.63	发达经济体	高收入国家
捷克	20206.43	19048.09	20085.46	20540.05	1.65	发达经济体	高收入国家
斯洛伐克	18240.72	17617.05	18513.09	18875.71	3.48	发达经济体	高收入国家
立陶宛	17249.72	17241.30	18233.63	18366.94	6.48	发达经济体	高收入国家
拉脱维亚	16069.84	15826.41	16609.08	16947.29	5.46	发达经济体	高收入国家
波兰	15053.24	14774.99	15850.29	16704.94	10.97	新兴及发展中经济体	高收入国家
克罗地亚	14211.76	13048.74	15396.11	16477.08	15.94	新兴及发展中经济体	高收入国家
匈牙利	15083.60	14430.48	15533.46	16288.99	7.99	新兴及发展中经济体	高收入国家
罗马尼亚	11252.89	10898.92	11617.99	12279.57	9.12	新兴及发展中经济体	高收入国家
保加利亚	8242.31	7963.69	8641.82	9502.41	15.29	新兴及发展中经济体	中高收入国家
黑山	7684.18	6515.53	7390.30	7879.49	2.54	新兴及发展中经济体	中高收入国家
塞尔维亚	6567.91	6552.08	7113.58	7353.61	11.96	新兴及发展中经济体	中高收入国家
波黑	5558.08	5459.22	5947.82	6251.10	12.47	新兴及发展中经济体	中高收入国家
北马其顿	5386.20	5067.22	5365.48	5500.40	2.12	新兴及发展中经济体	中高收入国家
阿尔巴尼亚	4543.39	4418.66	4857.11	5158.51	13.54	新兴及发展中经济体	中高收入国家
欧盟	33013.37	31118.13	32857.47	33961.76	2.87	—	—

资料来源：世界银行发展指标数据库。

注：人均GDP以2015年不变价美元计算得出。

近年来，中东欧失业率出现了明显下降的趋势。2010年，12个中东欧国家失业率均攀升至10%以上，而2019年，失业率达到这种水平的国家仅剩5个（见表2.5）。这一方面得益于欧盟以及中东欧地区经济形势的整体向好，另一方面也反映出了中东欧各国政府关于就业拉动措施的成效初显。例如，捷克对本国失业率较高地区的民众提供了有条件补贴以鼓励他们参加工作的热情。加入该计划者每月通勤10—25千米，就可以得到1500捷克克朗（约合450元人民币）的薪水。如果民众愿意迁移到有更多就业机会的地区，还可以得到5万捷克克朗（约合1.5万元人民币）的补贴。又如，保加利亚政府出台了培训及就业计划：对于长期求职人群、年轻人以及受过基本教育、没有职业资格的人提供带有补贴的工作；向年龄不满24岁的低教育程度人群、50岁以上失业人群以及长期失业者提供就业岗位且承担其工资与社保成本的50%。在一系列政策的支持下，中东欧地区劳动力市场持续改善，使得2019年的中东欧失业率基本达到了近年来的最低水平。如克罗地亚2019年失业率为6.62%，较2018年下降了1.81个百分点，降幅明显。而捷克作为中东欧长期以来失业率最低的国家之一，2019年，其失业率较2018年也实现了0.23%的降幅，达到了2.02%，基本达到了充分就业状态。虽然新冠疫情使得该地区2020和2022年失业率稍有回升，但仍处于近年来低位，并在2022年再度呈回落态势。失业率和未来通货膨胀预期的下降将成为保障家庭消费信心稳定的重要依托，并为下一阶段中东欧地区经济扩张提供了动能。

产业结构同样是反映国家或地区经济发展水平的重要标志之一，产业结构的合理与否决定着国家或地区经济能否实现快速可持续增长。在通常情况下，第二及第三产业比重、资金及技术密集型产业比重、中间产品与最终产品的比重等都是判断国家或地区产业结构是否优化的关键指标。中东欧国家的发展恰好印证了这种产业结构的优化演变。一方面，工业作为国家现代化发展的主体产业，很大程度上决定着国家经济增长速度、质量以及水平。工业也是国家各部分发展的原料和动力保障，是财政创收主体，从根本上支撑了国家的经济自主与政治独立。中东欧国家工业基础夯实，且作为"欧洲工厂"，其工业在经济中的占比一直维持了较高水平。世界银行数据显示，2022年，除克罗地亚与黑山，其余中东欧14国工业增加值占GDP比重均超过了20%，且16国工业增加值占GDP比重均值达到了24.76%，高于欧盟的23.54%及欧元区的23.01%（见表2.6），为中东欧经济的稳定发展提供了可靠依托。与此同时,中高技术产业在中东欧国家的制造业占比也在不断提升,世界银行数据显示,自2008年起,部分中东欧国家中高技术产业占制造业比重均有所上升,其中北马其顿、罗马尼亚和捷克表现最为抢眼,2008—2021年,其中高技术产业在制造业中占比增幅均达10个百分点以上(见表2.7)。近年来,中东欧国家中高科技出口占制成品出口的比重也实现了稳步扩大,2008—2021年,12个中东欧国家的这一项比值上升,其中,北马其顿中高科技出口占制成品出口比重更是从2008年的24.19%上升至2021年66.07%,增长了41.88%(见表2.8),而中东欧国家14年间关于该指标上升的均值达到了6.66%,展现了极强的技术跃升态势,为自身的创新驱动发展给予了必要的产业支持。

此外,作为现代新兴产业,服务业在促进经济增长与提升经济效率方面的作用日益凸显。服务业的发展不仅可以有效推进产业间的相互融合,而且也能显著降低资源约束对于经济可持续发展的制约,因此是转变经济发展方式、优化国民经济运行的关键着力点。近年来,中东欧服务业规模稳中有升,2022年,中东欧16国服务业增加值为12058.70亿美元,相较于2008年的8880.83亿美元上升了3177.87亿美元,累计增幅达35.78%,同欧盟4.1%的增幅相比表现"亮眼"。其中,波兰服务业增加值从2008年的2987.3亿美元升至2022年的4002.08亿美元,规模增长高达1014.78亿美元,而保加利亚2008—2022年的服务业增加值也从289.93亿美元升至538.26亿美元,增幅居中东欧国家首位,达到85.65%(见图2.10)。与此同时,中东欧国家服务业在经济中的比重也实现了普遍增长。2022年,除阿尔巴尼亚外,中东欧有15国服务业在经济中的产值占比均超过了50%(见表2.9),而在服务业就业方面,2021年,中东欧国家中有15国服务业就业人数占比超过了50%,而黑山更是高达73.83%,超过了欧盟及欧元区水平(见表2.10)。可见,中东欧各国已进入"三、二、一"产业排序的工业化后期阶段,实现了产业结构高级化发展,为自身经济的增长赋予了强大的动能。

表2.5　2010—2022年中东欧16国、欧盟及欧元区失业率情况　　　　（%）

	2010年	2011年	2012年	2013年	2014年	2015年	2016年	2017年	2018年	2019年	2020年	2021年	2022年
爱沙尼亚	16.71	12.33	10.02	8.63	7.35	6.19	6.76	5.76	5.37	4.45	6.80	6.18	5.57
立陶宛	17.81	15.39	13.36	11.77	10.70	9.12	7.86	7.07	6.15	6.26	8.49	7.11	5.96
拉脱维亚	19.48	16.21	15.05	11.87	10.85	9.87	9.64	8.72	7.41	6.31	8.10	7.51	6.81
匈牙利	11.17	11.03	11.00	10.18	7.73	6.81	5.11	4.16	3.71	3.42	4.25	4.05	3.61
捷克	7.28	6.71	6.98	6.95	6.11	5.05	3.95	2.89	2.25	2.02	2.55	2.80	2.22
波兰	9.64	9.63	10.09	10.33	8.99	7.50	6.16	4.89	3.85	3.28	3.16	3.36	2.89
斯洛伐克	14.39	13.63	13.97	14.23	11.54	11.49	9.68	8.14	6.54	5.76	6.72	6.89	6.14
斯洛文尼亚	7.26	8.20	8.88	10.14	9.72	9.00	8.02	6.57	5.13	4.45	4.99	4.74	4.01
阿尔巴尼亚	14.09	13.48	13.38	15.87	18.05	17.19	15.42	13.62	12.30	11.47	—	—	—
克罗地亚	11.62	13.68	15.93	17.25	17.29	16.18	13.10	11.21	8.43	6.62	7.51	7.61	6.96
保加利亚	10.28	11.26	12.27	12.94	11.42	9.14	7.57	6.16	5.21	4.23	5.12	5.27	4.27
罗马尼亚	6.96	7.18	6.79	7.10	6.80	6.81	5.90	4.93	4.19	3.91	5.03	5.59	5.61
波黑	27.31	27.58	28.01	27.49	27.52	27.69	25.41	20.53	18.40	15.69	15.87	14.90	12.66
黑山	19.65	19.76	19.81	19.59	18.05	17.55	17.73	16.08	15.19	15.13	17.88	16.54	—
塞尔维亚	19.20	22.96	24.00	22.15	19.22	17.66	15.26	13.48	12.73	10.39	9.01	10.06	8.68
北马其顿	33.13	31.50	31.20	29.14	28.38	26.43	24.30	22.81	21.20	17.39	16.55	15.78	14.43
欧盟	9.85	9.90	10.87	11.32	10.82	10.02	9.11	8.12	7.25	6.68	7.04	7.02	6.14
欧元区	10.14	10.18	11.37	11.92	11.56	10.83	10.00	9.03	8.16	7.52	7.83	7.73	6.74

资料来源：世界银行发展指标数据库。

表 2.6　2008—2022 年中东欧 16 国、欧盟及欧元区工业增加值占 GDP 比重 (%)

	2008 年	2009 年	2010 年	2011 年	2012 年	2013 年	2014 年	2015 年	2016 年	2017 年	2018 年	2019 年	2020 年	2021 年	2022 年
爱沙尼亚	26.22	23.48	24.40	25.72	25.27	25.35	24.77	23.86	24.05	24.00	24.02	22.95	22.78	23.11	24.02
立陶宛	29.22	25.09	26.20	28.08	28.02	27.39	27.51	26.72	25.94	25.90	25.62	25.25	24.84	25.32	27.24
拉脱维亚	21.77	20.95	20.45	20.72	20.62	20.10	18.94	19.10	18.52	19.05	18.66	18.85	19.51	19.95	20.86
匈牙利	25.76	25.09	25.20	25.10	25.02	25.05	25.69	26.38	25.49	25.17	25.08	24.71	24.39	24.30	25.78
捷克	33.66	32.99	33.17	33.65	32.92	32.65	33.84	33.78	33.41	32.71	31.77	31.53	30.69	30.27	30.69
波兰	28.67	29.51	29.68	30.46	30.29	28.73	30.00	31.12	30.77	28.86	28.76	28.64	28.35	27.86	29.83
斯洛伐克	33.06	29.44	30.62	30.48	30.82	28.65	30.52	30.57	29.34	28.72	29.30	29.81	28.17	29.77	28.63
斯洛文尼亚	29.79	27.37	26.51	26.81	27.39	27.49	28.14	28.03	27.97	28.34	28.30	28.90	29.23	28.48	29.01
阿尔巴尼亚	25.16	24.41	24.94	24.48	22.92	23.06	21.51	21.76	21.14	20.36	21.28	20.62	20.11	20.75	21.43
克罗地亚	22.81	22.65	21.36	21.54	21.14	20.62	20.82	20.60	20.59	20.20	19.86	19.93	20.71	19.79	19.51
保加利亚	24.99	26.57	23.76	25.03	25.38	23.51	23.44	24.02	24.45	23.98	22.40	21.69	21.81	20.85	25.99
罗马尼亚	36.77	36.42	38.32	40.21	34.42	32.07	32.57	30.81	30.12	29.11	28.92	27.59	26.55	26.73	28.83
波黑	23.20	22.91	22.45	22.19	21.62	22.32	22.16	21.73	22.34	23.12	23.71	23.20	23.78	24.77	25.21
黑山	17.69	17.35	17.15	15.09	14.89	15.46	14.30	14.35	15.65	14.86	15.93	16.13	17.29	14.84	13.04
塞尔维亚	27.61	24.90	25.29	26.66	27.01	26.84	25.24	25.80	25.82	26.08	25.50	25.60	24.90	25.00	23.11
北马其顿	19.53	18.97	21.04	21.59	21.08	22.14	22.82	23.92	23.96	24.26	24.05	23.70	22.74	22.35	22.95
欧盟	24.14	22.70	22.97	23.05	22.80	22.42	22.40	22.80	22.83	22.74	22.72	22.64	22.55	22.79	23.54
欧元区	23.63	22.16	22.38	22.37	22.20	21.93	21.83	22.23	22.31	22.26	22.25	22.19	22.15	22.44	23.01

资料来源：世界银行发展指标数据库。

表 2.7 2008—2021 年中东欧国家中高技术产业占制造业比重

(%)

	2008年	2009年	2010年	2011年	2012年	2013年	2014年	2015年	2016年	2017年	2018年	2019年	2020年	2021年
爱沙尼亚	28.80	25.65	26.75	27.76	26.94	28.14	28.39	25.72	26.64	27.43	25.78	29.43	28.69	29.46
立陶宛	23.92	16.11	22.81	23.29	19.46	17.84	20.84	23.62	20.16	22.15	23.01	24.68	29.06	32.47
拉脱维亚	20.70	20.77	16.61	16.90	16.59	16.74	17.73	18.87	18.53	19.01	20.22	20.27	24.31	25.20
匈牙利	51.94	52.64	54.63	56.39	55.65	56.52	58.50	59.45	56.30	56.97	51.54	51.70	53.21	54.62
捷克	40.88	41.30	44.99	45.72	46.72	47.34	48.27	51.83	51.22	52.24	51.53	51.77	50.63	51.26
波兰	33.66	34.54	35.88	35.84	34.31	35.21	33.94	33.98	32.99	32.74	32.23	32.28	32.03	32.89
斯洛伐克	41.26	43.30	45.75	44.52	47.82	49.43	47.48	49.39	47.77	47.93	49.51	51.17	48.86	49.82
斯洛文尼亚	44.34	45.42	46.76	47.78	49.66	48.03	47.33	37.41	37.09	37.98	37.13	36.88	37.24	37.33
阿尔巴尼亚	14.09	14.36	6.56	10.55	17.10	5.64	6.63	5.80	4.47	4.88	4.61	4.24	6.31	6.31
克罗地亚	23.13	26.20	28.96	27.61	26.03	25.98	26.87	27.56	25.74	24.61	24.53	26.77	28.53	32.65
保加利亚	25.02	24.04	24.70	25.44	29.27	31.72	28.09	28.17	25.68	26.85	30.62	30.54	30.39	32.31
罗马尼亚	25.98	33.99	35.24	36.02	36.79	37.70	36.96	41.39	40.77	42.90	42.77	40.95	39.49	41.09
波黑	14.99	14.99	14.99	16.33	18.03	17.20	17.35	18.35	17.18	17.93	19.07	17.63	18.56	18.57
黑山	16.26	16.26	16.26	13.99	18.85	15.88	16.06	14.86	14.86	14.86	14.86	14.86	14.86	14.86
塞尔维亚	21.85	20.42	18.64	19.63	20.06	24.88	25.92	25.74	25.41	25.75	24.65	25.06	25.38	25.38
北马其顿	13.69	14.60	19.50	15.48	23.52	15.35	23.03	29.61	31.64	31.98	33.73	33.18	33.18	33.18

资料来源：世界银行发展指标数据库。

表 2.8　2008 年与 2021 年中东欧国家中高科技出口占制成品出口比重　（%）

	2008 年	2021 年
爱沙尼亚	46.56	46.83
立陶宛	40.04	45.56
拉脱维亚	34.21	40.95
匈牙利	77.41	76.11
捷克	66.97	70.12
波兰	57.17	53.42
斯洛伐克	65.41	71.59
斯洛文尼亚	62.04	68.39
阿尔巴尼亚	14.27	8.41
克罗地亚	49.61	47.37
保加利亚	32.45	49.40
罗马尼亚	47.15	61.87
波黑	25.42	28.99
黑山	26.99	29.18
塞尔维亚	32.23	44.46
北马其顿	24.19	66.07

资料来源：世界银行发展指标数据库。

综上所述，中东欧具有较为坚实的经济基础与市场环境，这一点在共建"一带一路"国家中尤为显著，虽然在发展水平上中东欧各国与西欧国家存在一定差距，却表现出了强于西欧乃至整个欧洲的经济发展势头，这就使得中东欧在"一带一路"建设中不仅仅局限于"通往传统欧洲通道"的定位，而是成为了"一带一路"日趋成熟的消费市场与颇具潜力的投资目的地。随着经济规模的不断上升以及国民生活水准的持续提高，未来中东欧将呈现出更大的市场潜力以及容纳力，从而在释放出更多引资需求的同时，也为中国企业在中东欧的可持续经营提供了市场保障和投资信心。强劲的经济发展活力已使中东欧成为中国在"一带一路"倡议下对外合作的新亮点，而"一带一路"同样也将成为中东欧经济发展的新引擎，在实现互利互惠、协同发展的基础上，全面推动中国对中东欧直接投资规模与质量的双提升。

表 2.9 2008—2022 年中东欧 16 国、欧盟及欧元区服务业增加值占 GDP 比重

(%)

	2008年	2009年	2010年	2011年	2012年	2013年	2014年	2015年	2016年	2017年	2018年	2019年	2020年	2021年	2022年
爱沙尼亚	59.55	60.85	59.92	58.29	58.80	59.17	59.27	59.99	60.03	60.37	60.88	61.55	62.98	62.54	61.46
立陶宛	57.25	62.58	60.73	58.48	58.48	59.73	59.50	59.91	60.94	60.44	61.42	61.43	61.22	61.18	61.24
拉脱维亚	65.33	65.86	64.49	64.13	64.42	64.80	65.57	65.36	65.59	64.76	64.55	64.38	63.64	62.91	61.66
匈牙利	56.46	56.87	56.66	56.00	55.27	55.48	54.87	54.08	55.45	55.89	55.88	56.42	56.63	56.97	57.19
捷克	55.15	55.74	55.79	54.68	54.77	54.61	54.19	54.06	54.45	55.10	56.41	56.96	58.37	58.76	59.19
波兰	55.98	56.70	55.27	54.12	55.18	56.61	55.56	55.09	54.87	55.91	56.41	56.88	57.16	56.67	58.16
斯洛伐克	54.53	58.96	58.46	57.71	58.17	59.61	57.02	57.27	58.54	58.78	58.14	58.08	59.79	57.83	58.47
斯洛文尼亚	55.93	58.32	58.76	58.12	57.46	56.97	56.29	56.34	56.67	56.70	56.56	56.34	57.04	57.68	58.04
阿尔巴尼亚	44.70	45.32	44.03	44.26	44.95	44.61	45.78	46.28	46.70	47.97	47.76	48.41	48.35	47.86	47.35
克罗地亚	57.82	58.79	59.88	60.22	59.81	59.36	59.58	59.38	59.31	59.67	59.49	59.42	59.70	59.20	60.90
保加利亚	53.22	56.09	59.50	57.59	57.18	58.19	58.73	58.28	57.59	57.96	60.84	61.40	61.43	62.26	59.58
罗马尼亚	46.63	48.38	45.99	42.33	49.42	50.55	50.91	52.60	55.11	56.91	56.96	58.45	59.98	59.83	57.61
黑山	53.65	55.64	55.51	55.81	56.79	56.16	56.78	54.93	54.17	54.45	53.73	54.57	54.66	53.87	54.44
塞尔维亚	55.24	57.40	58.64	60.62	61.52	58.57	58.55	60.28	59.60	60.13	59.17	58.72	58.00	73.83	61.51
北马其顿	48.56	51.62	51.70	50.26	50.96	50.37	51.69	50.87	50.32	50.93	51.01	51.17	51.86	51.38	51.99
欧盟	55.11	57.09	55.09	55.09	56.31	54.84	53.83	53.73	53.55	54.54	54.32	54.99	56.56	56.66	58.80
欧元区	63.90	65.82	65.10	64.83	65.11	65.45	65.48	65.11	65.06	64.96	65.04	65.18	65.63	64.97	64.75
	64.85	66.74	66.10	65.94	66.11	66.36	66.42	66.03	65.93	65.80	65.86	65.97	66.41	65.68	65.46

资料来源：世界银行发展指标数据库。

表 2.10　2008—2021 年中东欧各国服务业就业人数比重

(%)

	2008年	2009年	2010年	2011年	2012年	2013年	2014年	2015年	2016年	2017年	2018年	2019年	2020年	2021年
爱沙尼亚	60.83	64.50	65.47	63.15	64.40	65.46	65.99	65.44	66.38	66.51	67.06	68.13	67.89	68.26
立陶宛	61.42	64.17	66.61	66.96	66.12	66.05	66.11	65.86	66.89	67.08	67.05	67.86	68.95	68.41
拉脱维亚	62.64	66.91	68.31	68.20	68.15	68.02	68.65	68.42	68.19	69.83	69.37	68.99	69.14	69.64
匈牙利	63.46	64.23	64.76	64.28	65.14	65.33	64.82	64.77	64.52	63.44	62.73	63.19	63.34	64.16
捷克	56.30	58.31	58.92	58.56	58.83	59.46	59.21	59.05	59.03	59.14	59.70	60.09	60.14	60.60
波兰	54.14	55.60	56.64	56.42	57.01	57.46	57.97	57.93	57.97	58.11	58.57	58.71	58.73	60.67
斯洛伐克	55.92	58.49	59.65	59.43	59.23	60.87	61.06	60.71	60.64	60.13	61.19	61.12	60.87	60.85
斯洛文尼亚	56.29	57.72	58.60	59.74	60.64	60.47	59.44	60.91	61.80	61.19	61.17	61.61	61.86	65.93
阿尔巴尼亚	37.57	36.01	37.32	35.75	36.73	38.92	40.00	40.05	40.58	42.54	42.97	43.43	43.68	43.82
克罗地亚	56.33	57.67	58.29	57.46	59.83	61.59	63.50	64.06	65.42	66.61	66.34	66.14	65.30	64.41
保加利亚	56.10	57.67	60.21	61.77	62.24	63.15	62.88	63.25	63.46	63.09	63.31	63.36	63.09	62.86
罗马尼亚	39.69	40.89	40.67	42.18	42.08	42.46	42.72	45.96	47.02	47.10	47.66	48.69	49.77	51.00
波黑	46.95	47.30	49.45	51.51	49.08	51.32	52.92	52.65	50.77	51.62	52.14	50.33	54.66	54.38
黑山	74.22	75.07	75.37	75.47	76.92	77.71	76.76	74.82	74.79	74.98	73.08	73.44	74.06	73.83
塞尔维亚	48.73	50.79	52.06	51.98	52.58	52.85	55.48	56.13	56.96	57.48	57.17	56.96	57.49	57.14
北马其顿	49.27	52.24	52.54	51.25	52.82	50.88	51.18	51.64	53.06	53.20	52.92	54.95	57.43	58.36
欧盟	66.11	67.31	68.04	68.44	68.87	69.44	69.68	70.00	70.26	70.29	70.46	70.66	70.68	71.18
欧元区	69.26	70.41	71.15	71.57	72.03	72.62	72.88	73.07	73.28	73.33	73.44	73.59	73.58	73.80

资料来源：世界银行发展指标数据库。

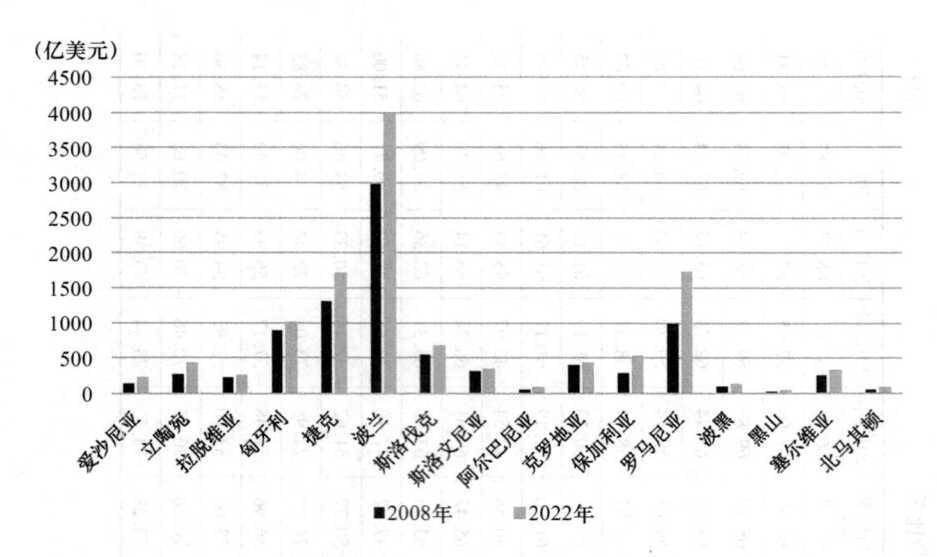

图 2.10　2008 年与 2022 年中东欧各国服务业产值对比

资料来源：世界银行发展指标数据库。

二　优越的地理位置为中国投资者拓宽了进军西欧的战略通道

纵观历史，无论是麦金德的陆权理论，还是德国的地缘政治学说，都将中东欧视为掌控亚欧大陆，甚至整个世界的战略要地。虽然中东欧 17 国总面积仅有 144 万平方千米，总人口也不过 1.3 亿，但作为欧亚非衔接的过渡地带，中东欧却成为了世界经贸以及政治的核心"枢纽"。麦金德在其发表的《民主的理想与现实》中曾明确指出："谁统治了东欧意味着其控制了心脏地带，而控制了心脏地带便控制了世界岛进而控制了整个世界"，不仅反映了与历史相契合的时代背景，并且也表达了其对于中东欧地位的战略判断，从而进一步表现出了独特的地理位置所赋予中东欧关键的战略功能。时至今日，中东欧依然凭借其突出的地理优势，在影响着世界政治经贸格局的同时，也为中国企业"走出去"开辟了新窗口、拓宽了新渠道，成为新时期中国优化全球资源配置、完善投资布局的关键地带。

一方面，中东欧国家地处欧洲中心，且与西欧构成了高度一体化的市场，因此是中国资本进入欧洲腹地的"桥头堡"。目前，中东欧绝大部分国家已是欧盟成员,这不仅使其对于以西欧主导的欧盟市场及资金具有较高的依赖性,而且给予了中东欧产品在欧盟销售有利的先决条件,这就为中国企业产品以"欧洲制造"的身份进军西欧市场提供了可行的方案。通过在中东欧国家投资建厂,中国企业可以迅速实现从生产到销售再到品牌塑造的"欧洲化"转型,凭借着中东欧相对低廉的经营成本,可以有效提高中国企业的海外生存能力,从而进一步巩固了中国企业拓展西欧市场的资金基础。如上海梅林、长虹集团等一大批国内知名企业通过布局中东欧,使自身产品拥有了"欧盟身份",在推动产品质量升级的同时,也有效地避开了贸易壁垒,从而帮助其在整个欧洲市场逐步站稳了脚跟。

另一方面,中东欧东邻俄罗斯,西接西欧,并且还连通着黑海及波罗的海地区,因而是贯通海陆、连接欧亚的重要纽带。其一,中东欧为中国与欧洲腹地之间开辟了一条便捷的陆上通道。长期以来,中国外贸过度依赖海运,形成了"马六甲困局",而中东欧恰好为缓解这一困局提供了陆上支撑。由中国西部出发,途经中亚进入中东欧,再由此通向欧洲西部,不但有效地分散了海运压力,还大幅度地节约了运输时间,从而有利于国内企业以及中东欧投资企业经营对接效率的全面提升。其二,中东欧西临亚得里亚海,南濒地中海,东临黑海,因此也是陆水运输的枢纽地带。以往中国出口欧盟的货物大多以海运绕道好望角,纵穿大西洋,终至欧洲北部港口。而由中东欧至比雷埃夫斯港的中欧陆海快线不但极大地缩短了传统海运路线,而且有效地节约了陆上时间,从而为中国与中东欧经贸往来搭建了新的便捷通道。优越的运输条件使得中东欧在中国的地缘战略地位日益凸显,并在"一带一路"建设的促进作用下,进一步推动了中国企业与欧洲市场的合作对接。

三 丰富的资源储备为中国投资者奠定了扎实的保障基础

随着经济的不断发展以及工业化进程的持续深化,中国对于生产资源的需求量近年来不断增加。虽然中国拥有较为完备的资源种类,但总量高人均低的天然缺陷依旧使得企业在生产过程中原料供给不足现象时有发生,极大阻碍了中国经济的可持续发展步伐,给社会的安全稳定带来了严重威胁。以矿产资源为例,作为当前社会经济发展最为重要的物质基础，中国90%以上的能源、80%以上的工业生产原料以及60%以上的农业生产资料全部源自矿产资源。虽然中国在已探明的矿产资源总量以及开采总量上均高居全球前列，但人均占有量严重不足，据统计，中国人均矿产资源占有量仅为世界平均水平的58%，位列世界第53位。可见，中国整体资源形势已十分严峻，而寻求稳定的外部供给，加快资源的全球化利用便成为缓解中国资源约束，弥补当前资源缺口的必然选择。不可否认，在非市场因素的影响下，过度依赖进口难以有效避免资源供应的中断以及大幅的价格波动，鉴于此，随着中国经济的崛起以及开放水平的提升，中国企业寻求对外直接投资的热情也日益高涨，其通过建立海外供应基地，不但有力地推动了外部资源供应的内部化，使企业的经营利润得到了显著提升，而且进一步夯实了中国资源保障体系的基础，为中国长期稳定的资源供给开辟了可靠的渠道。

与中国持续趋紧的资源约束不同，中东欧部分资源储备相对丰富，且与中国的资源禀赋结构具有良好的互补性。如在中国紧缺的金属矿种方面，中东欧国家有着较为理想的储备规模，且储量已跻身于世界前列。波兰铜储量达14.2亿吨，是全球第九大以及欧洲第二大的铜矿生产国家，银矿储量也达到了8.5万吨，高居全球第三，欧洲第一；阿尔巴尼亚铬矿储量约为3690万吨，排名全球第八，欧洲第二。相关技术与设备的滞后使得这些资源并未得到中东欧国家自身大规模的开发利用，这也为中国进一步挖掘中东欧资源潜力，开展项目对接创造了难得的契机。目前，中国企业在中东欧资源类投资还非常有限，而大多数的业务往来也仅停留在了资源的购买层面。充分利用产业与技术的互补优势，大力推进与中东欧国家在资源领域的投资对接成为中国相关企业的重点关注方向。积极拓展在中东欧国家的资源布局将有效缓解中国所面临的外部困境，从而在日益激烈的全球资源竞争环境下，为中国资源供给保障的强化以及经济的健康可持续发展提供更为有力的基础支撑。

四　完善的外资政策体系为中国投资者创造了良好的经营环境

随着中东欧各国先后入盟，遵循欧盟规章制度，以西欧国家法律为样本推动外资管理政策的改革便成为中东欧国家完善市场体系、强化投资竞争力的实践方向与必要前提。特别是在全球纷纷着力推行"自由化"的背景下，为了全面降低由制度因素所引起的市场扭曲，进一步消除政策约束给外资带来的进入及经营障碍，近年来，中东欧国家积极修改并完善自身涉外经济的法规与条例，不断加大对外资企业的优惠支持力度，促进与欧盟法律的接轨，为外国投资者提供公平高效的经营环境与政策保障，从而极大地提升了外资对该地区的投资热情。

第一，中东欧国家准入门槛呈降低趋势，外资的经营限制逐步放宽。在投资限额方面，如波兰在1997年之前实施的《波兰外国主体参与经济活动法》中规定，外资企业的创建资本投资不得低于2500万兹罗提，而在1997年之后，这一数值对于有限责任公司降低为4000兹罗提，而对于股份公司则降为10万兹罗提。又如，保加利亚也取消了原有的5万美元最低投资限额，并规定对于外国人的投资，无论金额大小，均被视为外商投资，并享受与本国投资同等的待遇及保护。在投资审批方面，起初，外商在中东欧国家投资经营必须经过严格的审查流程，而如今，除限制行业外，波兰、匈牙利、捷克等国家均撤销了复杂的审批手续，外资企业只需在相关主管机构注册即可开展投资；罗马尼亚、保加利亚等国也将审批流程简化，并提高了投资申请的批准比例，从而有效地节约了外资的制度成本。在投资形式方面，中东欧国家不但允许更为多样化的资本进入形式，并且对于外资企业的性质要求也更为宽松。一方面，大多数中东欧国家均取消了外资投资形式的限制，如保加利亚规定，除现金、技术以及设备外，外国投资还可以为贸易公司股票与股份、不动产产权、动产的有限财产和所有权，甚至知识产权等，从而以更为全面的资本概念，有效带动了外资的流入；另一方面，中东欧国家还降低了对于外资企业性质的要求，不但允许海外投资者建立独资、合资企业，并且在一定程度上开放了外资对于其国有企业的涉足，从而以更加公平的市场秩序给予了外资更为自由的经营空间。在投资领域方面，中东欧国家对于外资的限制也在不断降低。除涉及国家安全的行业外，绝大多数中东欧国家基本取消了对于外资的行业限制，如斯洛文尼亚仅禁止了对军事、铁路、通信等行业的外资独资形式，而阿尔巴尼亚甚至实施了全行业的开放，规定外商的投资领域不受任何限制。宽松的行业准入使中东欧市场活力得以有效激发，充分提升了市场资源配置效率，也为外资提供了更加多元的市场对接途径，从而以稳定向好的开放信号，推动了外资与本国经济的互利共赢。

第二，中东欧国家强化了对于外资的保护力度，从而有力地提高了外国投资者的整体信心。中东欧国家十分注重对于外商财产的保护，除涉及国家或公共利益外，对外资的征收及国有化行为均进行了明确的禁止。如罗马尼亚规定，除公共利益的需要以外，不得对外资实施国有化、征购等措施，即使涉及公共利益，也须按法律给予海外投资者与投资价值对接的赔偿，且支付应以快速、恰当、实效为原则。又如，匈牙利也通过《外国人在匈牙利投资法》给予了外资企业及投资者以充分的保护，不但规定了外资在面对被国有化以及没收等措施的情况下可以按照实际价值得到赔偿，并且外资企业还可以通过法庭申请对补偿的行政决议进行审查。此外，中东欧各国还给予了外资自由的利润转让及资本回收的权利，有效地拓宽了外资流动渠道，以开放、透明的姿态，进一步打消了外资企业的顾虑。可见，依托于不断完善的外资基础性法律，中东欧各国加大了对于海外投资者合法权益的维护力度，从而以更加可预期的市场投资环境，使其引资优势得以扩大，进而带动了中外资规模的稳定上升。

第三，积极的外资优惠政策为中东欧各国引资能力的增强起到了有力的推动作用。一方面，与欧盟在法律层面的接轨使得大多数中东欧国家实行欧盟框架下的外资公共资助政策，如外资对人均 GDP 低于欧盟平均水平 75% 的地区投资（农业、渔业、矿业、运输、汽车、造船、钢铁、化纤领域项目及数额超过 5000 万欧元的项目除外），对研发、环保、中小企业等项目的投资以及对包括汽车、钢铁、化纤等敏感领域工业改造项目的投资可以得到相应的公共补贴。另一方面，中东欧国家各自出台了一系列特殊的外商激励政策，从而为外资提供了更为有利的投资条件。如波兰在其 16 个省内已成立了 14 个经济特区，不但给予了区内外资企业国税和地税等的减免优惠，而且还提供给投资者更加优惠的土地购买价格以及无偿的投资协助服务；匈牙利、捷克也对于投资技术中心与商业服务项目的海外投资者提供了极富竞争力的税收优惠与资金补贴；而黑山甚至允许海外投资者拥有其土地与房地产的完全产权。由此可见，中东欧各国对于外资表现出了相对积极的态度，并以日趋完善的政策体系为海外投资者提供了便利的营商条件，进一步吸引了全球投资者目光，降低了中国投资者海外市场政策风险，为中国企业"走出去"指明了新的方向，也为中国与中东欧双边的合作需求对接开辟了广阔的发展空间。

不可否认，受新冠疫情影响，欧盟经贸保护主义持续加码，出台了扩大投资审查范围，降低触发审查门槛的外资限制措施，但随着中欧经贸合作共识的加深，双方未来投资往来将更趋活跃，而作为以新兴经济体为主的中东欧国家将进一步优化自身外资政策，为加速其经济复苏进程吸收更多来自国外的资本"动力"，而中国对中东欧投资渠道也将在未来区域畅通。

第四节 中国对中东欧国家直接投资的历史机遇

近年来，中国与中东欧各国在经济与外交领域的互动关系均取得了长足的进展，尤其是2012年中国—中东欧国家合作机制的建立，更是推动了中国与中东欧经贸合作进入了实质性的发展阶段，一系列务实成果的落实不但使得双边各领域合作交流不断加深，从而通过优势的互补为中国—中东欧经贸关系的持续向前发展奠定了坚实的基础，而且作为中国"一带一路"建设的关键节点，中东欧"向东开放"政策的也为双方创造出了更多的利益契合，在进一步丰富了合作内涵的同时，也为各自经济的稳步发展注入了强劲动力。虽然当前中国与中东欧经贸往来规模不断加大，但与庞大的双边市场以及广阔的合作前景相比，仍存在巨大的发展潜力，特别是在对外直接投资方面，中东欧依然是中国企业"走出去"的"浅水区"，而紧扣时代的脉搏、把握历史的机遇才能更有效地释放出中国与中东欧国家的合作活力，推动中国对中东欧国家直接投资跃升至新的台阶。

一 丰硕的前期成果为对接平台的搭建与完善提供了机制保障

中国与中东欧各国拥有深厚的传统友谊，特别是自2012年中国—中东欧国家合作机制全面启动以来，全方位、宽领域、多层次的合作关系拓展不但为增进双方友谊开辟了新途径，而且为中国与中东欧发挥互补优势、提升合作质量搭建了重要的对接平台（见表2.11）。以探寻共同发展利益为基础，在中国—中东欧国家合作框架下，中国与中东欧的务实合作已取得丰硕成果，进一步做大了共同利益"蛋糕"，推动了合作机制下双边关系的精准对接，为中国对中东欧直接投资的落实与推进带来了新的契机。

表2.11　中国—中东欧国家合作框架下各领域部分已建成或筹建中平台

	各领域协调机制或平台名称	秘书处所在地
已建成平台	中国—中东欧国家投资促进机构联系机制	波兰
	中国—中东欧国家联合商会	波兰（执行机构）、中国（秘书处）
	中国—中东欧国家合作秘书处与中东欧国家驻华使馆季度例会机制	中国
	中国—中东欧国家中小企业联合会	克罗地亚
	中国—中东欧国家农业合作促进联合会	保加利亚
	中国—中东欧国家旅游促进机构和旅游企业联合会	匈牙利
	中国—中东欧国家高校联合会	轮值担任
	中国—中东欧交通网络建设专家咨询委员会	中国
	中国—中东欧国家地方省州长联合会	捷克
	中国—中东欧国家交通基础设施合作联合会	塞尔维亚
	中国—中东欧国家物流合作联合会	拉脱维亚
	中国—中东欧国家农产品物流中心	保加利亚
	中国—中东欧国家能源项目对话与合作中心	罗马尼亚
	中国—中东欧国家智库交流与合作网络	中国
	中国—中东欧金融控股公司	中国
	中国—中东欧国家林业合作协调机制	斯洛文尼亚
	中国—中东欧国家（虚拟）技术转移中心	中国、斯洛伐克
	中国—中东欧国家文化协调中心	北马其顿
	中国—中东欧国家卫生合作促进联合会	中国
	中国—中东欧国家医院联盟	中国

续表

	各领域协调机制或平台名称	秘书处所在地
已建成平台	中国—中东欧国家公共卫生合作机制	中国
	中国—中东欧国家海事和内河航运联合会	波兰
	中国—中东欧国家银联体	中国（秘书处）、匈牙利（协调中心）
	中国—中东欧国家舞蹈文化艺术联盟	保加利亚
	中国—中东欧国家农产品电子商务物流中心	中国
	中国—中东欧国家兽医科学合作中心	波黑
	中国—中东欧国家环保合作机制	黑山
	中国—中东欧国家音乐院校联盟	中国
	中国—中东欧国家艺术创作与研究中心	中国
	中国—中东欧国家出版联盟	中国
	中国—中东欧中医药中心	匈牙利
	中国—中东欧国家旅游院校联盟	中国
	中国—中东欧国家智慧城市协调中心	罗马尼亚
	中国—中东欧国家青年艺术人才培训和实践中心	中国
	中国—中东欧国家文创产业交流合作中心	中国
	中国—中东欧国家全球伙伴中心	保加利亚
	中国—中东欧国家图书馆联盟	中国
	中国—中东欧教育文化交流中心	中国
	中国—中东欧国家合作人文交流体验基地	中国
	中国—中东欧国家金融科技协调中心	立陶宛
	中国—中东欧国家创新合作研究中心	中国
	中国—中东欧国家海关信息中心	中国
	中欧陆海快线沿线国家通关协调咨询点	中国、匈牙利、北马其顿、塞尔维亚、希腊
	中国—中东欧国家卫生和植物卫生工作组机制	中国
	中国—中东欧国家检验检疫联络咨询点	中国
	中国—中东欧国家电子商务合作对话机制	中国
	中国—中东欧国家公众健康产业联盟	中国
	中国—中东欧国家卫生人才合作网络	中国
	中国—中东欧国家卫生政策研究合作网络	中国
	中国—中东欧区块链卓越中心	中国、斯洛伐克

续表

	各领域协调机制或平台名称	秘书处所在地
筹建中平台	中国—中东欧国家青年发展中心	阿尔巴尼亚
	中国—中东欧国家创新能力建设工作组	塞尔维亚
	中国—中东欧国家体育协调机制	克罗地亚、斯洛文尼亚（待定）
	中国—中东欧国家信息通信技术协调机制	克罗地亚
	中国—中东欧国家创意中心	黑山
	中国—中东欧国家女性创业网络	罗马尼亚

资料来源：笔者根据习近平主席在中国—中东欧国家领导人峰会上的主旨讲话、中国—中东欧国家领导人会晤发布的历次纲要及网络资料内容整理而成。

首先，在中国—中东欧国家合作机制的推动下，中国同中东欧各国合作关系不断升温。在国家层面，2012年之前，中国在中东欧地区仅与波兰和塞尔维亚建立了战略伙伴关系，而随着中国—中东欧国家合作机制的逐步成熟，中国同大多数中东欧国家关系的发展稳定向好，实现了同捷克与匈牙利间战略伙伴关系的从无到有以及同波兰和塞尔维亚从战略伙伴关系向全面战略伙伴关系的跃升。高层次的外交定位充分表现出了中东欧在中国重要的战略地位，而日益紧密的互动关系也为中国与中东欧奠定了更有利的合作基础。在地方层面，为了弥补中国与中东欧各国市场规模的不对等，中国地方政府纷纷立足于当地特色，拓展与中东欧的友好往来。截至2020年年底，中国与中东欧国家已建立212对友好省市关系，强化了中国同中东欧各领域交流往来，增进了双方人民之间相互理解，为双方的经贸合作注入了新的活力，成为加快中国投资中东欧的关键支撑。

其次，互联互通水平的显著提升为中国与中东欧间生产要素的有序流动创造了有利条件。为了有效带动双方的人员流动与经贸往来，近年来，中国与中东欧交通运输合作已日趋完善，"海陆空"齐头并进，不仅促进了中国和中东欧国家间以及中东欧地区内的深入交往，而且借助中东欧地理优势推动了中欧互联互通网络全面开花结果。如在航空领域，北京至华沙、北京至布达佩斯、北京至布拉格等一大批直飞线路相继开通，极大地提升了双边人员的对接效率。在铁路运输领域，中欧班列在中东欧开行范围不断扩大，波兰、捷克、斯洛伐克、爱沙尼亚等多个中东欧国家已成为了中欧班列的途经地，在大幅提升了中国与中东欧国家货物运输效率的同时，其灵活性和机动性的特征也为进一步满足产品多元化运输需求、拓展中国与中东欧国家投资边界提供了有力支撑。在陆海联动方面，2014年，时任中国总理李克强在贝尔格莱德集体会见塞尔维亚总理、匈牙利总理和马其顿总理，四国总理一致同意共同打造中欧陆海快线。中欧陆海快线南起希腊比雷埃夫斯港，北至匈牙利布达佩斯，中途经过马其顿斯科普里和塞尔维亚贝尔格莱德，直接辐射人口3200多万，开辟了中国与中东欧、中国与欧洲经贸往来的便利通道。2020年1—9月，中欧陆海快线运量达到8.8万标准箱，同比增长38.8%，开行班列1416次，同比增长35.2%，为中国与中东欧货物运输保障发挥重要支持作用，成为强化双方经贸合作的重要驱动力量。

最后，沟通机制的建立健全为中国与中东欧各领域协调互动畅通了交流渠道。在中国—中东欧国家合作框架下，中国与中东欧不但在国家层面建立了领导人会晤机制，而且还基于现存差异化和多样化的合作需求，有针对性地建立50余类专业性协调机制平台，实现了中国—中东欧国家合作机制在具体领域的深入合作。目前，中国—中东欧国家合作专业性平台涉及旅游、高校、投资促进、农业、技术转移、智库、基础设施、物流、林业、卫生、能源、海事、中小企业、文化、银行、环保、青年等多个领域，如中国—中东欧国家投资促进机构联系机制、中国—中东欧国家交通基础设施合作联合会、中国—中东欧国家文化合作协调中心等，不仅保障了不同领域解决关键问题的及时有效性，并且通过互通有无、平等协商，也为各国探寻并发现利益契合点提供了交流平台，从而以高效的联动发展网络，为中国对中东欧直接投资的提质增效带来了新的机遇。

二 强烈的基建诉求为投资合作的深化与升级提供了市场契机

没有完善的基础设施保障就无法实现经济的快速可持续发展。作为全球重要的新兴市场，虽然随着近年来政局的趋稳以及一体化进程的加快，使得中东欧相较于传统欧洲国家表现出了更为强劲的经济增长活力，但基础设施的相对滞后却在一定程度上阻碍了其发展脚步，成为在中东欧市场竞争力提升的关键障碍。普华永道2017年发布的报告显示，到2025年，中东欧仅在交通基础设施建设方面的资金需求就高达6150亿欧元。特别是对于刚刚步入稳定发展期的巴尔干地区，长期战乱使得其基础设施严重受损。东南欧交通观察机构调查分析显示，该地区尚有395千米的公路亟待维护，374千米需要更新升级；铁路缺失路段达211千米，新建及大规模保养路段分别为144千米及178千米，而普通维修路段更是高达788千米。在欧盟委员会2015年发布的成员国交通系统状况报告中，通过对于铁路、公路、航空、港口等交通网络建设的综合考量，罗马尼亚与波兰在欧盟成员国中分别居于倒数第一位和第二位，而捷克和匈牙利排在了倒数第八位和第九位。虽然欧盟对于中东欧基础设施的完善给予了一定关注，但有限的资金援助以及相对高昂的本地施工成本使中东欧国家根本无法支持巨大的建设投入。强烈的基础设施改造诉求为中国与中东欧投资合作带来了新的契机，一方面，中国在基础设施建设领域拥有成熟的经验和先进的技术，无论在建设质量还是成本上都极具优势，能够有效满足中东欧各种基础设施项目的建设要求；另一方面，当前中国基础设施及装备制造领域同样存在转型升级需求，但新常态下国内经济增速的放缓也使得中国内部消化能力受限，同中东欧在该领域的投资合作正好为推动中国优质产能的输出提供了市场，从而为中国经济结构的优化调整开辟了空间。可见，加快中国与中东欧国家基础设施领域的合作步伐，强化双方投资对接不仅有利于中东欧区域的深度融合与经济发展，而且也提升了中国产能要素的全球配置效率，对于双方进行产能合作，促进产业转型升级具有十分重要的意义。此外，为了缓解双方在基础设施项目合作中的融资障碍，中国已同中东欧建立了协同投融资合作框架，并在这一框架下先后设立了100亿美元专项贷款、30亿美元投资合作基金以及人民币中东欧合作基金等，依托市场化运作方式，在将中国与中东欧既有投融资安排有机结合的基础上，弥补了中东欧普遍存在的资金短缺问题，也为中国基建企业提供了更为有力的资金保障，从而以更强大的金融支撑能力，实现了中国对中东欧基础设施投资规模的进一步扩大。

三 欧盟内部持续分化为投资价值链的延伸与拓展开辟了机会"窗口"

近年来,在英国"脱欧"、民粹主义等问题的不断冲击下,欧盟一体化矛盾不断升级,出现了前所未有的"碎片化"发展趋势。内部分化的加剧不但造成了欧盟市场需求趋于疲软,使得经济发展面临着极大的不确定性,并且政策差异与立场矛盾的激化也使得欧盟与"团结一致、共同前行"的发展方向渐行渐远。尤其是对于中东欧国家来说,难民政策、司法改革等问题的分歧已经使其与欧盟的关系产生了裂痕,而地缘局势的动荡更是引发了中东欧疑欧情绪的上升。2017年年初,法、德、意、西四国领导甚至明确表示对于"多速欧洲"的支持,这种充满"单干"色彩的主张充分表现出了欧盟对于中东欧国家"疏远"的态度,而欧盟发展红利的减弱也促使中东欧国家不得不另寻发展道路,以更为紧密的次区域联盟,积极寻求欧盟以外的合作机会。这恰好为中国拓展中东欧市场,实现投资价值链的延伸创造了难得的"窗口"。一方面,由于欧盟资金供应出现缺口,因此近年来对于大多数中东欧国家直接投资有所下降,而在中国—中东欧国家合作机制的作用下,中国与中东欧不但通过合作实现了互利共赢,还为中东欧地区经济增长注入了新动力,有效地缩小了中东欧与欧盟间的收入差距,为欧盟的一体化发展带来了积极影响。由于中东欧是欧盟统一市场的重要组成,加大对于中东欧投资力度也为中国借助欧盟市场实现产业的转型升级提供了有利条件,在充分发挥中东欧国家在人力、资本以及产业优势的基础上,逐步实现对于欧盟技术的吸收以及对于欧盟市场的渗透,从而有效带动中国产业国际竞争力的提升。

四 国家战略的高度契合为投资进程的推进与发展强化了政策支撑

"一带一路"建设是中国在新的时代背景下,顺应各国发展愿景、践行区域共赢发展、发扬全球协商共治的宏伟倡议。作为共建"一带一路"国家的重要地区,中东欧地处于最为发达的欧盟市场及最主要的能源产地的接合点,地缘优势十分明显,因此在中国"一带一路"建设中具有举足轻重的战略地位。同时,冷战结束后,政治经济体制的转型使中东欧不断向欧盟靠拢，但近年来欧债危机、英国脱欧等事件的相继发生使得欧盟一体化遭受重创，不但打击了中东欧对于欧盟的信心，而且也加剧了欧盟的分化，从而促使中东欧各国逐渐将目光转向了东方，希望通过强化与中国的合作，为自身的发展寻求新的动能。如波兰在2012年面向中国企业推出了"去波兰投资"项目，希望借助中国"力量"摆脱其国内经济低迷的困境。又如，匈牙利制定了"向东开放"战略，通过给予额外的优惠政策，切实加大了对于中国企业在匈的投资保障，为中国企业加大在匈的投资布局带来了新的机会。可见，中国的"一带一路"建设与中东欧"向东开放"战略无论在地理意向还是发展目标方面均存在重合，正是凭借着政策的不谋而合，双方的合作意愿不断升级，有力推动了中国与中东欧的战略实质对接。面对广阔的务实合作前景，中东欧大部分国家对于对接"一带一路"建设表现出了浓厚的兴趣，并对"一带一路"作出了积极的回应与评价。一是将"一带一路"看成是全球化、地区一体化以及互联互通的新典范。正如塞尔维亚当代史研究所的约万·卡沃斯基所述，如一切顺利，那么"一带一路"将成为地区一体化以及互联互通的成功典范，为共建"一带一路"国家提供有效增长方式。他指出，借助于丝绸之路的历史文化背景，中国将在动态的国际网络中确立竞争优势，并建立更广泛的互信关系。对于欧亚繁荣的未来而言，这将是比公路、铁路以及工厂更加永恒的遗产。二是认为"一带一路"对于促进地区安全具有正面影响。波黑巴尼亚卢卡大学教授米洛斯·索拉雅认为当今的中国正在逐渐成为友善的超级大国，并指出这种预测源于中国强大的经济实力。他认为，没有政治层面的支持，经济繁荣无法持续，而没有军事力量的保障，政治保护同样无法持续，多瑙河和东南欧的区域安全对于"新丝绸之路"十分重要，而中国给这一地区提供了经济、政治和各个领域的合作机会，这有助于提升该地区安全和稳定，因此"一带一路"对于该地区和平稳定与可持续发展发挥了十分积极的作用。三是将"一带一路"建设看成是双边合作的纽带。波兰国际事务研究所副主席、波兰总统府国家发展委员会成员普热米斯瓦夫·格拉耶夫斯基曾在采访中提到，"一带一路"倡议带给波兰的不仅仅是资金，更重要的是推动波兰的再工业化进程。波中加强经济合作的意义并不局限在经济领域，还将有助于推动双边政治、文化等关系的提升与发展。波兰—中国商会主席雅采克·博切克曾公开表示，在"一带一路"建设的带动下，双方签署了许多项合作文件，建立了全面战略伙伴关系，这也给双方在贸易、投资等多个领域的合作提供了前所未有的机遇。不可否认，地区国情与合作期望的差异使得中东欧国家对于"一带一路"建设仍存在误解之声，但探索与"一带一路"的战略对接，拓展同中国的合作领域空间仍是中东欧国家的主旋律，这也为中国与中东欧国家在"一带一路"框架下不断发展新的合作维度与持续深化战略共识奠定了坚实基础。2015年6月6日至2018年8月27日，三年多的时间，中国便完成了同中东欧17个国家"一带一路"谅解备忘录的签署（见表2.12），在推动双方务实合作关系步入更高水平的同时，也为中国投资中东欧提供了良好的合作契机以及宽松的政策环境，从而以更大规模、更高质量的经贸往来，为中国与中东欧的互利合作构建起良性发展的崭新局面。

表2.12　　　　中国同中东欧国家签署的"一带一路"相关文件

国家	签署的"一带一路"相关合作文件	签署时间
希腊	共建"一带一路"合作谅解备忘录	2018年8月，在希腊外长科齐阿斯来访期间签署
波兰	共同推进"一带一路"建设的谅解备忘录	2015年11月，在波兰总统杜达来华出席第四次中国—中东欧国家领导人会晤期间签署
塞尔维亚	共同推进"一带一路"建设的谅解备忘录	2015年11月，在时任塞尔维亚总理武契奇来华出席第四次中国—中东欧国家领导人会晤期间签署
塞尔维亚	在共建"一带一路"倡议框架下的双边合作规划	2018年7月，在第七次中国—中东欧国家领导人会晤期间签署
捷克	共同推进"一带一路"建设的谅解备忘录	2015年11月，在时任捷克总理索博特卡来华出席第四次中国—中东欧国家领导人会晤期间签署
捷克	在"一带一路"倡议框架下的双边合作规划	2016年11月，在第五次中国—中东欧国家领导人会晤期间签署

续表

	签署的"一带一路"相关合作文件	签署时间
保加利亚	共同推进"一带一路"建设的谅解备忘录	2015年11月,在保加利亚总理博里索夫来华出席第四次中国—中东欧国家领导人会晤期间签署
斯洛伐克	共同推进"一带一路"建设的谅解备忘录	2015年11月,在斯洛伐克副总理瓦日尼来华出席第四次中国—中东欧国家领导人会晤期间签署
	关于推进实施丝绸之路经济带合作倡议的谅解备忘录	2016年11月,在第五届中国—中东欧国家领导人会晤期间签署
阿尔巴尼亚	"一带一路"合作谅解备忘录	2017年5月,在"一带一路"国际合作高峰论坛召开期间签署
克罗地亚	"一带一路"合作谅解备忘录	2017年5月,在"一带一路"国际合作高峰论坛召开期间签署
黑山	"一带一路"合作谅解备忘录	2017年5月,在"一带一路"国际合作高峰论坛召开期间签署
波黑	"一带一路"合作谅解备忘录	2017年5月,在"一带一路"国际合作高峰论坛召开期间签署
	共同推进"一带一路"建设的经贸合作协议	2017年6月,在"一带一路"国际合作高峰论坛召开期间签署
爱沙尼亚	共同推进"一带一路"建设的谅解备忘录	2017年11月,在第六次中国—中东欧国家领导人会晤期间签署
	关于加强"网上丝绸之路"建设合作促进信息互联互通的谅解备忘录	
立陶宛	共同推进"一带一路"建设的谅解备忘录	2017年11月,在第六次中国—中东欧国家领导人会晤期间签署
斯洛文尼亚	共同推进"一带一路"建设的谅解备忘录	2017年11月,在第六次中国—中东欧国家领导人会晤期间签署
匈牙利	共同推进"一带一路"建设的谅解备忘录	2015年6月,中国外交部长王毅在对匈牙利进行正式访问期间和匈牙利外交与对外经济部部长彼得·西亚尔托共同签署
	在共建"一带一路"倡议框架下的双边合作规划	2017年11月,在第六次中国—中东欧国家领导人会晤期间签署

续表

	签署的"一带一路"相关合作文件	签署时间
北马其顿	在中马经贸混委会框架下推进共建丝绸之路经济带谅解备忘录	2015年4月，在两国政府间经贸混委会第7次例会期间签署
罗马尼亚	关于在两国经济联委会框架下推进"一带一路"建设的谅解备忘录	2015年，中国商务部同罗马尼亚经济部共同签署
拉脱维亚	共同推进"一带一路"建设的谅解备忘录 "一带一路"倡议下交通物流领域合作谅解备忘录	2016年11月，在第五次中国—中东欧国家领导人会晤期间签署

资料来源：笔者通过网络资料整理而成。

第五节 中国对中东欧国家直接投资存在的挑战

虽然当前中国对中东欧直接投资已经取得了一定的前期成果，且未来发展前景十分广阔，但政策机制的不对称性、区域发展的差异性以及大国关系的复杂性等一系列问题仍对中国企业探索中东欧市场构成了不小的威胁，不仅影响了中国企业正常的经营效益，甚至可能造成投资的失败，使中国企业遭受难以挽回的损失。鉴于此，本章将深入剖析中东欧地区的投资风险，全面梳理中国在中东欧直接投资所面临的挑战，以期为中国优化在中东欧地区投资部署、提升投资效率提供有价值的经验参考与依据。

一 各国合作诉求差异化明显，难以实现统一协调的政策对接

第一，由于中东欧国家在经济水平、人口规模、产业结构、市场需求等方面存在巨大的客观差异，因此在与中国开展务实合作的过程中，不同国家的策略倾向显然也会存在明显的区别。以东南欧区域为例，塞尔维亚在东南欧市场规模居前，且由于经历了20世纪90年代战争的破坏，基础设施建设需求十分强烈。这就为中国与塞尔维亚在基建领域的投资对接奠定了合作基础。在"一带一路"建设及中国—中东欧国家合

作的积极推动下，近年来，中国对塞尔维亚投资成果斐然，一方面，贝尔格莱德跨多瑙河大桥、科斯托拉茨电站项目以及匈塞铁路等一大批项目的相继落成体现出了塞尔维亚巨大的市场挖掘潜力；另一方面，中塞工程项目所带来的实惠与便利也激发了塞尔维亚同中国深化合作的热情，从而为进一步推进中国企业对塞投资进程带来了积极的影响。但同属于东南欧的黑山、北马其顿等中小国家，由于自身市场经济规模有限，并不具备大规模引资的条件，因此虽然在对中国开展机制建设上表现出了欢迎的态度，但在项目的落实推进中，却出现了合作的"真空"，难以形成有效的务实对接，这不但会影响中东欧中小国家与中国合作的积极性，而且也不利于中国与中东欧现有机制能效的释放，从而在一定程度上抑制了中国对中东欧直接投资的提升空间。与此同时，对于不同领域的关注差异也给中国—中东欧国家合作的多元协同发展带来了阻碍。如造船业重建与港口和内河航运发展是波兰政府近年来的施政着力方向，为了有效推进波兰同中国及其他中东欧国家的港口合作，深化各国沿海地区政治、经济的交流合作，波兰政府高度重视中国—中东欧国家 海事机制对接，并于2017年2月9日成立了中国—中东欧国家海事秘书处，由波兰海洋经济与内河航运部和波兰海事局负责该平台的日常运营。虽然波方对该平台发展给予了充分关注，并依托平台开展了一系列推广活动以提升平台影响力，但并没有得到中东欧国家的普遍关注，因而在很大程度上限制了平台应有的国际影响力度。可见，相异的发展诉求造成了中国—中东欧国家合作的对接局限，各国各自为政现象还比较普遍，共享水平与融合度相对偏低，这也成了阻碍中国与中东欧投资合作的长期、稳定发展的重要因素之一。

第二，外交关系的倾向性使得不同中东欧国家同中国的合作意愿与积极性存在分化。中东欧地区主要是根据地理位置以及历史因素划分的，但17国事实上却分属于不同的组织集团。其中不仅包含了欧盟与非欧盟成员国、欧元与非欧元区，而且还有着申根区、北约、经济合作与发展组织等不同集团的分类。集团身份的异质性造成了中东欧国家在战略方向的选择上具有明显的差异，这也给中国对中东欧的政策机制协调带来了不小的难题。例如保加利亚、克罗地亚等国由于入盟时间较短，因此十分关注其"欧盟身份"的国际认同,并且加入申根区及欧元区的愿望迫切,使得这些国家在对外政策中积极地与欧盟保持一致。在这一背景下,这些国家更愿意依附于欧盟,并优先选择与欧盟开展投资合作,从而导致其同中国的合作关系存在一定的脆弱性。相比较而言,对于未入盟的塞尔维亚等国以及与欧盟关系持续恶化的匈牙利来说,它们更加需要盟外的支持以缓解自身的资金压力,同中国的机制对接正好为这些国家创造了难得的发展机遇,而强化在经贸领域的密切合作也成为这些国家明确的政策取向。可见,不同的外交倾向性使得中东欧地区内聚性偏弱,不仅阻碍了中国——中东欧国家合作机制的深入发展,而且也使得统一的政策红利难以得到有效的发挥,从而阻碍了中国同中东欧整体投资合作快速推进的步伐。

第三,合作关系定位的差异与模糊在一定程度上加大了中国对中东欧投资政策协调的难度。一方面,波兰、捷克等中东欧大国一直希望作为"搭便车者"以享受中国经济发展所带来的红利,因此并不愿意作为中东欧的"领头雁"担负起协调中国与中东欧地区合作对接的职责。而中东欧小国由于市场影响力过小且自身发展困境缠身,因此也无法胜任"引领者"的角色。在这一背景下,中东欧便难以形成统一的战略力量,使中国在推进合作机制的过程中,无法找到有力的抓手,从而拖慢了整体的合作进程。另一方面,部分中东欧国家"向东开放"战略存在模糊性。由于"向东开放"是在欧债危机的背景下产生的,因此政策"航向"的调转与西欧经济的不振有着直接的关系。随着西欧国家经济的逐步复苏以及中国经济步入"新常态",部分中东欧国家对华的政策导向很可能发生转变,从而对中国现有的政策机制造成较大冲击。可见,中东欧"向东开放"的长期性依然存在较大变数,而欧盟规则约束对于中东欧国家影响力的变化必然会给中国政策的协调带来极大的不确定性,因此成了中国推进政策对接过程中难以避免的难题。

二 地缘关系敏感,经营利益受到挤压

由于中东欧地处于亚欧大陆枢纽地带,是连通亚洲与欧洲的核心要道,因此具有重要的地缘战略价值,成为域外大国长期博弈的焦点。虽

然自苏联解体后，中东欧各国成为真正意义上的国际关系主体，但在利益的驱使下，域外大国并没有停止在中东欧的"争夺"，其通过一系列的政策布局，不断强化对中东欧国家的控制，以求稳固并扩大自身在中东欧的战略影响。近年来，随着中国—中东欧国家合作机制的不断成熟以及"一带一路"建设同中东欧对接的不断深化，中国与中东欧各国无论在政治还是经贸领域的往来均日渐增多，而双边关系的加深却引发了域外大国的担忧，如美国认为中国与中东欧国家关系的深化会削弱其在中东欧地区的影响力，进而损害其在欧洲的战略利益。欧盟则担心中国采用经济手段对其进行政治分化，通过形成亲华的"小集团"以降低欧盟吸引力，并阻碍欧盟形成一致的对外政策目标。俄罗斯也担心中国同中东欧合作的加深会挤占其在欧亚地区的控制力与发展空间。在这一思维的驱使下，域外大国纷纷展开行动以限制中国同中东欧国家的合作，阻碍了中国企业全面开拓中东欧市场的进程。如美国早在2011年便提出了"新丝绸之路"计划，企图通过构建连接中亚、南亚及西亚的经济发展与交通网络，降低中国同中东欧的连通性，抑制中国与中东欧的经贸往来。同时，美国还积极介入三海倡议，陆续提出"清洁网络"和"蓝点网络"计划等，通过胁迫该地区国家选边站队，意图将中国排挤出中东欧，巩固美国在该地区的主导地位。欧盟不但曾公开反对中国同中东欧关系"长期化"与"机制化"的提法，而且还加紧了对于中东欧国家在公共债务率及财政赤字率方面的约束，使得不少中东欧国家不得不放弃通过举债融资开展的项目对接，从而间接地拖慢了"一带一路"在中东欧的建设"步伐"。与此同时，俄罗斯在物流通道建设方面频繁对中国及中东欧国家施加压力，而日本与印度也逐步加强了与中东欧国家的外交及经贸关系。可见，随着中国在中东欧影响力的不断扩大，来自域外大国的警惕及干扰也逐步增加，在挤压了中国切实利益的同时，更增大了中国企业在中东欧市场的经营风险，从而给中国同中东欧各国投资合作的深化带来了不利的影响。

此外，部分西方国家将"一带一路"建设渲染为中国的"马歇尔计划"，刻意将中国的外交渲染为新时期的"霸权扩张"，且极力鼓吹"中国威胁论"，在这一舆论口径的影响下，一些中东欧国家产生了安全的疑虑，不但开始对中国—中东欧国家合作机制抱有怀疑，并且担心中国将会以强势姿态改变地区秩序。这无疑会加大中国资本进入中东欧市场的阻力，从而给中国企业"进军"中东欧带来了一定的挑战。如自2020年立陶宛新政府执政以来，其对华政策明显偏向激进，特别是在美国的拉拢与鼓动下，立陶宛更是扮演了反华急先锋的角色，不但公开宣布退出中国—中东欧国家合作机制，更是不顾中国强烈反对，允许台湾当局在立设立所谓"台湾代表处"，公然触碰中国红线，使中立关系降至历史冰点。2021年5月，立陶宛宣布退出中国—中东欧国家合作机制，在这样的破坏性示范以及部分域外大国煽动下，同为波罗的海国家的爱沙尼亚和拉脱维亚也于2022年宣布退出合作机制。一方面，波罗的海三国对华态度的转变源于其对华认同感不足以及在参与中国—中东欧国家合作中经济诉求未得到充分满足；另一方面，波罗的海三国为了通过示好美国，以换取美在经济与安全领域的支持。在"退群"事件的冲击下，中国和波罗的海三国的投资合作氛围遭到了一定破坏，波罗的海铁路项目、克莱佩达港项目等中企参与的基建项目屡屡受挫，上述三国还加入了美国"清洁网络"计划，对中国5G行业话语权进行挤压。中国和波罗的海三国关系的趋冷不仅引起了更多中东欧国家对华态度"摇摆"，而且也为欧盟反华情绪推波助澜，使中国在中东欧投资面临更多来自欧盟的审查与对抗。

三 合作壁垒增高，市场环境有待完善

首先，中东欧普遍采用了欧盟的标准，不仅要求严格，并且覆盖面广，拥有较高的合作壁垒，使中国企业不得不投入更大的精力与成本以适应全新的规则。一方面，中东欧具有较为苛刻的市场、技术以及人员的准入标准与条件。如外资企业在开展直接投资之前须符合当地的资质并获取相应的资质证书，不但认证程序较为复杂，而且认证费用相对偏高，从而显著地增加了中国企业在中东欧市场的进入及经营负担。又如部分中东欧国家对于海外技术人员的资格要求较高，且工作签证的申请程序十分繁琐，常常要求申请者提供大量的附加材料，这就造成了许多中资企业员工因无法申请到工作签证而改申其他签证以临时入境的情况，在加大了人员流动障碍的同时，也使企业的经营面临着更大的不确定风险。另一方面，随着中国企业在中东欧影响力的不断扩大，当地利益集团与中国企业在采购与招标方面的市场竞争有所上升。为了保护自身利益，这些利益集团也常常游说政府，在招标条件、准入规定等方面加大对中资企业的限制，这同样阻碍了中国企业在中东欧投资经营的顺利进行。

其次，由于部分中东欧国家正处于市场机制的完善阶段，因此对外政策制度的规范性及透明度仍存在很大的改进空间。如一些国家信用体系尚不健全、清关程序不够清晰、检验机制存在漏洞，不仅严重影响了对外经贸合作的效率，而且也极易产生对接摩擦，进而对于中国与中东欧投资合作的长期、稳定发展造成了一定阻碍。

最后，中东欧融资服务环境有待加强。虽然自苏联解体以来，中东欧普遍开始了市场经济体制的探索，社会发展步伐逐渐加快，但相较于西欧发达国家，其经济水平依然存在明显差距，且市场金融体制也尚未完善，因而无法为中国资本提供有力的金融支撑。一方面，自欧债危机后，欧盟强化了对成员国公共预算及债务的管理，这使得中东欧国家减少了其主权担保的余地，从而阻碍了中国对中东欧投资项目的推进速度。另一方面，中东欧自身同样缺乏多样化的融资模式，且同中国银行、保险等金融机构的国际合作尚处于起步阶段，这使得中国企业难以通过市场渠道在东道国获取投资资金的补充，因而抑制了中国对中东欧投资潜力的有效释放。同时，鉴于部分中东欧市场透明度不高，且长期以来贪腐问题严重，灰色经济盛行，很可能造成当地资产的贬值，从而给投资该地区的中资企业带来极大的金融风险。

四　社会环境迥异，跨国文化障碍尚存

社会文化环境包含了语言、信仰、风俗以及价值观念等众多因素。由于中东欧国家在地理上与中国相距甚远，且与中国的历史发展进程存在较大的差异，因此双方拥有着截然不同的社会基础与文化传统，这不仅造成了一定的交流与沟通障碍，而且商业行为准则的区别也极易造成中国企业在不经意间触碰了"禁忌"，从而为其经营活动的开展带来了不良影响。

第一，中东欧地区的语言源自古斯拉夫语，不仅适用范围小，并且不同国家之间还存在明显的差别，如波兰、罗马尼亚、捷克、北马其顿等国都有着独立的语言体系，且各国政府及企业也习惯于利用本国语言编写重要的文件。而中国企业在该地区进行投资时，很难找到既精通当地语言又熟悉专业技术的复合型人才，这就造成了在开展实际对接的过程中，双方沟通不畅或理解偏差的现象时有发生，不但影响了投资合作的顺利进行，而且也极易造成对于合同漏洞的忽视，从而损害了企业的经营利益。中国海外工程有限责任公司投资波兰高速公路项目失败的重要原因之一就是语言的障碍使得企业忽视了对于合同内容的审查，在没有察觉副本条款变动的情况下便草率地签订了合同，不仅导致了合作伙伴德科玛公司的破产，也使自身遭受了巨大的投资损失。

第二，不同的文化背景以及风俗习惯造就了不同的价值观念与思维方式，而这种差异也直接影响了中国企业在中东欧的经营效果与管理效率，成为中资企业不得不重视的问题。一方面，中东欧民众的思维方式与行为习惯同中国人存在很大的区别。直截了当的语言风格与明敲明打的行事作风使得中东欧人在沟通互动方面与中国人的迂回婉转形成了鲜明的反差，这就造成了在进行投资项目的对接时，中东欧方无法明确领会中方的意图，我们也很难接受对方的风格，从而影响了双方的合作意愿，加大了中国企业的投资难度。另一方面，相较于中国文化对于集体利益的重视，中东欧人更倾向于以个人利益为根本出发点的自我价值实现。这种价值取向上的差异使得中国企业在中东欧开展管理的过程中必须转变自身的传统行为与理念，否则不但很难有效调动当地员工的工作热情，并且管理制度与实际执行的脱节甚至会引发员工的诉讼，从而给企业的海外经营造成十分不利的影响。

第三，宗教信仰作为地区文化环境的关键组成部分，对于民众认识客观世界、塑造价值观念有着重要的影响，因而蕴含着不可低估的社会功能。虽然中东欧地区宗教极端主义问题并不突出，但域内天主教、东正教以及伊斯兰教的错综交汇仍使其具备冲突爆发的潜在风险。同时，由多样的宗教构成所带来的多元文化倾向使得中东欧地区的市场行为与偏好趋于复杂，这无形中加大了中国企业对于市场定位以及投资方向决策的工作量与难度，从而对中资企业完善中东欧布局提出了更高的要求。

五　经济冲击明显，复苏阻力重重

自2020年以来，国际形势动荡不安，地缘政治冲突空前激烈，而身处地缘博弈前沿的中东欧国家，更是在动荡失序的环境中迎来了前所未有的冲击。

首先，通胀风险加剧，中东欧国家生产和消费均受打击。2020年新冠疫情加剧了全球供应链的紧张，加之中东欧国家纷纷采取超常规量化宽松政策，导致自2021年下半年开始，通胀率持续攀升。2022年俄乌冲突引发了全球性能源危机，致使中东欧国家通货膨胀率继续大幅飙升，且屡创新高。能源危机带来的通胀飞涨对中东欧生产和消费两端都产生了显著的负面冲击。从生产角度来看，过去俄罗斯廉价能源供应为中东欧生产制造创造了成本优势，但中东欧国家与俄罗斯能源的逐步脱钩，使得企业上游原料成本压力骤增，企业利润面临大幅挤压。2020年，多数中东欧国家生产者价格指数为负值，但自俄乌冲突爆发以来，这一指数基本维持在两位数以上，虽然自2022年以来，指数增势放缓且环比转跌，但仍处于历史高位。从消费角度来看，能源价格的上涨直接削弱了中东欧居民的购买力水平，从而导致消费需求疲软。2022年，以居民消费价格指数衡量的中东欧国家通货膨胀率居高不下，第三季度基本升至两位数以上，波罗的海三国更是超过了20%。但物价的快速上涨并没有带动收入的同比上升，截至2022年第三季度，中东欧各国名义工资增长率普遍低于居民消费价格指数，爱沙尼亚和拉脱维亚这一差值超过15个百分点，捷克的差值也达到12.5个百分点。居民实际收入的下滑造成了消费支出的进一步收紧，2022年一季度，除斯洛伐克外，其余中东欧国家个人消费支出较上季度环比上升3.4%，第二季度便由正转负，环比平均下落1%，第三季度更是环比平均下落2.3%。与此同时，中东欧国家消费者情绪也普遍受到影响，2022年12月，中东欧国家经季节性调整后的消费者信心指数大多较2021年同期下降，其中波罗的海三国和匈牙利降幅甚至超过200%，未来购买需求仍不容乐观。在此影响下，中东欧国家经济重启困难重重,给中国资本进军中东欧带来了一定干扰。

其次,受新冠疫情"长尾效应"和地缘冲突的影响,包括中东欧在内的欧洲多国均出台了财政措施应对市场冲击,包括财政扶持、企业补贴、生活保障等。财政支出的大幅扩张使得中东欧国家公共债务开始上升,多国债务占 GDP 比重远超《马斯特里赫特条约》规定的 60% 上限。债务风险的提高不仅限制了中东欧国家未来的财政支出力度,而且加剧了系统性风险,恶化了中东欧债务可持续性,为新一轮欧债危机的爆发埋下了隐患。

最后,地缘政治矛盾加大,逆全球化势力借机抬头。长期以来,部分中东欧国家政客对于中国崛起心存疑虑,担心随着中国国际地位的提升,原有的国际规范与国际秩序将被撼动,从而对欧盟及自身固有利益造成威胁。新冠疫情的暴发凸显了全球经济对中国的依赖性,也牵引出了部分中东欧国家对于全球化的新一轮反思。物流、人流、贸易流的暂时停摆使得中东欧国家供应链受到了显著的短期冲击,加之全球经济增速放缓、英国脱欧、难民危机、恐怖主义、俄乌冲突等一系列问题的持续发酵,中东欧逆全球化倾向加剧演绎。有关产业链、供应链的"脱钩论""转移论"等消极论调在部分中东欧国家舆论场一度甚嚣尘上,保护主义、民粹主义等逆全球化势力更是借机配合美国言论,煽动排华情绪,将逆全球化作为其实施政治掌控、转嫁社会矛盾的重要工具。在受到恶意攻击和诋毁之下,中国国家形象面临着新的危机,这也将在一定程度上阻碍中国同中东欧国家的投资合作发展,损害中国企业在中东欧市场的正当权益。

第三章

基于东道国视角的中东欧国家投资便利化水平评估及区位划分

为了客观、全面、高效地衡量一国的投资环境，实现基于东道国视角区位投资效益的提升，近年来，对于投资便利化的研究已逐渐成为世界经贸领域关注的重点。作为一种"加和"的博弈，随着东道国投资便利化的改善，其与相关国家在投资流程中的技术性及机制性障碍可实现有效地消除，在促进相关国家投资及资源配置效率显著提高的同时，也通过交易成本的降低，有力地推动了各方经济福利的增加。可见，在当前全球投资协作不断深化的时代背景下，优化投资便利化程度，加快投资便利化进程将成为各国探寻投资效益提升的关键路径，并为国际经贸体系的进一步融合与巩固明确了新方向。同样，随着中国企业对外直接投资活动的日益增多，全面把握东道国投资环境质量，准确评估东道国投资便利化水平也将极大地提升中国企业"走出去"的经济效益，特别是对于中东欧国家来说，相对有限的投资经验以及相对多元的市场结构，使中国企业更需科学、透明、可预见的投资指导，从而在帮助企业规避各类"非效率"投资壁垒的同时，认清投资形势、发掘市场优势，进而在更大范围、更高水平、更深层次上，实现中国对中东欧直接投资效益的跃升。鉴于此，本章构建了一套完整的投资便利化评价指标体系，从东道国基础设施质量、投资经营效率、金融及信息化服务水平、制度供给能力以及劳动市场环境五个层面入手，对中东欧国家的投资便利程度进行系统量化，在客观评估各国投资环境差异的基础上，进一步细化市场竞争优势，以期为中国企业"扬帆"中东欧提供科学的区位决策参考，并为其投资效率的提升给予合理的理论支撑。

第一节 投资便利化的概念与研究进展

对于投资便利化的内涵，当前学界尚没有统一的界定。经合组织认为投资便利化是指协调并简化各国投资者在国际投资过程中的各类政策及程序，借此营造出透明、可预见的投资环境。可见，OECD 十分注重政策及程序对投资的影响，并希望通过协调简化成员国之间的投资政策，如提升外资行政审批效率、创新外资管理制度建设以及强化外资政策对接力度等方式，尽可能降低跨国投资的准入限制及障碍，从而实现投资环境的改善与优化。同时，OECD 还开发出了如《投资政策透明度框架》（FIPT）及《投资政策框架》（PFI）等一系列政策工具，为成员国政府建立并完善各自投资便利化框架提供了借鉴与帮助。

亚太经济合作组织（APEC）也在不断致力于投资便利化的相关研究，并在能力建设、评估机制等方面取得了一定成果。自 1989 年起，APEC 便开始意识到了投资便利化的重要性，在当年 APEC 新加坡部长级会议中，贸易与投资的便利化作为议题之一被与会成员提出并得到了广泛认可。1994 年，APEC 通过了非约束性原则框架，并正式将贸易及投资的便利化作为其长期发展目标之一。1997 年，APEC 进入了单边及集体行动计划的实施阶段，通过设立数据库、开办研讨会以及实施培训项目等形式，进一步加快了其实现投资便利化的目标进程。2008 年 5 月，APEC 更是制订并通过了"投资便利化行动计划"（IFAP），该计划旨在通过评估成员国投资便利化水平，推动各国投资障碍的逐步消除，为亚太地区构建起透明、稳定、高效的投资空间。在"投资便利化行动计划"中，APEC 将投资便利化定义为一国政府所采取的旨在吸引外商投资，并在投资的全部周期中推动其管理效率实现最大化的行为或者做法。相较于其他国际组织的行动框架，IFAP 更加关注于自身区域内部的优势及特点，并在具体内容上有意避免对已有便利化措施的重复，因此对于丰富投资便利化内涵具有十分积极的作用，但成员国发展的差异性所造成的行动进展不一致以及评估指标（KPIS）在资料的可获得性方面的障碍均为IF-AP的实施效果带来了负面影响，从而在一定程度上限制了该方法的推广和应用。

联合国贸易和发展会议则更加关注对外直接投资的趋势以及国际直接投资对于发展的影响，通过收集并整理相关投资数据以及提供国际投资的相关咨询与培训，UNCTAD有力地推动了发展中国家投资政策与法规的完善，并为发展中国家参与国际投资议题的谈判给予了有效支持。与此同时，UNCTAD不但在其出版的《世界投资报告》中提出了"投资潜力指数"以及"外资吸引指数"，为系统评价投资环境水平提供了科学的量化指标，并且在2016年还达成了《投资便利化全球行动清单》，促进了投资经验在全球范围内的共享，进一步加快了在国际层面上的投资便利化改革。

目前，世界银行所构建的指标体系在投资便利化评估中最具代表性。自世界银行在2003年开始发布第一版《营商环境报告》起，其衡量各国企业营商难易程度的企业营商环境指标便在实践的指导下不断发展与完善。经过十多年的改进，评价指标体系也由原来的5项一级指标（即开办企业、员工的聘用及解雇、合同保护、信贷获取以及企业倒闭）以及20项二级指标，发展成为当前的11项一级指标（即开办企业、施工许可办理、电力获取、财产登记、支付税款、跨境贸易、信贷获取、少数投资者保护、合同执行、破产办理以及劳动力市场监管）以及43项二级指标（实际适用41项，其中劳动力市场监管未纳入评级系统），而评价的范围也由2003年的133个经济体扩展到了2017年的190个经济体。从企业的微观层面出发，世界银行的营商环境指标客观全面反映了一国保障企业建立、运营及发展的市场环境，凸显了私营企业寻求平等市场竞争地位的诉求，因此成为当今衡量一国投资便利性的主流评估指标体系，不但对各国政府职能的转变产生了积极的影响，而且为市场环境的优化提供了有益参考，因而得到了国内外学者的广泛认同。2017年营商环境指标体系见表3.1。

表 3.1　　世界银行营商环境指标体系（2017 年）

一级指标	二级指标
1. 开办企业 （Starting a business）	1.1 办理的程序（项）
	1.2 办理的时间（天）
	1.3 办理的费用（占人均收入的比重）
	1.4 开办企业所需最低注册成本（占人均收入的比重）
2. 施工许可办理 （Dealing with construction permits）	2.1 开工前所需手续的办理程序（项）
	2.2 开工前所需手续的办理时间（天）
	2.3 开工前所需手续的办理费用（占仓储价值比重）
	2.4 建筑质量控制指标（0–15）
3. 电力获取 （Getting electricity）	3.1 接入电网手续的办理程序（项）
	3.2 接入电网手续的办理时间（天）
	3.3 接入电网手续的办理费用（占人均收入的比重）
	3.4 电力供应的稳定性及费用的透明度指数（0–8）
4. 财产登记 （Registering property）	4.1 财产登记所需程序（项）
	4.2 财产登记所需时间（天）
	4.3 财产登记所需费用（占财产价值的比重）
	4.4 土地管理质量指数（0–30）
5. 信贷获取 （Getting credit）	5.1 动产抵押的法律指数（0–12）
	5.2 信用系统指数（0–8）
6. 少数投资者保护 （Protecting minority investors）	6.1 信息披露指数（0–10）
	6.2 董事责任指数（0–10）
	6.3 股东诉讼的便利性指数（0–10）
	6.4 股东权利指数（0–10）
	6.5 所有及控制权指数（0–10）
	6.6 企业透明度指数（0–10）
7. 支付税款 （Paying taxes）	7.1 企业纳税次数（次/每年）
	7.2 企业纳税所需时间（小时/每年）
	7.3 企业总税率（占利润的比重）
	7.4 税后实务流程指数（0–100）
	7.4.1 增值税申报退税所需时间（小时）
	7.4.2 增值税退税到账所需时间（周）
	7.4.3 企业所得税审计申报所需时间（小时）
	7.4.4 完成企业所得税审计所需时间（周）

续表

一级指标	二级指标
8. 跨境贸易 （Trading across borders）	8.1 出口时间
	8.1.1 出口材料合规性审查所需时间（小时）
	8.1.2 出口通关所需时间（小时）
	8.2 出口成本
	8.2.1 出口材料合规性审查所需费用（美元）
	8.2.2 出口通关所需费用（美元）
	8.3 进口时间
	8.3.1 进口材料合规性审查所需时间（小时）
	8.3.2 进口通关所需时间（小时）
	8.4 进口成本
	8.4.1 进口材料合规性审查所需费用（美元）
	8.4.2 进口通关所需费用（美元）
9. 合同执行 （Enforcing contracts）	9.1 解决商业纠纷所需时间（天）
	9.2 解决商业纠纷所需成本（占索赔金额比重）
	9.3 司法程序质量指数（0–180）
10. 破产的办理 （Resolving insolvency）	10.1 回收率（美分/美元）
	10.2 破产法律框架保护指数（0–16）

资料来源：世界银行《2017年营商环境报告》。

除了各国际组织围绕投资便利化做出的大量促进工作外，各国政府也通过已签署及正在商议的双边投资协定（BIT）不断推动着投资便利化进程的持续深化与投资便利化内涵的逐步丰富。所谓双边投资协定就是资本输出与输入国间签订的，通过约定双方义务及权利关系，保护、鼓励并促进国际私人投资的书面协议。双边投资协定为相应的国际投资者及其投资活动提供了更加公平的待遇以及更加有效的保障，以透明性、开放性、连续性以及可预测性等作为促进投资便利化与自由化的基本原则，细化了东道国与母国在基础设施改善、营商环境优化与金融服务提升等方面的可操作规则，为最低化国际资本交易成本以及最大化国际投资者效益给予了有力的支撑，不但有效维护了海外资本的安全和利益，而且也在制度层面引导着相关国家投资环境的全面改善，因此拥有巨大的投资创造效应，从而为当今全球投资便利化水平的提升作出了重要的贡献。

此外，学术界也从不同视角不断深化对于投资便利化问题的探索。在概念界定方面，卢进勇和冯涌提出了投资便利化是基于手续及程序的简化、适用法律及法规的协调以及基础设施的标准化及改善，从而为国际投资创造出协调、透明与可预见的外部合作环境，其本质是通过简化并协调投资程序，实现资本等要素跨境流通配置的加速（卢进勇、冯涌，2006）。在实施路径方面，拉斐利塔·阿尔达巴（Rafaelita M. Aldaba）以菲律宾为研究对象，认为提升投资便利化应减少政策与实施间的差距、强化国家竞争力，建议应在一个机构内促进投资便利化的统一，并且特别强调了基础设施对于改善投资环境及便利化的突出作用（Aldaba，2013）。而郭力基于中俄投资现状，提出减少准入限制、提升投资待遇、强化投资保护、方便利润汇回以及完善争端解决机制是加快中俄投资便利化进程的重要原则，也是促进东北亚区域投资一体化的必然方向（郭力，2010）。在投资便利化对投资水平的影响效应方面，张亚斌构建了投资便利化指标，并运用引力模型检验了东道国投资便利化对于中国对外直接投资水平的影响，结果显示，东道国投资便利化对于中国的对外直接投资产生了明显的正向影响，而切实提高投资便利化合作水平，将有力地激发中国同东道国的经贸互动潜力（张亚斌，2016）。

投资便利化已然成为中国乃至全球经贸领域关注的热点，虽然由上文可知，与投资便利化相关的研究已取得了较为丰富的成果，但不可否认，由于国际投资自身的复杂性，学界尚缺乏对投资便利化研究权威的分析范式以及系统的理论框架，而从实证角度构建并测评一国投资便利化程度的研究成果更是十分有限，因此，本章将在结合已有文献基础上，构建符合现代国际发展特征的投资便利化新综合指标体系，在完善当前研究框架的同时，科学全面地审视中东欧国家投资环境，从而为中国企业提升在中东欧投资效益、探寻对接机遇提供参考与指引。

第二节　投资便利化指标的选取及影响机制分析

一　投资便利化指标的选取

投资便利化所涵盖的领域十分广泛，不仅使得数据收集相对复杂，而且在当前国际投资规则不断变化以及技术创新迅猛发展的背景下，使影响投资便利化的因素也出现了一定程度的改变，因此，如果仍一味地照搬现有评级体系，显然将忽视或忽略一些影响便利化程度的关键信息，从而无法准确衡量真实的投资便利化水平。特别是在中国"走出去"战略以及"一带一路"建设持续深化的新时代，更高的对外投资意愿、更强的对外投资能力以及更多元的对外投资目标都使得中国企业对于东道国投资便利化的诉求发生了新的变化，而加快构建既顺应时代要求又符合中国发展特征的新指标体系便成为有效降低企业投资风险、提升企业投资效益的关键途径，对于推动中国在中东欧直接投资布局的进一步完善具有十分重要的现实意义。

合理的指标体系并不是简单堆积的组合，而应是协调统一的整体。为了构建一套具有指导意义的科学指标体系，本节在结合已有文献论述以及投资便利化特征的基础上从以下四个方面提出了相关指标选取的标准。

（一）科学性与可操作性相结合

投资便利化指标的选取应建立在充分认识以及系统研究的基础之上，既要符合中国企业对外直接投资发展的客观规律与要求，又要能够概括东道国投资环境的基本特征，保障数据获取渠道，实现对于东道国投资便利化程度的准确度量，从而构建起内容清晰明了、可比性强的综合指标体系。

（二）全面性与代表性相结合

投资便利化指标体系涉及面较大，且是由东道国各种主客观因素综合作用的结果，因此如果想要合理地反映该国的便利化水平就应当较为全面地选取并设计评价体系指标。此外，一套指标体系不可能包含所有因素，因而为了让指标体系更加具有解释能力，就必须选取那些有典型性、代表性以及信息量大的指标，从而在整体上提升评价体系的准确性。

（三）系统性与层次性相结合

投资便利化评价体系是一个涵盖多项子系统的复杂体系，其指标既应当反映出各个子系统的相互作用与发展状态，又应当避免各项指标的过分重叠，基于此，评价指标的选取不仅要注重整体目标的协调统一，而且也应层次分明、结构清晰，以便于实际应用。

（四）动态性与稳定性相结合

一国投资便利化的发展是一个动态过程，因而随着各国社会经济水平的不断进步，指标的选取与设置应考虑到其动态的特性。与此同时，为了提升评价体系的参考价值，其指标内容也不应频繁变动，且应具有一定程度的稳定性。只有充分兼顾动态与稳定的平衡，才能有效发挥指标体系的评价作用，从而在反映出投资环境客观发展水平的同时，系统地刻画其动态变化趋势。

根据以上投资便利化指标体系构建的标准，本书从投资便利化内涵出发，在充分考虑中国对外直接投资特点现状以及"走出去"战略、"一带一路"建设目标的基础之上，整合并借鉴前人的研究框架与成果，结合了《投资便利化行动计划》《营商环境报告》《世界投资报告》以及《双边投资协定》中的涉及投资便利化体制与规则的最新评价思想，构建起了基于基础设施质量、投资经营效率、金融及信息化服务水平、制度供给能力以及劳动市场环境五大方面系统为一级指标的投资便利化评价测度体系，并在一级指标层面的基础上细化出了23个二级指标，不仅基本涵盖了中国企业在对外直接投资各个阶段所关注的投资便利化内容，而且有效顾及了指标数据的可得性与一致性，从而进一步保障了评价体系的系统与科学。具体评级体系内容见表3.2。

表 3.2　　　　　　　　投资便利化综合指标体系

一级指标	二级指标	数值范围/单位	数据来源	指标属性
基础设施质量（I）	公路设施质量（I1）（Quality of roads）	(1-7)	全球竞争力报告（GCR）	正指标
	铁路设施质量（I2）（Quality of railroad infrastructure）	(1-7)	全球竞争力报告（GCR）	正指标
	港口设施质量（I3）（Quality of port infrastructure）	(1-7)	全球竞争力报告（GCR）	正指标
	航空设施质量（I4）（Quality of air transport infrastructure）	(1-7)	全球竞争力报告（GCR）	正指标
	电力供应质量（I5）（Quality of electricity supply）	(0-8)	全球竞争力报告（GCR）	正指标
投资经营效率（B）	开办企业所需时间（B1）（Time required to start a business）	（天）	营商环境报告（DBR）	逆指标
	开办企业所需费用（B2）（Cost required to start a business）	（占人均收入的比重）	营商环境报告（DBR）	逆指标
	对外资的开放程度（B3）（Prevalence of foreign ownership）	(1-7)	全球竞争力报告（GCR）	正指标
金融及信息化服务水平（F）	金融服务效率（F1）（Financial services meeting business needs）	(1-7)	全球竞争力报告（GCR）	正指标
	银行稳定性（F2）（Soundness of banks）	(1-7)	全球竞争力报告（GCR）	正指标
	资本市场融资能力（F3）（Financing through local equity market）	(1-7)	全球竞争力报告（GCR）	正指标
	贷款可得性（F4）（Ease of access to loans）	(1-7)	全球竞争力报告（GCR）	正指标
	互联网使用者比例（F5）（Percentage of individuals using the Internet）	(0-1)	全球信息技术报告（GITR）	正指标
	宽带订购数量（F6）[Fixed broadband subscriptions (per 100 people)]	(0-100)	全球信息技术报告（GITR）	正指标

续表

一级指标	二级指标	数值范围/单位	数据来源	指标属性
制度供给能力（P）	全球清廉指数（P1）（Corruption Perceptions Index）	(0-100)	透明国际（TI）	正指标
	知识产权保护（P2）（Intellectual property protection）	(1-7)	全球竞争力报告（GCR）	正指标
	在法律框架下的争端解决效率（P3）（Efficiency of legal framework in settling disputes）	(1-7)	全球竞争力报告（GCR）	正指标
	在法律框架下的企业申诉效率（P4）（Efficiency of legal framework in challenging regulations）	(1-7)	全球竞争力报告（GCR）	正指标
	政府决策透明度（P5）（Transparency of government policymaking）	(1-7)	全球竞争力报告（GCR）	正指标
	投资者保护力度（P6）（Strength of investor protection）	(1-10)	营商环境报告（DBR）	正指标
劳动市场环境（L）	雇佣合作关系（L1）（Cooperation in labor–employer relations）	(1-7)	世界经济论坛高管意见调查（EOS）	正指标
	雇佣灵活度（L2）（Hiring and firing practices）	(1-7)	世界经济论坛高管意见调查（EOS）	正指标
	海外人才吸引力（L3）（Country capacity to attract talent）	(1-7)	世界经济论坛高管意见调查（EOS）	正指标

二 相关指标对投资便利化的影响机制分析

（一）基础设施质量

基础设施质量指标衡量了东道国陆、海、空等交通基础设施以及电力基础设施的服务供给质量及可靠性。一方面，更完善的交通基础设施网络可以在很大程度上提升外资企业在国际及东道国国内的运输效率，并有效降低了其自身与上游供应商、下游消费市场以及厂商之间的要素流动成本及交易成本，从而为企业经营效益的上升带来十分积极的影响。另一方面，作为企业生产运作的必要保障，稳定且透明的电力供应也为外资企业提供了充足的生产动能，因而在降低企业生产成本与风险的同时，使企业的生产效率也得到了有效提升。不难发现，交通及电力基础设施相对完善的地区，其外资的聚集度也会更高，这既得益于基础设施可显著降低地理及生产条件的障碍，从而全面提升外资进入目标市场的便利程度，又在聚集经济的带动下，使得该地区的生产分工更趋深化，并在更高的劳动生产率的作用下，推动了地区经济以及外资吸引力的双提升，形成了经济与引资的良性互促机制。早在20世纪70年代末，富兰克林·鲁特（Franklin R. Root）就曾以70个发展中国家1966—1970年的数据为样本，开创性地考察了基础设施在外资吸引中的重要地位，其研究发现，基础设施的便利化可以明显增加东道国制造业的外资的流入水平（Root, 1979）。本杰明·唐和（Benjamin Tan）与伊兰·维丁斯基（Ilan Vertinsky）的研究也发现，东道国基础设施越完善，就越可能吸引外国企业开展并购（Tan, Vertinsky, 1995）。纳格什·库马尔（Nagesh Kumar）用交通、电力、通信等与GDP的比重，代表基础设施建设的完善程度，其结论也显示，基础设施与外商投资水平具有显著的正向关系，外商直接投资更加倾向于流入基础设施更加完善的地区（Kumar, 2001）。中国学者也通过实证研究证实了东道国基础设施在吸引中国资本时所起到的积极作用，如陈岩等通过中国2003—2009年在27个非洲国家直接投资的流量数据，验证了通信与航空基础设施对中国在非投资的正向影响（陈岩、马利灵、钟昌标，2012）。胡翠平也基于中国对63个发展中国家与38个发达国家数据，对比分析了中国在不同收入国家直接投资影响因素的异同，其结论显示，无论是对于发展中国家还是发达国家，中国资本均偏好于基础设施完善的国家（胡翠平，2015）。可见，基础设施质量对于东道国投资便利性的促进作用已得到学界的普遍共识，而在本书中，基础设施质量也将作为衡量投资便利性的关键一级指标，且得分越高则代表了更完善的基础设施质量，而该指标也分别下设了公路设施质量、铁路设施质量、港口设施质量、航空设施质量、电力供应质量五个二级指标（见图3.1），以保障对东道国基础设施水平衡量的客观、科学、全面。

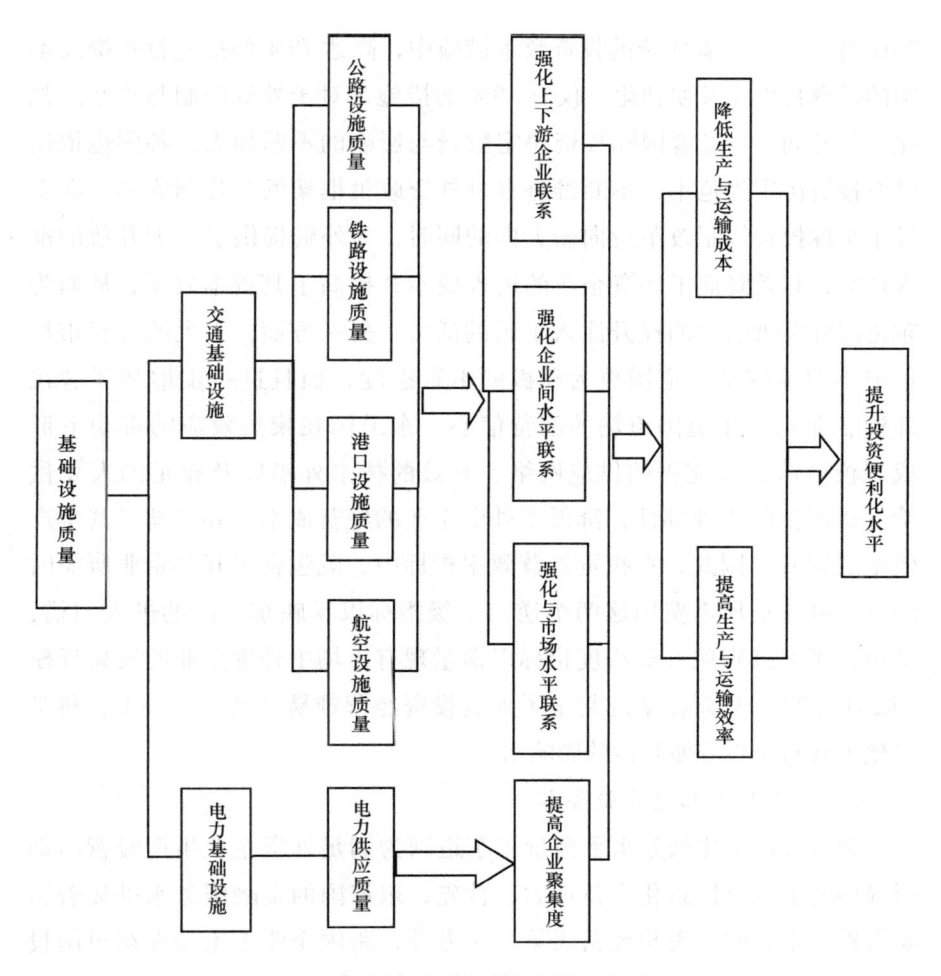

图 3.1　基础设施质量影响投资便利性机制

(二) 投资经营效率

投资经营效率衡量了外资企业在东道国创立及经营的难易程度。一方面，投资便利化的目标就是要协调并简化国际直接投资的相关程序，从而为外资企业的进入提供更为畅通便利的渠道。为了营造更高层次的对外开放环境，强化本国市场的外资引进力度，许多国家纷纷从减少审批流程、缩短审批时限以及降低审批门槛等方式入手，不断探索外资管理的新模式，在平衡了自身国家安全的基础之上，有效地开拓了外资经营的新空间。联合国贸发会议发布的《2017年世界投资报告》数据显示，

2016年，在全球新实施的投资政策措施中，高达79%的措施旨在提高本国的投资自由化及便利化，仅有19%的措施是对于外资限制与管制的强化。与此同时，随着国际投资协定数量与影响的不断加大，各国也依据已有投资协定为范本，不断推进自身外资政策框架的简化与完善，在引导了全球投资体制改革迈向新方向的同时，为外资提供了更加开放的准入环境，有效降低了外资企业的进入成本并提高了其资本效率，从而为东道国外资吸引力的提升注入了新的活力。另一方面，更大的外资市场规模不但体现了东道国更为积极的引资态度，而且进一步增强了潜在外资企业对于东道国市场的经营信心。东道国在聚集效应的带动下形成规模经济，以完善的供应网络、有效的技术外溢以及充足的人才供给等所产生的正外部性，降低了外资企业的经营成本，并带动了其生产效率的提升。因此，在投资经营效率指标中，既包含了开办企业所需时间和开办企业所需费用这两个逆向二级指标以反映东道国的进入门槛，又包含了对外资的开放程度指标以衡量现有市场中外资企业的聚集规模（见图3.2），从而在系统判定了外资投资经营难易程度的基础上，科学量化了其对于投资便利性的影响水平。

（三）金融及信息化服务水平

金融及信息化服务水平衡量了东道国为满足外资企业生产经营活动所提供的金融及信息化支持能力。首先，东道国的金融服务水平显著影响着外资企业的投资与经营决策。一方面，跨国企业无论是在东道国投资建厂，还是开拓市场、研发产品，往往需要投入大量资金，而在面对自有资金及母国融资存在约束的情况下，其投资经营决策将不可避免地受到东道国金融服务水平的影响。高效的金融运行系统、丰富的金融创新品种以及便利的金融交易程序不但在很大程度上消除了外资企业的融资困扰，使得投资意愿转化为现实的概率大幅增加，而且通过有效承担外资企业日常经营所需的资金、结算、承兑等金融服务项目，也有助于其经营效率及金融交易成本的优化，从而为外资企业在东道国经营效益的提升带来了积极的影响。另一方面，东道国金融服务水平也有利于外资企业规避市场风险，使其经营的稳定性得到了有力保障。在外资企业开展投资时，难免会面临着利率、汇率以及股价波动等所带来的一系列

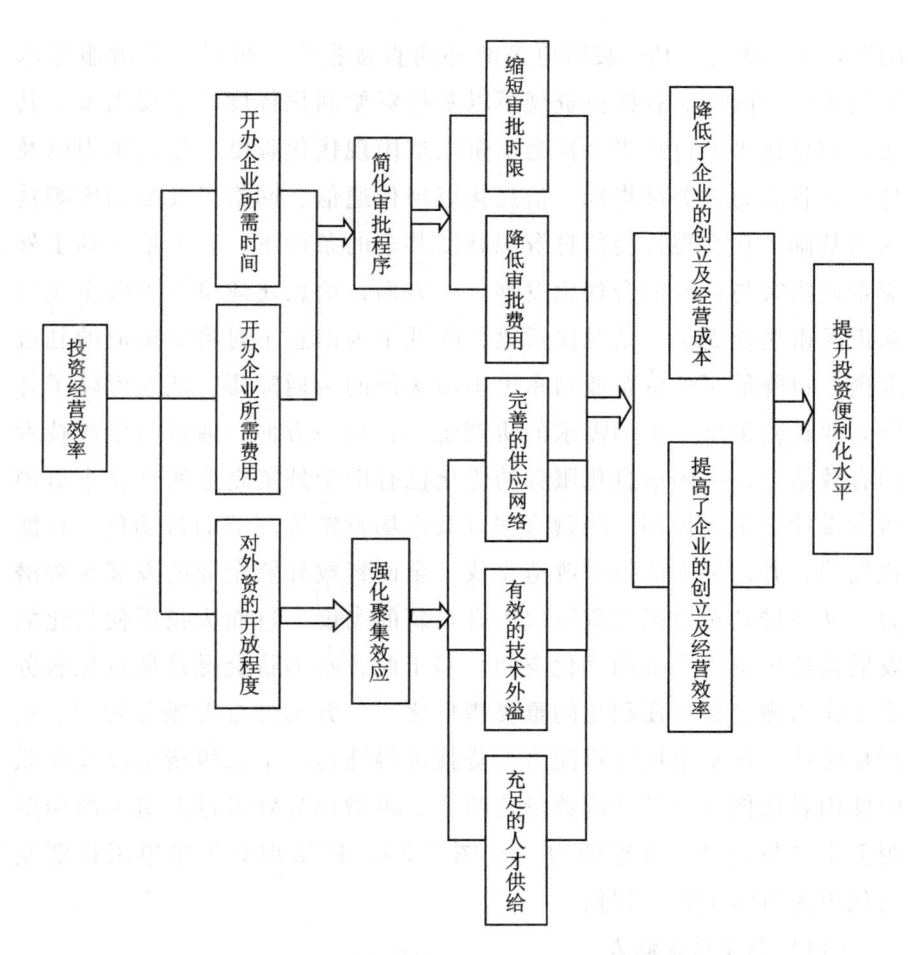

第三章 基于东道国视角的中东欧国家投资便利化水平评估及区位划分 ◇◇ 101

图 3.2 投资经营效率影响投资便利性机制

金融风险，而东道国如果具有完善的金融服务能力，则有利于外资企业通过资本市场的运作，实现自身价值的维护，在降低收益损失的同时，也为其在东道国市场的可持续经营奠定了坚实基础。尼尔斯·赫尔墨斯（Niels Hemers）和罗伯特·伦辛克（Robert Lensink）通过构建内生经济增长模型，发现了金融体系的完善有助于资源分配效率的提升，这将强化东道国对于 FDI 的吸收能力（Hemers，Lensink，2003）。中国学者陈万灵（2013）也提出，金融体系的深化与发展有利于一国外商投资的流入，因为完善的金融服务体系可同时强化外商投资的溢出效应及外资企业的融资效率，从而有利于吸引更多的外商直接投资。可见，金融服务水平是决定一国外商直接投资规模以及投资便利化程度的重要因素。其次，信息化水平也是当今社会衡量东道国现代化程度、综合国力以及外资吸收能力的关键指标。信息化以现代通信、网络以及数据库等技术为基础，在实现社会信息资源高度共享的条件下，有力地推动了外资企业决策与运行的合理化发展。一方面，信息化建设为外资企业与东道国市场建立了一条对接桥梁，降低了因信息不对称所造成的利益失衡，也降低了外资企业与东道国市场间的沟通障碍，从而保障了外资企业经营策略与市场需求的协调统一；另一方面，通过与生产技术的有效结合，一国信息化服务的优化也有助于外资企业实现在东道国研发设计、生产控制、经营管理以及市场营销等环节的自动化、智能化发展，并以更大的技术改造步伐，全面释放外资企业的发展优势潜力，从而推动东道国引资层次上升至新的高度，进而为投资便利化的发展营造出更为广阔的优化空间。基于此，本书将金融及信息化服务水平作为衡量投资便利化的重要指标之一，并通过金融服务效率、银行稳定性、资本市场融资能力与贷款可得性这四个二级指标以及互联网使用者比例与宽带订购数量这两个二级指标分别考量东道国的金融服务水平与信息化支撑能力（见图3.3），以实现对于东道国投资便利化更为科学细化的评估。

（四）制度供给能力

东道国的制度供给能力指标反映了该国政府管理及市场法律制度的规范性、透明性以及有效性。

第一，良好的制度供给能力可以为外资企业的生产与经营提供更为安全稳定的外部发展环境，而清廉且透明的政府管理与决策正是营造这一良好制度基础的关键条件。一方面，清廉的政府不但直接降低了外资企业在东道国的寻租行为，从而在很大程度上节省了企业的市场经营成本，并且廉洁的执政行为也保障了政府对于公共产品的投入，改善了东道国整体市场环境，对于外资企业的经营效率也将产生积极的影响，实现了其投资收益的保障。正如传统观念所指出的，腐败会产生"摩擦效应"，通过增大跨国投资者的沉没成本以及经营风险，从而抑制了国

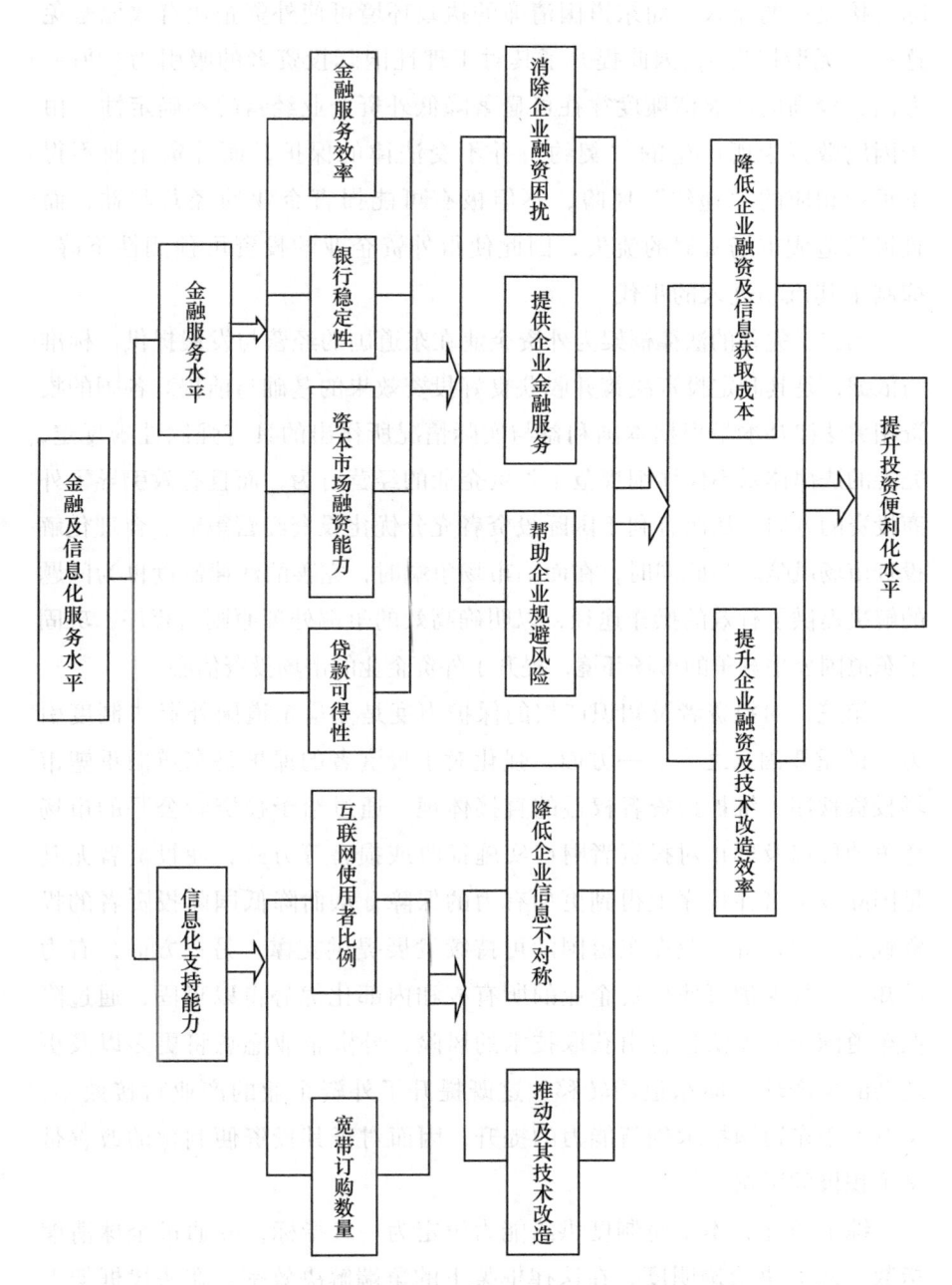

图 3.3 金融及信息化服务水平影响投资便利化机制

际直接投资的流入。而东道国清廉的执政环境可使外资企业有效地避免这一"无谓损失",因此提升了其对于理性国际投资者的吸引力。另一方面,较高的政府清廉度往往可显著降低外资企业经营的不确定性。由于因腐败行为所产生的"契约"并不受法律的保护,而外资企业不得不承担相应的"违约"风险,不但极有可能损害企业的经营利益,而且极易造成市场机遇的流失,因此使得外资企业的投资可预测性下降,抑制了其市场进入的步伐。

第二,完善的法律框架为外资企业在东道国的经营与发展提供了标准与依据,是其制定投资决策并收获良好投资效果的基础与前提。各国的投资相关法律基本是根据本国利益与实际情况所作出的具有强制性的规定,完善的法律体系不仅详细规范了外资企业的经营行为,而且有效引导了外商投资的方向,从而有利于国际投资者充分优化投资经营策略、合理化解投资市场风险。与此同时,在面临市场争端时,完善的法律制度也为问题的解决提供了有效的操作途径,以明确高效的争端处理原则与程序,巩固了东道国公平竞争的市场环境,提升了外资企业的市场投资信心。

第三,对投资者及知识产权的保护力度是衡量东道国外资"制度引力"的重要因素之一。一方面,强化对于投资者的保护是东道国重塑市场投资秩序,维护投资者权益的直接体现。通过给予投资者公平的市场竞争地位以及禁止对投资者财产实施征收或损害等方式,使投资者尤其是国际投资者在程序上得到更加有力的保障,从而降低国际投资者的投资顾虑,为外资企业在东道国的可持续发展提供支撑。另一方面,有力的知识产权保护可使外资企业的所有权和内部化优势得以巩固,通过降低东道国企业无偿且自由获取技术的风险,外资企业愿意将更多以及更复杂的生产环节向东道国转移,这既提升了外资企业的产业对接效率,又有助于东道国技术创新能力的提升,因而对于其投资便利化的改善带来了积极的影响。

综上所述,本书将制度供给能力设定为一级指标,并通过全球清廉指数、政府决策透明度、在法律框架下的争端解决效率、在法律框架下的企业申诉效率、知识产权保护以及投资者保护力度这六个二级指标对东道国制度加以衡量(见图3.4),在明确了东道国政策环境、法

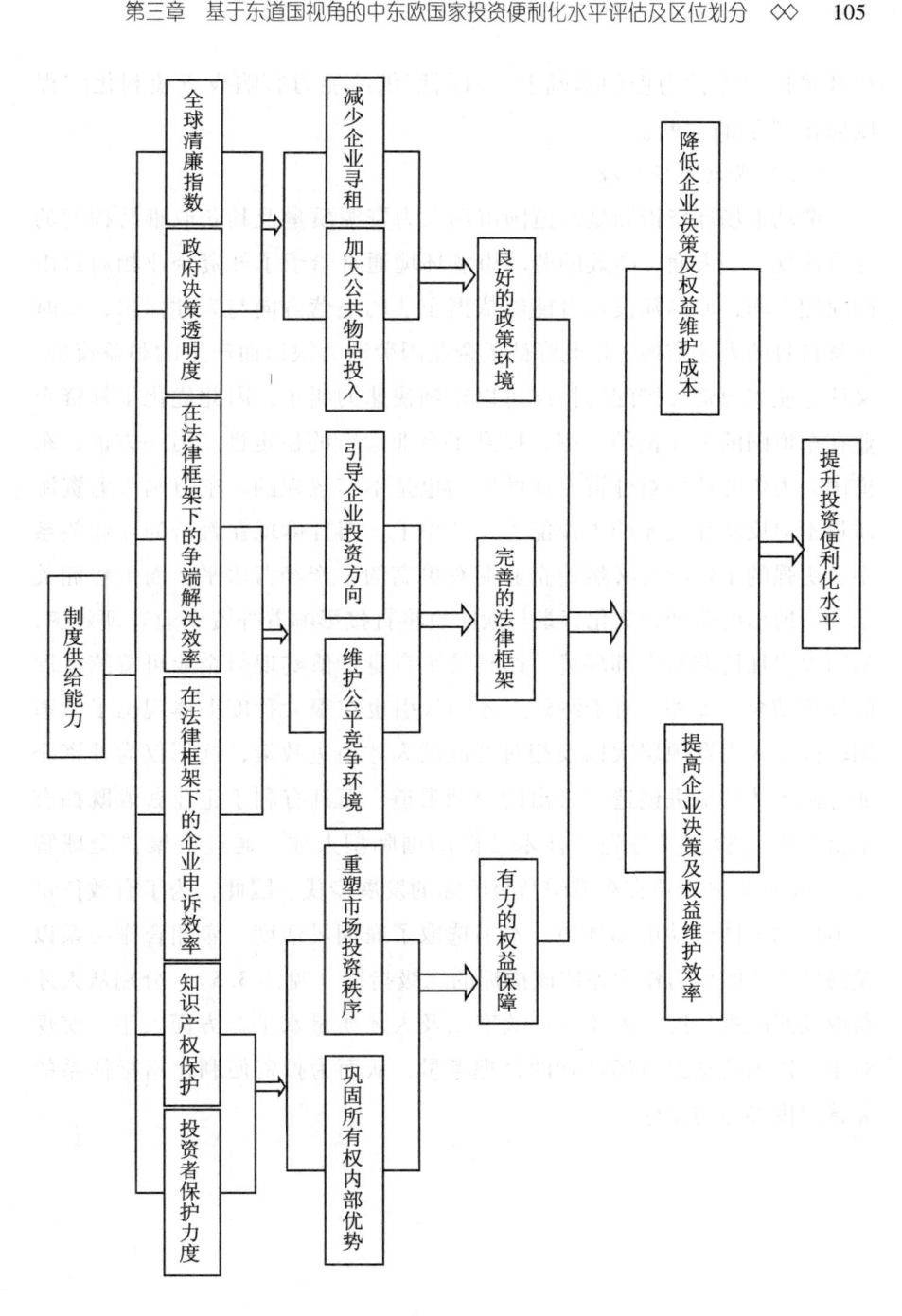

图 3.4 制度供给能力影响投资便利化机制

律环境以及保护力度的基础上，对制度供给能力影响投资便利化的程度做出科学的判断。

（五）劳动市场环境

劳动市场环境指标是东道国市场人力资源质量及其获取难易程度的综合体现。一方面，高效的劳动市场环境通常给予了外资企业相对自由的雇佣空间，使国际投资者能够依据企业的经营方向与人才需求，及时调整自身的人才结构，这既降低了企业因劳动力缺口而产生的利益流失，又使企业人力资源错配的情况可以得到快速的纠正，因此优化了外资企业在东道国的人才供给效率，提升了企业运行的稳定性。另一方面，东道国人力资源质量对外资企业的影响也是不容忽视的。东道国人力资源质量不但反映在人才的工作能力及效率上，而且体现在融洽的雇佣关系中，更强的工作能力必然使企业拥有更高的生产经营水平，而由雇佣关系所折射出的劳动力文化背景与素质也将直接影响着外资企业管理效率，从而以更加协调的内部环境，达到员工自身价值实现与企业可持续发展的完美结合。此外，对于海外人才的吸引也在很大程度上体现出了东道国较高的人力资源层次以及相对开放的人才引进政策，这不仅为外资企业母国人才的引进创造了自由的流动渠道，而且有利于企业获取既拥有丰富管理经验又具备先进技术技能的国际型人才，通过汇聚"全球智力"，全面提升企业在东道国乃至国际的发展步伐。因此，为了有效衡量东道国的整体劳动市场环境，本书选取了雇佣灵活度、雇佣合作关系以及海外人才吸引力作为评估该指标的二级指标（见图3.5），分别从人才获取及匹配难易度、人才管理效率以及人才质量水平等方面入手，实现对于东道国劳动力市场现状的合理考量，从而为投资便利化指标体系的完善提供参考与支撑。

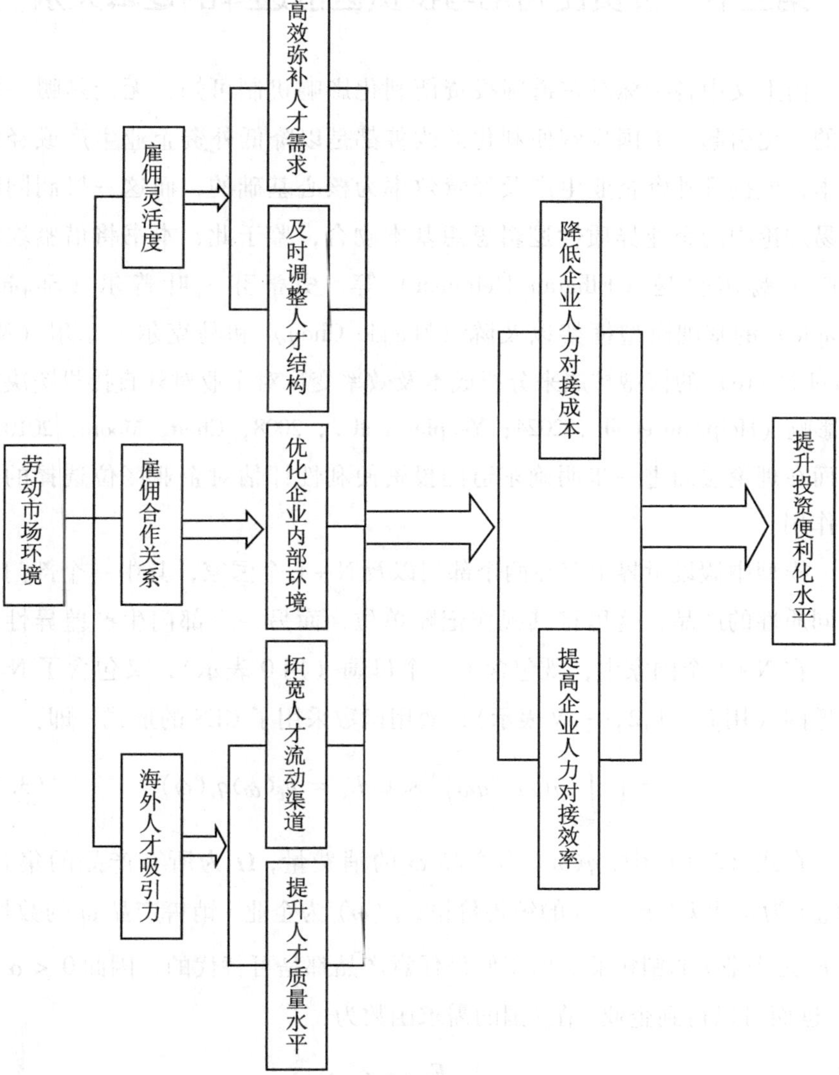

图 3.5　劳动市场环境影响投资便利化机制

第三节　投资便利化与投资区位选择的逻辑关系

由上文中各指标对东道国投资便利化影响机制可知，无论是哪一指标的变化引起东道国投资便利化的改善都是以降低外资企业生产或经营成本，或提升外资企业生产及经营效率为核心基础的，而这一机制同新贸易理论中的企业异质性逻辑思想基本吻合，鉴于此，本书将借鉴埃尔哈南·赫尔普曼（Elharan Helpman）等、史蒂芬·叶普尔（Stephen Yeaple）的基础模型框架以及陈（Maggie Chen）和马克尔·摩尔（Michael Moore）的模型扩展来分析成本及效率变化对企业对外直接投资决策的影响（Helpman et al., 2024；Yeaple et al., 2008；Chen, Moore, 2010），从而在理论层面进一步明确东道国投资便利性评估对企业区位选择的指导作用。

模型中假设世界上存在两个部门以及 $N+1$ 个国家，其中一个部门生产同质性的产品，这里将其视作记账单位，而另一个部门生产差异性产品。在 $N+1$ 个国家中，既包含了一个母国（用 0 表示），又包含了 N 个东道国（用 $j=1,2,\cdots,N$ 表示），效用函数采用了 CES 的形式，即：

$$U = \left(\int_{\omega \in \Omega} q(\omega)^{\alpha} d\omega \right)^{\frac{1}{\alpha}} \text{ s.t. } E_i = p_i(\omega) q_i(\omega) \tag{3.1}$$

在式（3.1）中，$q(\omega)$ 为产品 ω 的消费量，Ω 为所有产品的集合，$p_i(\omega)$ 为企业 i 对产品 ω 的销售价格，$q_i(\omega)$ 为企业 i 销售产品 ω 的数量，而 E_i 是企业 i 的销售额。由于假设任意产品都是可替代的，因此 $0 < \alpha < 1$，进而可以得到企业 i 在 j 国的需求函数为：

$$q_{ij}(\omega) = \frac{E_j}{P_j} \left(\frac{p_{ij}(\omega)}{P_j} \right)^{-\varepsilon} \tag{3.2}$$

上式中，$q_{ij}(\omega)$ 是企业 i 在 j 国的产品 ω 销售量，$p_{ij}(\omega)$ 是企业 i 在 j 国销售产品 ω 的价格，E_j 为 j 国国民总支出，P_j 为 j 国价格指数，ε 为产品的替代弹性，且 $\varepsilon = \frac{1}{1-\alpha} > 1$。在此，我们令：

$$A_j = \frac{E_j}{a_{ij} P_j^{1-\varepsilon}} \tag{3.3}$$

其中 a_{ij} 为 j 国对企业 i 的特定需求参数，即国家 j 对于企业 i 的产品偏好，而 A_j 则是国家 j 的需求水平。将式（3.3）代入式（3.2）后，式（3.2）可简化为：

$$q_{ij}(\omega) = a_{ij} p_{ij}(\omega)^{-\varepsilon} A_j \tag{3.4}$$

我们假设每个国家都存在一批企业，且每个企业都生产着各类产品，并具有各自的产品生产率 φ。对于母国的企业 i 来说，如果其选择在国内生产销售，则其可变成本为 $\frac{C_0}{\varphi_i}$，固定成本为 f_0^d，在追求利润最大化的情况下，应设价格为：

$$p_0 = \frac{C_0}{\alpha \varphi_i} \tag{3.5}$$

可得企业 i 的利润函数为：

$$\pi_{i0}^d = a_{i0} B_0 \left(\frac{C_0}{\varphi_i} \right)^{1-\varepsilon} - f_0^d \tag{3.6}$$

其中，

$$B_0 = (1-\alpha) \alpha^{\varepsilon-1} A_0 \tag{3.7}$$

如果企业 i 选择以出口的方式开拓国际市场，则必须承担由关税以及运输等产生的冰山成本 $\gamma_{ij} > 1$ 以及在东道国有构建销售及配送网络的固定成本 f_j^e，在追求利润最大化的情况下，出口价格应设为：

$$p_{ij} = \frac{\gamma_{ij} C_0}{\alpha \varphi_i}, j = 1, 2, \cdots, N \tag{3.8}$$

由此可得企业的出口利润为：

$$\pi_{ij}^e = a_{ij} B_j \left(\frac{\gamma_{ij} C_0}{\varphi_i} \right)^{1-\varepsilon} - f_j^e \tag{3.9}$$

其中，

$$B_j = (1-\alpha) \alpha^{\varepsilon-1} A_j \tag{3.10}$$

如果企业选择对外直接投资的方式在东道国进行产品的生产，则企业需要承担包括在东道国建立厂房以及拓展销售渠道等方面的固定成本f_j^i，并且其可变成本也因东道国市场环境的不同而表示成$\dfrac{C_j}{\varphi_j}$，需要注意的是，由于对外直接投资往往需要投入更大的固定成本以支持生产线的建设，因此f_j^i必然大于f_0^e，而此时企业对外直接投资的利润函数可表示为：

$$\pi_{ij}^i = a_{ij} B_j \left(\frac{C_j}{\varphi_j}\right)^{1-\varepsilon} - f_j^i \quad (3.11)$$

依据 Helpman 等（2004）的研究方法，假设对于所有东道国 j 来说，均服从于：

$$f_0^d < (\gamma_{ij})^{\varepsilon-1} f_j^e < \left(\frac{C_j}{C_0}\right)^{\varepsilon-1} f_j^i \quad (3.12)$$

而当且仅当$\pi_{ij}^e < \pi_{ij}^i$时，企业 i 才可能选择以对外直接投资的方式开展国际化拓展，因此，根据式（3.9）以及式（3.11）可知，当企业在进行对外直接投资区位选择时，其生产率必须满足：

$$\varphi_i > \varphi_j^i \equiv \left\{\frac{f_j^i - f_j^e}{a_{ij} B_j [C_j^{1-\varepsilon} - (C_0 \gamma_{ij})^{1-\varepsilon}]}\right\}^{\frac{1}{\varepsilon-1}} \quad (3.13)$$

此时，进一步考察企业 i 是否会对 j 国进行对外直接投资。假设当x_{ij}为 1 时，则意味着企业 i 会在东道国 j 进行直接投资，而当x_{ij}为 0 时，则意味着企业不会对 j 国开展直接投资，综上所述，可以得到以下函数：

$$x_{ij} = \begin{cases} 1, \pi_{ij}^e < \pi_{ij}^i \\ 0, \pi_{ij}^e \geqslant \pi_{ij}^i \end{cases} \quad (3.14)$$

因此，企业 i 会在东道国 j 进行直接投资的概率，即$x_{ij} = 1$的概率为：

$$Prob(x_{ij} = 1) = Prob\left(\varphi_i > \left\{\frac{f_j^i - f_j^e}{a_{ij} B_j [C_j^{1-\varepsilon} - (C_0 \gamma_{ij})^{1-\varepsilon}]}\right\}^{\frac{1}{\varepsilon-1}}\right) \quad (3.15)$$

由式（3.15）可知，当给定了东道国 j 的需求偏好a_{ij}时，无论企业 i 是拥有更高的生产效率，还是在东道国具备更低的可变及固定成本，均可使企业增加对该国直接投资的可能性，而在前文对于指标影响机制的论述中，我们也明确了东道国投资便利化的改善通常是以提升企业生产经营效率或降低企业相关成本为基础的。因此，通过理论论述以及模型的演绎,我们不难得到以下结论,即:外资企业在东道国更高的运行效率及更低的成本反映了东道国更高的投资便利化水平,而更高的投资便利化水平也将带来更大的投资吸引力,从而强化外资企业对该国投资区位选择的倾斜,从而实现外资企业对该国直接投资概率的提升。

第四节 投资便利化综合指标体系权重的确定

在综合指标体系的框架中,权重是反映各指标项目的重要性权数,权重的大小体现了不同指标对综合评价体系的影响程度,科学选取指标权重确定方法对于构建合理有效的指标体系具有十分重要的作用。目前,学界对于指标体系赋权方法有很多,如以德尔菲法(又称专家调查法)、层次分析法(AHP 法)、环比评分法为代表的主观赋值法,以及以熵值法、离差及均方差法、主成分分析法为代表的客观赋值法等。所谓主观赋值法就是依据决策者或专家对指标属性的主观重视程度来确定指标权重的方法。虽然主观赋值法操作简单且不易出现权重与实际重要程度相悖的结果,但具有较大的随意性,并且赋值的准确性高度依赖于相关决策者的阅历经验与知识积累,因此无法保证评价结果的系统合理,从而在实践中存在较大的局限性。鉴于此,为了克服主观赋值法的不足,使评价结论更具数理基础,本书采用了主成分分析法,在降低了指标信息作用重叠的同时,客观全面地考量了不同指标对投资便利化水平的整体影响;在进一步完善当前投资便利化测度研究的基础上,对中国对中东欧直接投资的区位选择给予有力的经验支撑。

一 主成分分析方法概述

(一)主成分分析的基本思想

为了真实全面地反映事物的特性,人们在构建评价指标体系的过程中通常会设定许多变量,不但使得问题趋于复杂化,而且不同指标还可能存在信息重叠,以致事物的真正特征被掩盖。为了在保证有效信息量的前提下,将所有指标转化为相互独立的少数几个指标,以实现评价体系的进一步优化,1908 年英国学者皮尔森率先提出了主成分分析法,

1933年美国学者哈罗德·霍特林（Harold Hotelling）将该方法推广到随机向量的情形，从而以降维的思想对综合指标体系的构建给予了有效的技术支持。

简单来讲，主成分分析法就是设法将原先具有相关性的多个指标，运用降维技术进行重新组合，从而生成崭新且互相无关的综合指标用以替代旧指标的数据处理方法。通过分离变量，主成分分析法在实现降维目的的同时，尽可能多地保留了原始指标的信息，这样既降低了样本处理难度，又抓住了主要矛盾，因而成为构建综合评价指标体系的重要统计方法，在研究实践中得到了十分广泛的应用。

从数理角度来说，假设指标体系涉及了 n 个指标，分别为 $x_1, x_2, \cdots, x_n$，且构成了随机向量 $X = (x_1, x_2, \cdots, x'_n)$，如该向量的均值向量为 μ，协方差矩阵为 $\sum$，假设 $Y = (y_1, y_2, \cdots, y'_n)$ 是随机向量 X 开展线性变换所得到的向量，则：

$$Y = \begin{pmatrix} y_1 \\ y_2 \\ \vdots \\ y'_n \end{pmatrix} = \begin{bmatrix} \alpha_{11} & \alpha_{11} & \alpha_{12} & \cdots \\ \alpha_{21} & \alpha_{22} & \cdots & \alpha_{2n} \\ \vdots & \vdots & \ddots & \vdots \\ \alpha_{n1} & \alpha_{n2} & \cdots & \alpha_{nn} \end{bmatrix} \begin{pmatrix} x_1 \\ x_2 \\ \vdots \\ x'_n \end{pmatrix} \quad (3.16)$$

其中，$\alpha_i = (\alpha_{i1}, \alpha_{i2}, \cdots, \alpha_{in})$，$A = (\alpha_1, \alpha_2, \cdots, \alpha'_n)$，且 $i = 1, 2, \cdots, n$，由此可得：

$$Y = AX \quad (3.17)$$

且

$$\text{var}(y_i) = \alpha'_i \sum \alpha_i, \quad \text{cov}(y_i, y_j) = \alpha'_i \sum \alpha_j, \quad i, j = 1, 2, \cdots, n \quad (3.18)$$

通过式（3.16）以及式（3.17）可知，对原始变量进行不同的线性变换，所得到的合成变量 Y 的相应统计特征显然是不同的。y_i 的方差越大，意味着其包含了越多的原始指标信息，但由式（3.18），我们也不难发现，如将向量 α_i 无限扩大，则 y_i 的方差也会随之无限增加。因此，为了避免这一现象，主成分分析法应满足以下约束条件：

$$\alpha'_i \alpha_i = 1 \quad (3.19)$$

同时，y_1 应是在满足式（3.19）的条件下，方差达到最大；y_2 应是在满足式（3.19）且与 y_1 不相关条件下方差达到最大，以此类推，直到 y_n 应是在满足式（3.19）且与 $y_1, y_2, \cdots, y_{n-1}$ 不相关的条件下，实现在不同线性组合中的最大方差。

当满足以上条件，$y_1, y_2, \cdots, y'_n$ 分别是原始指标的第一主成分到第 n 主成分，且方差也在总方差中的占比依次递减。在实际的研究工作中，通常选取较大方差的主成分，以达到有效反映原始信息且简化指标结构的目的。

（二）主成分的求解与性质

根据上文内容，$\sum$ 为随机向量 X 的协方差矩阵，假设 $\lambda_1 \geq \lambda_2 \geq \cdots \geq \lambda_n \geq 0$ 是 $\sum$ 的特征值，$e_1, e_2, \cdots, e_n$ 是 $\sum$ 的特征值所对应的标准正交特征向量，则：

$$\sum = \sum_{i=1}^{n} \lambda_i e_i e'_i, \sum_{i=1}^{n} e_i e'_i = I \qquad (3.20)$$

由此可得：

$$\alpha'_1 \sum \alpha_1 = \alpha'_1 (\sum_{i=1}^{n} \lambda_i e_i e'_i) \alpha_1 \leq \lambda_1 \alpha'_1 (\sum_{i=1}^{n} e_i e'_i) \alpha_1 = \lambda_1 \alpha'_1 I \alpha_1 \qquad (3.21)$$

当 $\alpha_1 = e_1$，可得：

$$e'_1 \sum e_1 = e'_1 \lambda_1 e_1 = \lambda_1 \qquad (3.22)$$

此时，y_1 的方差 $\mathrm{var}(y_1) = \alpha'_1 \sum \alpha_1$ 为最大值 λ_1。

同理可得：

$$\lambda_i = \mathrm{var}(e'_i X) \qquad (3.23)$$

且

$$\mathrm{cov}(e'_i X, e'_j X) = e'_i \sum e_j = \lambda_j e'_i e_j = 0, i \neq j; i, j = 1, 2, \cdots, n \qquad (3.24)$$

由此可以推出：

$$y_i = e'_i X, i = 1, 2, \cdots, n \qquad (3.25)$$

上文提到 $y_1, y_2, \cdots, y'_n$ 分别为原始变量的 n 个主成分，因而，主成分的求解问题可以转化为求解 X 的协方差矩阵 $\sum$ 的特征值及特征向量。

同时，在以上假设及推论的基础上，主成分还应满足以下三个性质：

第一，Y 的协方差矩阵应为对角矩阵，即：

$$\text{var}(Y) = \begin{pmatrix} \lambda_1 & \cdots & 0 \\ \vdots & \ddots & \vdots \\ 0 & \cdots & \lambda_n \end{pmatrix} \tag{3.26}$$

第二，设 X 的协方差矩阵为 $\sum = (\sigma_{ij})_{n \times n}$，则：

$$\sum_{i=1}^{n} \text{var}(x_i) = \sum_{i=1}^{n} \text{var}(y_i) \tag{3.27}$$

即：

$$\sum_{i=1}^{n} \sigma_{ii} = \sum_{i=1}^{n} \lambda_i \tag{3.28}$$

这是由于当 $B = (e_1, e_2, \cdots, e_n)'$，则 $BB' = B'B = I$，$\sum = B \begin{pmatrix} \lambda_1 & \cdots & 0 \\ \vdots & \ddots & \vdots \\ 0 & \cdots & \lambda_n \end{pmatrix} B'$，因此，

$$\sum_{i=1}^{n} \text{var}(x_i) = \sum_{i=1}^{n} \sigma_{ii} = tr(\sum) = \sum_{i=1}^{n} \lambda_i \tag{3.29}$$

在式（3.29）中 $tr()$ 为迹函数，其衡量了矩阵对角元素之和。

可以看出，主成分分析将 n 个随机变量总方差分解成了 n 个相互独立的随机变量方差之和，而第 j 个主成分在总方差中的占比为：

$$\frac{\lambda_j}{\sum_{i=1}^{n} \lambda_i} \tag{3.30}$$

式（3.30）也被称作主成分 j 的贡献度，而衡量前 m 个主成分对原指标解释程度的积累贡献度则表示为：

$$\frac{\sum_{j=1}^{m} \lambda_j}{\sum_{i=1}^{n} \lambda_i}, m \leq n \tag{3.31}$$

第三，主成分 y_j 与 x_i 的相关系数为：

$$r(y_j, x_i) = \frac{\text{cov}(y_j, x_i)}{\sqrt{\text{var}(y_j)}\sqrt{\text{var}(x_i)}} = \frac{\lambda_j e_{ji}}{\sqrt{\lambda_j}\sqrt{\sigma_{ii}}}$$

$$= \frac{e_{ji}\sqrt{\lambda_j}}{\sqrt{\sigma_{ii}}}, \ i, j = 1, 2, \cdots, n \tag{3.32}$$

此外，从 x_i 的标准化 z_i 入手，假设 μ_i 与 σ_{ii} 分别为随机变量 x_i 的期望及方差，则：

$$z_i = \frac{x_i - \mu_i}{\sqrt{\sigma_{ii}}} \tag{3.33}$$

由此可得 $E(z_i) = 0$，$\text{var}(z_i) = 1$，令

$$V = \begin{pmatrix} \sigma_{11} & \cdots & 0 \\ \vdots & \ddots & \vdots \\ 0 & \cdots & \sigma_{nn} \end{pmatrix} \tag{3.34}$$

则 X 的标准化形式可表示为：

$$Z = V^{-0.5}(X - \mu) \tag{3.35}$$

因而，

$$E(Z) = 0, \text{cov}(Z) = V^{-0.5}\sum V^{-0.5} = \begin{pmatrix} 1 & r_{12} & \cdots & r_{1n} \\ r_{12} & 1 & \cdots & r_{2n} \\ \vdots & \vdots & \ddots & \vdots \\ r_{1n} & r_{2n} & \cdots & 1 \end{pmatrix} = R$$

$$\tag{3.36}$$

式（3.36）中，r_{ij} 为 x_i 与 x_j 的相关系数，可见，原始变量经标准化后的协方差矩阵正是其相关系数矩阵，所以通过相关矩阵求解主成分的过程与通过协方差的求解过程相一致。如仍以 (λ_i, e_i) 代表矩阵 R 的特征值及标准正交特征向量，则：

$$y_i = e'_i Z = e'_i V^{-0.5}(X - \mu) \tag{3.37}$$

可见，由此得到的主成分不但满足上文提到的三个性质，并且性质 3 关于主成分 y_j 与 x_i 的相关系数还可进一步表示为：

$$r(y_j, z_i) = e_{ji}\sqrt{\lambda_j}, \ i, j = 1, 2, \cdots, n \tag{3.38}$$

同样，该方法也可用于样本数据的分析。设从均值向量为 μ，协方

差矩阵为Σ的 n 维总体当中抽取 k 个样本,此时样本均值向量为 $\bar{X}$,样本的协方差矩阵为 S,样本的相关矩阵为 R。

$$\bar{X} = \frac{1}{n}\sum_{i=1}^{k} x_{ki}, \quad i = 1, 2, \cdots, k \tag{3.39}$$

$$S = \frac{1}{k-1}\sum_{i=1}^{k}(x_i - \bar{x})(x_i - \bar{x}') = (s_{jl})_{n \times n} \tag{3.40}$$

$$R = (r_{jl})_{n \times n} \tag{3.41}$$

其中,

$$s_{ij} = \frac{1}{k-1}\sum_{i=1}^{k}(x_{ij} - \bar{x}_j)(x_{il} - \bar{x}_l) \tag{3.42}$$

$$r_{jl} = \frac{s_{jl}}{\sqrt{s_{jj}s_{ll}}} \tag{3.43}$$

第 i 个样本主成分可表示为:

$$y_i = \hat{e}'_i x = \hat{e}_{i1}x_1 + \hat{e}_{i2}x_2 + \cdots + \hat{e}_{ik}x_k \tag{3.44}$$

设样本的相关矩阵 R 的特征值为 $\lambda_1, \lambda_2, \cdots, \lambda_k$,且 $\lambda_1 \geq \lambda_2 \geq \cdots \geq \lambda_k$,则 $\hat{e}_{i1}, \hat{e}_{i2}, \cdots, \hat{e}_{ik}$ 为与样本相关矩阵特征值所对应的标准正交特征向量,根据式(3.29)及式(3.36)可得:

$$\sum_{i=1}^{k}\lambda_i = k \tag{3.45}$$

而第 i 个样本主成分的贡献度以及前 m 个主成分累计贡献度分别是 $\frac{\lambda_i}{k}$ 及 $\frac{\sum_{i=1}^{m}\lambda_i}{k}$,且

$$r(y_j, x_l) = \hat{e}_{jl}\sqrt{\lambda_k} \tag{3.46}$$

(3)主成分分析法计算指标权重的步骤

第一步:选取指标与样本,这里假设样本数为 n,指标数为 m,则可得矩阵 $X = (x_{ij})_{n \times m}$,其中 x_{ij} 代表第 i 个样本的第 j 个指标的数据。

第二步:为消除不同指标间量级上的差异,对指标进行标准化处理,得到标准化矩阵 Z,即:

$$Z = \begin{bmatrix} z_{11} & z_{12} & \cdots & z_{1m} \\ z_{21} & z_{22} & \cdots & z_{2m} \\ \vdots & \vdots & \ddots & \vdots \\ z_{n1} & z_{n2} & \cdots & z_{nm} \end{bmatrix} \qquad (3.47)$$

其中 $z_{ij} = \dfrac{x_{ij} - \bar{x}_j}{\sqrt{\operatorname{var}(x_j)}}$，而 $\bar{x}_j$ 与 $\sqrt{\operatorname{var}(x_j)}$ 分别为第 j 个指标的均值与标准差。

第三步：根据标准化矩阵 Z，构建相关系数矩阵 R，如式（3.36）。

第四步：求解相关系数矩阵 R 的特征值 λ_i，并按特征值贡献率的大小及其相应的积累贡献率，根据式（3.30）及式（3.31）确定主成分个数。

第五步：根据特征值的单位特征向量与特征值贡献率进一步确定相应指标的权重。

二 原始数据的选取与处理

鉴于指标数据的可得性以及中国对外直接投资的覆盖现状，本书在估计指标体系权重时选取了阿尔巴尼亚、克罗地亚、爱沙尼亚、拉脱维亚、保加利亚、罗马尼亚、斯洛文尼亚、捷克、立陶宛、匈牙利、波兰、斯洛伐克、波黑、黑山、塞尔维亚和北马其顿 16 个原中国—中东欧国家合作成员国以及美国、新加坡、澳大利亚、荷兰、印度尼西亚、卢森堡、英国、瑞典、德国等共 66 个与中国保持着良好投资关系的国家及地区作为样本。截至 2022 年年底，中国对于这 66 个样本国家及地区的直接投资流量与存量均超过 80%，基本涵盖了中国主要的投资目的地，因而有力地保障了权重估计结果的准确性与解释能力。与此同时，为了充分考量不同年份指标影响因素的变动差异，本书基于动态思维，将 2008—2019 年的数据引入模型中。一方面，这满足了投资便利化评价的系统性要求，有效地降低了仅由截面数据赋权所带来的纵向比较的不一致性，实现了投资便利化评价精度的提升；另一方面，受新冠疫情和地缘政治冲突影响，各国投资环境发生应激性突变，全球外资流动全面承压。为了避免这种极端外部因素对于实证分析的干扰，本章未将2020年之后数据纳入样本，以期呈现出更具常态特征的量化结果，从而为把握后危机时代投资便利化趋势提供更具参考性的数据支持。

由于在原始数据中，开办企业所需时间以及开办企业所需费用这两个指标属于逆指标，即与投资便利化指数呈负相关关系，因此本书将对其进行正向化处理，以满足综合指标体系构建的同向化需求。与此同时，由于各指标的原始数据量级不同，因此本书将采用离差标准化法，在消除指标之间的纲量影响的同时，将数据结果映射到[0,1]之间，从而实现不同量级投资便利化指标的客观可比。具体转换函数如下：

$$z_{ij} = \frac{x_{ij} - \min(x_j)}{\max(x_j) - \min(x_j)} \tag{3.48}$$

其中，z_{ij}为标准化处理后的数据值，x_{ij}为原始数据值，而$\max(x_j)$与$\min(x_j)$分别为原始数据的最大值及最小值。

三 指标权重的确定

首先，在进行主成分分析前，应对各项指标数据进行相关性分析，从而判定主成分分析方法的适用性。经检验，各指标间的相关系数绝大多数大于0.3，且部分指标相关系数甚至超过了0.7，表现出了显著的互动关系，可以证明各指标间存在信息上的重叠，适合运用主成分分析法。

其次，对于主成分个数的提取，本书综合考量了样本特征值的大小以及方差的积累贡献率。一方面，特征值的大小在一定程度上被认为是反映主成分影响力大小的指标，特征值越大，则说明该主成分解释力度越强；另一方面，方差的积累贡献率反映了主成分的方差在随机变量总方差中所占比例的积累，其度量了所选的主成分对于原变量变异性的解释程度，因此同样被认为是有效主成分选择的关键依据。本书利用 Eviews 8.0 对标准化后的数据进行了处理，得到了相应的主成分特征值及方差积累贡献率，具体结果见表3.3及图3.6。

表 3.3　　　　　　　　主成分特征值及方差积累贡献率

主成分	初始特征值	方差贡献率	积累贡献率	提取特征值	贡献率	积累贡献率
1	12.791520	0.5562	0.5562	12.791520	0.5562	0.5562
2	2.066604	0.0899	0.6460	2.066604	0.0899	0.6460
3	1.463888	0.0636	0.7097	1.463888	0.0636	0.7097
4	0.960930	0.0418	0.7514	0.960930	0.0418	0.7514
5	0.809733	0.0352	0.7866	—	—	—
6	0.725662	0.0316	0.8182	—	—	—
7	0.656437	0.0285	0.8467	—	—	—
8	0.504378	0.0219	0.8687	—	—	—
9	0.480794	0.0209	0.8896	—	—	—
10	0.455239	0.0198	0.9094	—	—	—
11	0.354846	0.0154	0.9248	—	—	—
12	0.282364	0.0123	0.9371	—	—	—
13	0.246959	0.0107	0.9478	—	—	—
14	0.211161	0.0092	0.9570	—	—	—
15	0.191944	0.0083	0.9653	—	—	—
16	0.169389	0.0074	0.9727	—	—	—
17	0.149756	0.0065	0.9792	—	—	—
18	0.125338	0.0054	0.9847	—	—	—
19	0.104611	0.0045	0.9892	—	—	—
20	0.091352	0.0040	0.9932	—	—	—
21	0.067811	0.0029	0.9961	—	—	—
22	0.049504	0.0022	0.9983	—	—	—
23	0.039676	0.0017	1	—	—	—

由表 3.3 及图 3.6 可以看到，前四个主成分对应的特征值分别为 12.791520、2.066604、1.463888 以及 0.960930，且这四个特征值解释了投资便利化综合指标的 75.14%，较好地体现了 23 个二级指标的总体变动情况，因而采用这四个主成分确定指标权重具有较强的合理性。

最后，主成分对应特征值的特征向量为各指标在不同主成分函数表达式中的相应系数，而在本书中所提取的四个主成分特征值的特征向量矩阵见表 3.4。

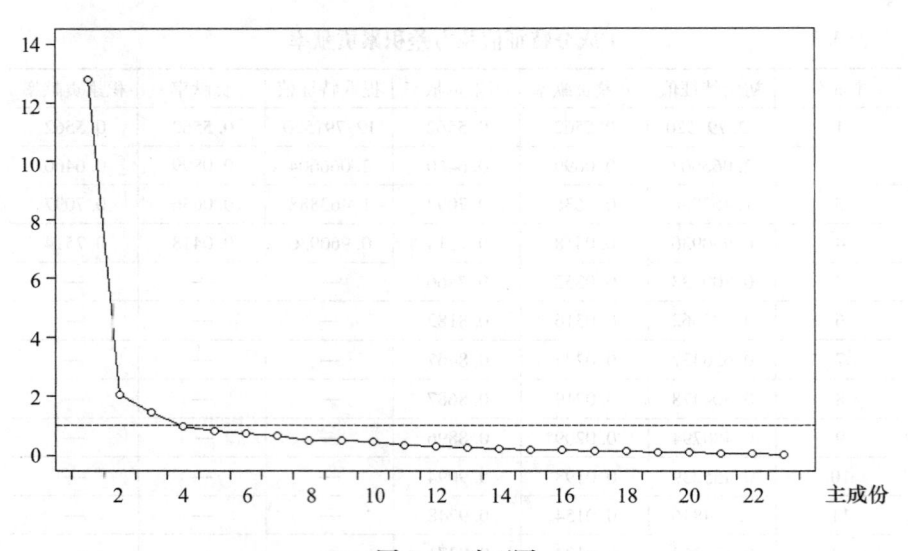

图 3.6　碎石图

表 3.4　　　　　　　　特征向量矩阵

评价指标	主成分 1	主成分 2	主成分 3	主成分 4
公路设施质量	0.231904	0.096790	-0.137687	-0.189068
铁路设施质量	0.196133	0.222431	-0.084516	-0.178138
港口设施质量	0.238917	0.057513	-0.095392	-0.156970
航空设施质量	0.248353	-0.014464	-0.069492	-0.037530
电力供应质量	0.200531	0.326240	0.017024	0.010562
开办企业所需时间	0.135764	0.176730	0.516089	-0.019544
开办企业所需费用	0.094036	0.250081	0.454269	0.381609
对外资的开放程度	0.194487	-0.096937	-0.020674	0.327372
金融服务效率	0.237940	-0.087130	-0.152984	0.162492
银行稳定性	0.200925	-0.149946	-0.121633	0.498599
资本市场融资能力	0.207338	-0.278408	-0.108063	0.198876
贷款可得性	0.202497	-0.148613	-0.082274	0.161098
互联网使用者比例	0.192277	0.395476	-0.052186	-0.012261
宽带订购数量	0.195345	0.419075	-0.065670	-0.063426
全球清廉指数	0.254156	0.151671	-0.049166	0.002094

续表

评价指标	主成分			
	1	2	3	4
知识产权保护	0.264710	0.044962	-0.070515	-0.022029
在法律框架下的争端解决效率	0.250873	-0.188916	0.008237	-0.116476
在法律框架下的企业申诉效率	0.246273	-0.203409	0.002557	-0.06021
政府决策透明度	0.226523	-0.178069	0.091184	-0.110679
投资者保护力度	0.113652	-0.058662	0.383368	0.259412
雇佣合作关系	0.222187	-0.141875	0.097248	-0.222681
雇佣灵活度	0.096011	-0.282451	0.499828	-0.347640
海外人才吸引力	0.215639	-0.170856	-0.028792	-0.202068

由此可以得到四个主成分的函数表达式：

$Comp_1 = 0.231904\ I_1 + 0.196133\ I_2 + 0.238917\ I_3 + 0.248353\ I_4 + 0.200531\ I_5 + 0.135764\ B_1 + 0.094036\ B_2 + 0.194487\ B_3 + 0.23794\ F_1 + 0.200925\ F_2 + 0.207338\ F_3 + 0.202497\ F_4 + 0.192277\ F_5 + 0.195345\ F_6 + 0.254156\ P_1 + 0.26471\ P_2 + 0.250873\ P_3 + 0.246273\ P_4 + 0.226523\ P_5 + 0.113652\ P_6 + 0.222187\ L_1 + 0.096011\ L_2 + 0.215639\ L_3$ (3.49)

$Comp_2 = 0.09679\ I_1 + 0.222431\ I_2 + 0.057513\ I_3 - 0.014464\ I_4 + 0.32624\ I_5 + 0.17673\ B_1 + 0.250081\ B_2 - 0.096937\ B_3 - 0.08713\ F_1 - 0.149946\ F_2 - 0.278408\ F_3 - 0.148613\ F_4 + 0.395476\ F_5 + 0.419075\ F_6 + 0.151671\ P_1 + 0.044962\ P_2 - 0.188916\ P_3 - 0.203409\ P_4 - 0.178069\ P_5 - 0.058662\ P_6 - 0.141875\ L_1 - 0.282451\ L_2 - 0.170856\ L_3$ (3.50)

$Comp_3 = -0.137687\ I_1 - 0.084516\ I_2 - 0.095392\ I_3 - 0.069492\ I_4 + 0.017024\ I_5 + 0.516089\ B_1 + 0.454269\ B_2 - 0.020674\ B_3 - 0.152984\ F_1 - 0.121633\ F_2 - 0.108063\ F_3 - 0.082274\ F_4 - 0.052186\ F_5 - 0.06567\ F_6 - 0.049166\ P_1 - 0.070515\ P_2 + 0.008237\ P_3 + 0.002557\ P_4 + 0.091184\ P_5 + 0.383368\ P_6 + 0.097248\ L_1 + 0.499828\ L_2 - 0.028792\ L_3$ (3.51)

$Comp_4 = -0.189068\ I_1 - 0.178138\ I_2 - 0.15697\ I_3 - 0.03753\ I_4 + 0.010562\ I_5 - 0.019544\ B_1 + 0.381609\ B_2 + 0.327372\ B_3 + 0.162492\ F_1 + 0.498599\ F_2 + 0.198876\ F_3 + 0.161098\ F_4 - 0.012261\ F_5 - 0.063426\ F_6 +$

$0.002094 P_1 - 0.022029 P_2 - 0.116476 P_3 - 0.06021 P_4 - 0.110679 P_5 +$
$0.259412 P_6 - 0.222681 L_1 - 0.34764 L_2 - 0.202068 L_3$ （3.52）

根据主成分函数表达式（3.49）至式（3.52），以方差贡献率作为不同主成分的权重，将各指标在四个主成分线性组合中的系数进行加权平均，并将所求结果进行归一化处理，从而得到了投资便利化综合指标体系权重。具体指标权重见表3.5。

表3.5　　　　　　　　投资便利化综合指标体系权重

一级指标	权重	二级指标	权重
基础设施质量（I）	0.237438	公路设施质量（I1）	0.045186
		铁路设施质量（I2）	0.043408
		港口设施质量（I3）	0.046829
		航空设施质量（I4）	0.048852
		电力供应质量（I5）	0.053162
投资经营效率（B）	0.132491	开办企业所需时间（正向化处理）（B1）	0.046075
		开办企业所需费用（正向化处理）（B2）	0.044664
		对外资的开放程度（B3）	0.041752
金融及信息化服务水平（F）	0.262702	金融服务效率（F1）	0.045390
		银行稳定性（F2）	0.041585
		资本市场融资能力（F3）	0.034249
		贷款可得性（F4）	0.037623
		互联网使用者比例（F5）	0.051772
		宽带订购数量（F6）	0.052083
制度供给能力（P）	0.275049	全球清廉指数（P1）	0.056735
		知识产权保护（P2）	0.054461
		在法律框架下的争端解决效率（P3）	0.044134
		在法律框架下的企业申诉效率（P4）	0.043435
		政府决策透明度（P5）	0.041501
		投资者保护力度（P6）	0.034784
劳动市场环境（L）	0.092320	雇佣合作关系（L1）	0.040212
		雇佣灵活度（L2）	0.016901
		海外人才吸引力（L3）	0.035208

从表 3.5 的一级指标权重来看，制度供给能力对于一国投资便利化影响最大，其权重值达到了 0.275049。金融及信息化服务水平与基础设施质量对于投资便利化水平的影响也十分显著，其权重值分别为 0.262702 与 0.237438。而投资经营效率与劳动市场环境的影响程度较小，且权重值仅为 0.132491 与 0.092320。

具体到二级指标，绝大多数指标权重均超过了 0.03，其中全球清廉指数、电力供应质量、互联网使用者比例、知识产权保护以及宽带订购数量对于投资便利化影响最为显著，且权重值均超过了 0.05，这意味着这些指标每提升 1%，该国投资便利化水平将实现超过 0.05% 的提高，正向促进作用显著，而雇佣灵活度对于投资便利化影响相对较低，其权重值仅为 0.016901，即一国雇佣灵活度每提高 1%，仅能带动该国投资便利化水平上升 0.0169 个百分点，正向影响程度较其他指标偏弱。

第五节　中东欧投资便利化水平的测度结果与区位划分

一　中东欧投资便利化水平的测度结果分析

依据上文对于指标权重的计算结果，将各国经标准化后的数据进行加权求和，便可得到 2007—2019 年各经济体的投资便利化水平的测度结果。

从样本国家和地区以及中东欧国家总体范围来看，中东欧 16 国综合投资便利化水平并不突出，尤其与发达经济体相比仍存在明显差距。以 2019 年结果为例，中东欧 16 国平均投资便利化指数为 0.54，低于样本国家和地区 0.58 的平均便利化指数，更是低于样本国（地区）中发达经济体 0.7 的投资便利化均值。在中东欧 16 国中，2019 年投资便利化程度最高的国家为爱沙尼亚，其综合指数约为 0.679，在 66 个样本国（地区）中排名仅为第 21 位，而中东欧投资便利化水平第二及第三高的捷克与立陶宛，其综合指数约为 0.623 与 0.619，虽略高于样本国家和地区总体平均水平，但排名也仅为样本国（地区）的第 25 位和第 26 位，因此总体来看，当前中东欧投资便利化发展表现出了一定程度的滞后。2019 年排名前30的样本国家和地区以及中东欧国家投资便利化测度结果及排名见表3.6。

表3.6　2019年样本国（地区）及中东欧国家投资便利化指标测度结果及排名

国家（地区）	便利化水平	排名	国家（地区）	便利化水平	排名
中国香港	0.864733	1	爱沙尼亚	0.678944	21
新加坡	0.862562	2	韩国	0.678512	22
瑞士	0.82474	3	沙特阿拉伯	0.673444	23
荷兰	0.808063	4	西班牙	0.666661	24
阿联酋	0.801937	5	捷克	0.623293	25
日本	0.79342	6	立陶宛	0.618696	26
美国	0.79299	7	拉脱维亚	0.606736	27
卢森堡	0.781022	8	泰国	0.602617	28
丹麦	0.772629	9	斯洛文尼亚	0.580799	29
英国	0.765835	10	波兰	0.561981	30
瑞典	0.760634	11	斯洛伐克	0.557914	32
挪威	0.75567	12	黑山	0.545132	36
新西兰	0.753916	13	匈牙利	0.534951	40
加拿大	0.736474	14	罗马尼亚	0.531466	41
德国	0.734118	15	保加利亚	0.496889	47
马来西亚	0.724219	16	塞尔维亚	0.491892	48
法国	0.716238	17	北马其顿	0.485001	49
卡塔尔	0.700464	18	克罗地亚	0.482119	50
澳大利亚	0.692112	19	阿尔巴尼亚	0.478409	51
以色列	0.689368	20	波黑	0.366421	61

同时，根据前文测算结果，将投资便利化综合指标得分以0.1为区间进行划分，可以得到2007—2019年选定的样本国家（地区）以及中东欧16国投资便利化均值在各划分标准下的数量（见表3.7）。

表 3.7　2007—2019 年样本国（地区）及中东欧国家投资便利化均值在各划分标准下的数量　　　　　　　　　　　　　　（个）

得分	样本国（地区）	中东欧国家
0.8–0.9	5	0
0.7–0.8	13	0
0.6–0.7	6	1
0.5–0.6	14	7
0.4–0.5	17	7
0.4 以下	11	1
共计	66	16

通过计算结果可知，2007—2019 年，样本国（地区）投资便利化指数均值在 0.5 以上的国家及地区数量为 38 个，占总数的 57.6%，而中东欧国家投资便利化指数均值在 0.5 以上的国家数量为 8 个，占比仅为 50%，这同样反映出中东欧国家投资便利化位势相对偏低，且存在较大的提升空间。另外，平均指标值在 0.4 以下的国家（地区）中，样本国（地区）有 11 个，占比达 16.7%，中东欧国家仅有 1 个，占比为 6.25%，由此可见，中东欧投资便利化水平更趋集中，较小的差异化水平也为其未来进一步协调区域发展步伐创造了有利条件。

此外，虽然中东欧国家总体投资便利化水平一般，但从时序特征来看却表现出了显著的改善趋势。2008—2019 年，样本国（地区）投资便利化指数平均增幅为 0.78%，而中东欧国家平均增幅高达 12.9%，且在 12 年间，有 9 年的同比增速高于样本国（地区）平均水平，2008—2019 年中东欧与样本国（地区）历年投资便利化指数均值增幅见图 3.7。投资便利化水平的快速提升使得中东欧国家对外"辐射圈"得到了有力强化，在为其进一步凸显区域优势奠定坚实基础的同时，也为其推进投资合作机制的对接创造了更为有益的内部环境，从而以强劲的发展势头，为中东欧收获并扩大开放成果注入新动能。

从中东欧国家内部的综合指数来看，波罗的海三国投资便利化程度总体较高，2019 年，三国投资便利化指数均值约为 0.63，显著高于维谢格拉德集团与斯洛文尼亚板块的 0.57 与巴尔干半岛国家的 0.48。其中爱

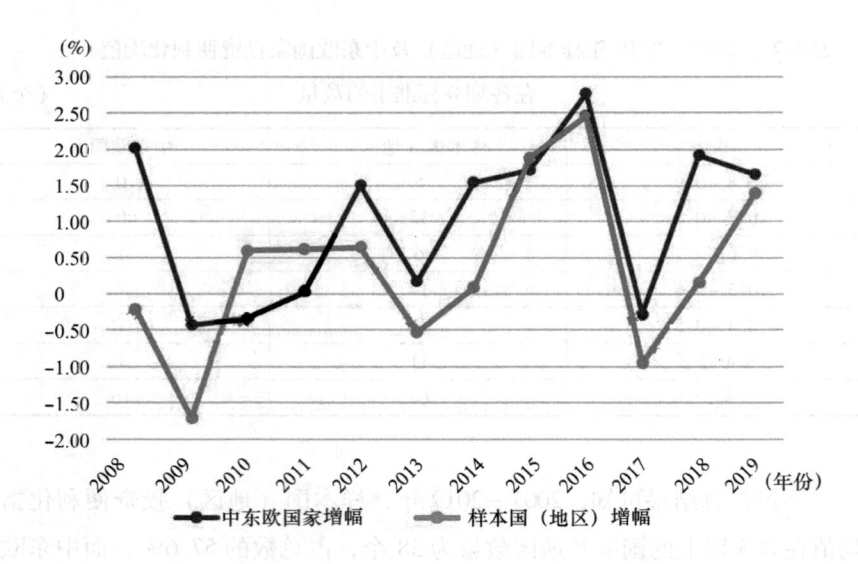

图 3.7　2008—2019 年样本国（地区）与中东欧国家历年投资便利化指数均值增幅

沙尼亚表现最为突出，2007—2019 年投资便利化指数均值高达 0.661，稳居中东欧 16 国首位，而立陶宛与拉脱维亚也分别以 0.567 与 0.556 的均值得分位居中东欧第三位与第四位。维谢格拉德集团与斯洛文尼亚板块投资便利化指数均值也超过了 0.5，捷克更是以 0.595 的均值得分排在了中东欧 16 国的第二位。巴尔干半岛国家中投资便利化程度最高的为黑山，2019 年其投资便利化指数得分达到了 0.545，12 年来投资便利化均值为 0.485，为巴尔干半岛板块的第一位。罗马尼亚 2019 年投资便利化得分也超过了 0.5，达到 0.531，这主要归功于其近年来对投资环境的改善。2007 年，罗马尼亚投资便利化综合指数仅为 0.410，经过 12 年的优化，其综合指数实现了近 30% 的增长。此外，波黑、阿尔巴尼亚在 2019 年的综合指数得分分别为 0.366、0.478，在 16 国中表现相对落后，但 13 年间 15% 和 64% 的增幅也反映了显著的优化潜力，且未来仍具有更大的提升空间。2007—2019 年中东欧各国投资便利化综合指数得分及均值、增幅排名具体见表 3.8、表 3.9、表 3.10。①

---

① 注：此页文字表述是根据表格数据结果保留 3 位有效数字的近似值，下同。

表 3 - 8　2007—2019 年波罗的海三国投资便利化综合指标测度结果

	爱沙尼亚	立陶宛	拉脱维亚
2007 年	0.678334	0.553642	0.554064
2008 年	0.681475	0.568053	0.552136
2009 年	0.644003	0.543405	0.521899
2010 年	0.634906	0.528876	0.502248
2011 年	0.636432	0.536608	0.516463
2012 年	0.631927	0.559945	0.544097
2013 年	0.638995	0.554861	0.559825
2014 年	0.652615	0.553951	0.573111
2015 年	0.665013	0.571454	0.585021
2016 年	0.696122	0.593348	0.573058
2017 年	0.667538	0.593855	0.565861
2018 年	0.687653	0.592428	0.577478
2019 年	0.678944	0.618696	0.606736
增幅	0.000899	0.117501	0.095064
均值	0.661074	0.566856	0.556308
均值排名	1	3	4

表 3.9　2007—2019 年维谢格拉德集团与斯洛文尼亚板块投资便利化综合指标测度结果

	匈牙利	捷克	波兰	斯洛伐克	斯洛文尼亚
2007 年	0.554011	0.560956	0.455593	0.567904	0.586426
2008 年	0.5342	0.570581	0.445083	0.555109	0.606971
2009 年	0.517544	0.58514	0.462518	0.548471	0.615912
2010 年	0.529554	0.584336	0.480099	0.533919	0.57491
2011 年	0.53771	0.571993	0.486583	0.511194	0.533588
2012 年	0.519744	0.582538	0.490541	0.525357	0.52724
2013 年	0.510881	0.575114	0.493282	0.513861	0.495124
2014 年	0.522421	0.585387	0.508529	0.52893	0.480906
2015 年	0.515004	0.613396	0.529203	0.538972	0.507783
2016 年	0.511337	0.625631	0.553261	0.548998	0.539918
2017 年	0.517985	0.63495	0.552423	0.561137	0.559749
2018 年	0.520996	0.625541	0.557388	0.560771	0.567646
2019 年	0.534951	0.623293	0.561981	0.557914	0.580799
增幅	-0.0344	0.111126	0.233515	-0.01759	-0.00959
均值	0.525103	0.595297	0.505883	0.542503	0.552075
均值排名	7	2	8	6	5

表 3.10　2007—2019 年巴尔干半岛国家投资便利化综合指标测度结果

	阿尔巴尼亚	克罗地亚	保加利亚	罗马尼亚	波黑	黑山	塞尔维亚	北马其顿
2007 年	0.29189	0.499984	0.406405	0.410476	0.317693	0.43348	0.397276	0.382553
2008 年	0.35702	0.501381	0.413617	0.437997	0.31473	0.468722	0.391151	0.407273
2009 年	0.40554	0.479153	0.408652	0.437199	0.301952	0.488388	0.382444	0.42937
2010 年	0.441499	0.478971	0.418052	0.411619	0.325842	0.494577	0.374225	0.43172
2011 年	0.467288	0.479715	0.424942	0.395404	0.343372	0.502691	0.364911	0.439128
2012 年	0.445651	0.477135	0.43965	0.390799	0.382499	0.50824	0.377433	0.46195
2013 年	0.418572	0.477347	0.446682	0.406012	0.413593	0.5038	0.380664	0.489619
2014 年	0.42012	0.488442	0.452654	0.457761	0.383833	0.489939	0.392404	0.509142
2015 年	0.444414	0.490332	0.45974	0.470364	0.340372	0.486806	0.400055	0.51927
2016 年	0.468289	0.497312	0.495407	0.451854	0.369341	0.4789	0.4356	0.524138
2017 年	0.445509	0.479756	0.47044	0.47691	0.351895	0.380712	0.452983	0.62717
2018 年	0.491796	0.470468	0.471642	0.545175	0.354182	0.525697	0.479575	0.471035
2019 年	0.478409	0.482119	0.496889	0.531466	0.366421	0.545132	0.491892	0.485001
增幅	0.639003	-0.03573	0.222647	0.294755	0.15338	0.257572	0.238162	0.267801
均值	0.428923	0.484778	0.446521	0.447926	0.351209	0.48516	0.409278	0.475182
均值排名	14	10	13	12	16	9	15	11

从中东欧各国的指标子系统来看，第一，在基础设施质量方面，波罗的海三国依然具有较为明显的优势，其中立陶宛、拉脱维亚、爱沙尼亚在 2019 年基础设施质量的得分均超过了 0.15，高居 16 国的前三位。维谢格拉德集团与斯洛文尼亚板块的表现仅次于波罗的海三国，特别是斯洛文尼亚、波兰和捷克，2019 年，它们分别以 0.153 与 0.148 和 0.147 的得分名列中东欧 16 国的第四名、第五名与第六名。而巴尔干半岛国家的基础设施水平则明显落后于其他中东欧板块，2019 年，除克罗地亚以外，其余 7 国依次位于最后七位，其中波黑、阿尔巴尼亚以及北马其顿更是以 0.083、0.089 以及 0.091 的得分位于最后三名，即

使从均值角度来看,2007—2019 年,波黑和阿尔巴尼亚也同样以 0.062、0.088 的基础设施均值得分位居 16 国中的倒数第一和倒数第三,可见它们与其他中东欧国家在基础设施方面确实存在较为显著的差距。此外,13 年间,绝大多数中东欧国家的基础设施水平均得到了显著改善,16 国基础设施质量得分均实现了不同程度的提升,其中阿尔巴尼亚以 107.89% 的增幅位居各国首位,波黑、波兰和罗马尼亚得分增长率也均超过了 50%,改善效果较为显著。中东欧各国基础设施质量得分及增幅具体见表 3.11。

表 3.11　　　　　中东欧 16 国基础设施质量指标测度结果

板块	国家	2019 年测度结果 得分	排名	2007—2019 年测度结果 得分均值	排名	增幅（%）	排名
波罗的海三国	爱沙尼亚	0.159345	3	0.146403	3	13.43	12
	立陶宛	0.167641	1	0.14909	1	23.46	7
	拉脱维亚	0.159587	2	0.139055	5	22.16	8
维谢格拉德集团与斯洛文尼亚	匈牙利	0.131649	8	0.123513	8	14.12	11
	捷克	0.146668	6	0.149052	2	4.63	15
	波兰	0.147956	5	0.108403	9	64.61	3
	斯洛伐克	0.130968	9	0.123703	7	3.68	16
	斯洛文尼亚	0.153429	4	0.144867	4	11.75	13
巴尔干半岛国家	阿尔巴尼亚	0.089086	15	0.088245	14	107.89	1
	克罗地亚	0.142862	7	0.131809	6	17.92	9
	保加利亚	0.122966	10	0.099125	10	44.36	5
	罗马尼亚	0.121566	11	0.088596	13	59.83	4
	波黑	0.082517	16	0.062092	16	76.89	2
	黑山	0.120734	12	0.094216	12	42.14	6
	塞尔维亚	0.101277	13	0.082382	15	15.40	10
	北马其顿	0.090755	14	0.096225	11	11.69	14

第二,从投资经营效率角度来讲,维谢格拉德集团与斯洛文尼亚板块的表现更为出色,虽然在 2019 年该板块五国的投资经营效率均值为 0.113,略低于波罗的海三国的均值 0.117,但从国家表现来看,2019 年,捷克以

0.123 的得分居于中东欧各国第二位，斯洛伐克紧随其后，以 0.120 的得分位居第三。从 2007—2019 年的均值得分来看，斯洛伐克占据了中东欧的首位，捷克和匈牙利的均值得分也达到了 0.120 与 0.118，排在了中东欧国家第三位与第四位。波罗的海三国同样表现不俗，不但在 2019 年的区域得分均值最高，而且该板块三国 2019 年的排名也进入了中东欧国家的前 7 位，爱沙尼亚更是以 0.123 的得分在该年排名第一，拉脱维亚与立陶宛也分列第四位与第七位，整体投资经营效率水平良好。而巴尔干半岛国家依然与其他中东欧板块存在差距。2019 年，该区域均值得分仅为 0.103，在三大板块中排名最后，即使是该区域得分最高的北马其顿，投资经营效率指数也仅为 0.114，排在了中东欧国家第五位，波黑更是以 0.085 的单年得分以及 0.092 的 13 年均值得分在 16 国中排名垫底，说明其国内投资经营环境存在一定的问题。在投资经营效率改善方面，虽然大多数中东欧国家近年来在该指标得分上均实现了不同程度的提高，如阿尔巴尼亚的指标得分增幅达 7.92%、斯洛文尼亚指标得分增幅为 7.84%、北马其顿指标得分增幅为 7.58%。但仍有多达 9 个国家出现了得分下滑，罗马尼亚更是以 10.04% 的降幅成为中东欧近年来该项指标下降最为明显的国家。可见，中东欧整体投资经营效率仍存在较大的优化空间，各国对于该项指标的投入力度尚待加强。具体中东欧各国投资经营效率得分及增幅见表 3.12。

表 3.12　　　　　中东欧 16 国投资经营效率指标测度结果

板块	国家	2019 年测度结果 得分	排名	2007—2019 年测度结果 得分均值	排名	增幅（%）	排名
波罗的海三国	爱沙尼亚	0.123252	1	0.121474	2	0.96	7
	立陶宛	0.110578	7	0.109841	7	-0.23	8
	拉脱维亚	0.115958	4	0.115880	5	-1.97	9
维谢格拉德集团与斯洛文尼亚	匈牙利	0.11082	6	0.118361	4	-8.91	15
	捷克	0.122652	2	0.120238	3	2.72	6
	波兰	0.108059	10	0.107308	10	3.75	5
	斯洛伐克	0.119944	3	0.123364	1	-3.40	10
	斯洛文尼亚	0.105571	11	0.103351	14	7.84	2

续表

板块	国家	2019年测度结果 得分	排名	2007—2019年测度结果 得分均值	排名	增幅（%）	排名
巴尔干半岛国家	阿尔巴尼亚	0.108283	9	0.105832	13	7.92	1
	克罗地亚	0.103158	13	0.106528	12	-7.12	12
	保加利亚	0.097955	15	0.102764	15	-4.41	11
	罗马尼亚	0.102853	14	0.109494	8	-10.04	16
	波黑	0.084765	16	0.091619	16	-8.68	14
	黑山	0.103781	12	0.110256	6	-8.01	13
	塞尔维亚	0.110459	8	0.106701	11	4.60	4
	北马其顿	0.114250	5	0.107958	9	7.58	3

第三，在金融及信息化服务水平方面，维谢格拉德集团与斯洛文尼亚板块表现同样突出，2019年，该区域五国的平均金融及信息化服务指标得分为0.156，在中东欧三大区域中稳居第一，其中波兰、匈牙利、捷克分列第一至第三位，且该三国也是16国中仅有的三个得分超过0.16的国家，金融及信息化服务水平显著优于其他国家。波罗的海三国在2019年的得分均值为0.147，在三大区域排名居中，其中拉脱维亚金融及信息化服务水平较强，其2019年得分为0.152，位列中东欧国家第四位，且2007—2019年得分均值也达到了0.140，同样在16国中排名第四位。立陶宛和爱沙尼亚表现相对稳定，2007—2019年得分均值为0.137和0.133，位列第六位和第七位，2019年得分也均超过了0.14，在中东欧国家中维持在中等偏上水平。巴尔干半岛国家依然落后于其他板块，该区域2019年各国得分均值仅为0.133，略低于其他区域得分，且域内各国得分大多处于中东欧国家末端，尤其是阿尔巴尼亚与北马其顿，2019年分别以0.116和0.113的得分排在中东欧国家的倒数第三位和第二位，而阿尔巴尼亚2007—2019年得分均值为0.083，为16国中最低。但不可否认，虽然巴尔干半岛国家整体金融及信息化服务指标得分较低，但增幅却领先于三大板块。2007—2019年，中东欧金融及信息化服务指标得分增长最快的三个国家中，有两个属于巴尔干半岛国家，且该区域各国增长率均值高达37.59%，从而表现出

了极大的优化潜能。中东欧各国金融及信息化服务水平得分及增幅具体见表 3.13。

表 3.13　　　中东欧 16 国金融及信息化服务指标测度结果

板块	国家	2019 年测度结果 得分	排名	2007—2019 年测度结果 得分均值	排名	增幅（%）	排名
波罗的海三国	爱沙尼亚	0.140972	9	0.132851	7	2.36	14
	立陶宛	0.147632	8	0.136740	6	5.03	13
	拉脱维亚	0.152487	4	0.140292	4	6.09	11
维谢格拉德集团与斯洛文尼亚	匈牙利	0.173324	2	0.156081	3	17.92	9
	捷克	0.168476	3	0.168637	1	-7.65	16
	波兰	0.179971	1	0.160629	2	33.70	5
	斯洛伐克	0.148866	7	0.122455	10	79.69	2
	斯洛文尼亚	0.110306	16	0.091841	15	39.12	4
巴尔干半岛国家	阿尔巴尼亚	0.116016	14	0.082816	16	124.62	1
	克罗地亚	0.150324	5	0.136833	5	24.72	8
	保加利亚	0.138198	10	0.116995	11	28.27	7
	罗马尼亚	0.149012	6	0.125492	8	2.00	15
	波黑	0.135696	11	0.102277	14	65.97	3
	黑山	0.130087	13	0.110891	13	31.56	6
	塞尔维亚	0.130506	12	0.124753	9	5.74	12
	北马其顿	0.113370	15	0.112226	12	17.86	10

第四，在制度供给能力方面，波罗的海三国仍然领先于中东欧其他板块，而爱沙尼亚依旧成为该项指标得分表现最为优异的国家，2019 年，爱沙尼亚制度供给能力得分为 0.172，明显高于其他国家水平，且 2007—2019 年一直占据中东欧国家第一的位置。立陶宛与拉脱维亚也分别以 0.137 与 0.132 的得分位列 2019 年中东欧国家第二与第四，同样表现出了较为完备的制度供给能力。其次是维谢格拉德集团与斯洛文尼亚板块，2019 年，该区域平均得分为 0.113，且斯洛文尼亚和捷克分别以 0.130 和 0.127 的得分排在了该年 16 国中的第五位和第六位，制度环境较为理想。巴尔干半岛国家制度供给能力在中东欧 16 国中相对

靠后，2019年，巴尔干半岛8国中，除了黑山、罗马尼亚和保加利亚三国的得分处于中上以外，其余全部位于中下，其中波黑得分最低，仅为0.059，其2007—2019年的得分均值也仅为0.075，制度供给水平亟待优化。与此同时，从动态变化来看，巴尔干半岛国家整体优化程度最高，其中阿尔巴尼亚、黑山、罗马尼亚分别以76.70%、44.84%以及30.21%的得分增幅排在了中东欧国家的前三位，而维谢格拉德集团与斯洛文尼亚板块则大多出现了制度供给的恶化，除捷克与波兰外，其余3国2019年制度供给能力指标得分较2007年均表现出了不同程度的下滑，其中匈牙利降幅为23.85%，成为了中东欧16国中制度供给能力下降第二严重的国家。中东欧各国制度供给能力得分及增幅具体见表3.14。

表3.14　　　　　中东欧16国制度供给能力指标测度结果

板块	国家	2019年测度结果 得分	排名	2007—2019年测度结果 得分均值	排名	增幅（%）	排名
波罗的海三国	爱沙尼亚	0.172237	1	0.173240	1	-3.33	11
	立陶宛	0.136676	2	0.129795	3	11.20	7
	拉脱维亚	0.132244	4	0.121127	5	11.58	5
维谢格拉德集团与斯洛文尼亚	匈牙利	0.099319	10	0.109413	9	-23.85	15
	捷克	0.126602	6	0.121114	6	5.08	10
	波兰	0.113884	9	0.117390	7	9.40	8
	斯洛伐克	0.094360	13	0.103346	11	-21.85	14
	斯洛文尼亚	0.129681	5	0.142261	2	-19.11	13
巴尔干半岛国家	阿尔巴尼亚	0.097824	12	0.103022	12	76.70	1
	克罗地亚	0.079329	15	0.095379	14	-25.92	16
	保加利亚	0.117356	8	0.098202	13	28.31	4
	罗马尼亚	0.121582	7	0.105315	10	30.21	3
	波黑	0.059050	16	0.075482	16	-13.92	12
	黑山	0.134010	3	0.123469	4	44.84	2
	塞尔维亚	0.098160	11	0.090768	15	5.41	9
	北马其顿	0.092893	14	0.111963	8	11.55	6

第五，在劳动市场环境方面，波罗的海三国总体表现在中东欧16国中依旧最为优异，2019年，该区域三国得分均值为0.053，远高于维谢格拉德集团与斯洛文尼亚板块的0.045以及巴尔干半岛国家的0.045。其中爱沙尼亚2019年劳动市场环境指标得分为0.056，虽然排在中东欧国家第二位，但在2017年之前一直保持着在该项指标的领先。拉脱维亚与立陶宛得分在中东欧国家中并列第五位，总体表现平稳，且处于中东欧中等偏上水平。在维谢格拉德集团与斯洛文尼亚板块中，匈牙利劳动力市场表现最为突出，0.052的得分使其在2019年排在中东欧国家的第四位。捷克表现同样可圈可点，虽然2019年其0.047的得分仅位于中游，但在2007—2019年的均值排名中，捷克以0.044的得分排名第三。虽然大多数巴尔干半岛国家该项指标的得分相对偏低，但阿尔巴尼亚、罗马尼亚却拥有比较优越的劳动市场环境，2019年阿尔巴尼亚得分为0.067，罗马尼亚得分为0.055，分别排在第一位和第三位，而阿尔巴尼亚2007—2019年的得分均值也达到了0.049，排在第二位。与此同时，巴尔干半岛国家在指标改善方面仍旧优于其他区域，在2007—2019年得分增幅排名中，包揽了前六名，从而给进一步缩小中东欧劳动市场环境差异，推进区位协调发展带来了积极的影响。中东欧各国劳动市场环境得分及增幅具体见表3.15。

表3.15　　　　中东欧16国劳动市场环境指标测度结果

板块	国家	2019年测度结果 得分	排名	2007—2019年测度结果 得分均值	排名	增幅（%）	排名
波罗的海三国	爱沙尼亚	0.055634	2	0.051319	1	0.84	12
	立陶宛	0.051315	5	0.037836	7	27.04	7
	拉脱维亚	0.051315	5	0.043505	4	11.44	9
维谢格拉德集团与斯洛文尼亚	匈牙利	0.052191	4	0.040966	5	6.85	10
	捷克	0.047400	8	0.044264	3	2.41	11
	波兰	0.041758	12	0.035950	11	13.07	8
	斯洛伐克	0.039319	13	0.036010	10	-20.87	15
	斯洛文尼亚	0.043106	11	0.036104	9	-3.85	14

续表

板块	国家	2019 年测度结果 得分	排名	2007—2019 年测度结果 得分均值	排名	增幅（%）	排名
巴尔干半岛国家	阿尔巴尼亚	0.067201	1	0.049008	2	61.19	2
	克罗地亚	0.026265	16	0.026309	16	-29.49	16
	保加利亚	0.045243	10	0.034203	12	45.49	4
	罗马尼亚	0.055378	3	0.033630	13	98.95	1
	波黑	0.029783	15	0.030176	14	-1.84	13
	黑山	0.048409	7	0.040224	6	36.54	5
	塞尔维亚	0.046301	9	0.027150	15	59.50	3
	北马其顿	0.038236	14	0.036581	8	32.00	6

综上所述，虽然中东欧国家整体投资便利化水平一般，但改善趋势明显，且各国便利化差异呈现出了逐步缩小的态势，这有利于区域协同优势的进一步放大，从而为中东欧市场投资潜力的释放带来积极的影响。

二 中东欧国家投资便利化水平的区位划分

从中东欧自身层面来看，无论是投资便利化综合指标还是各子系统指标，波罗的海三国的整体表现较其他区域均存在不同程度的优势，尤其是爱沙尼亚，除了金融及信息化服务水平位居中东欧国家中游外，综合指标及其他子系统指标均保持在中东欧国家前三水平，这与其自身的社会经济发展存在一定的关联。更高的经济发展水平通常意味着更健全的市场制度以及更开放的市场体系，而这正是投资便利化的直接体现。维谢格拉德集团与斯洛文尼亚板块的投资便利化水平处于中东欧国家中游，其中捷克在该区域的得分表现最为突出，不但多年综合指标得分位居中东欧国家第二位，而且其子系统指标得分也常常位居前三，市场环境优越。限于社会发展的现实差距，作为由新兴国家及发展中国家所构成的巴尔干半岛国家，其投资便利化综合水平较为落后，八国均处于中下游水平。但便利化基础不足也给予了巴尔干半岛各国更大的优化空间。通过动态比较可知，2007—2019 年，巴尔干半岛国家投资便利化得分增长率明显高于其他地区，其中阿尔巴尼亚、罗马尼亚、北马其顿更是成为中东欧16国中投资便利化环境改善最为明显的国家。

因此,基于上文投资便利化测度结果,本书将中东欧国家分为投资便利化发展成熟区、投资便利化发展优势区以及投资便利化发展潜力区,具体结果见表3.16。

表3.16　基于东道国视角的中东欧国家投资便利化水平的区位划分

区域类型	国家
投资便利化发展成熟区	爱沙尼亚、捷克、立陶宛、拉脱维亚
投资便利化发展优势区	斯洛文尼亚、波兰、斯洛伐克、匈牙利
投资便利化发展潜力区	阿尔巴尼亚、罗马尼亚、北马其顿、保加利亚、波黑、黑山、罗马尼亚、塞尔维亚

第四章

基于母国视角的中国对中东欧国家投资动机分析及区位划分

在上一章中，本书基于东道国投资便利化视角，通过构建投资便利化综合指标体系，对中东欧国家的投资环境进行了客观系统的评价。这对于优化中国对中东欧直接投资策略，提升投资经济效益具有重要的指导意义。与此同时，对外直接投资的区位选择不但取决于东道国的便利化水平，也与母国企业的投资动机有着十分紧密的联系。投资动机就是母国企业开展对外直接投资的目的。胡博和李凌（2008）曾指出，对外直接投资的区位选择是由跨国企业的经营动机所决定的，不同的经营动机以及多项动机的组合使企业可依据各国的具体禀赋现状做出相异的投资区位选择。可见，投资区位选择在一定程度上反映了东道国区位优势与母国投资动机的匹配水平，而进一步明确东道国对于吸引中国资本的核心因素，将有利于不同区域投资决策的差异化区分，在提升中国企业与中东欧市场对接能效的同时，也为中国对中东欧直接投资区位布局提供了一条新的解释途径，从而以更加多元的视角，完善了中国对中东欧直接投资区位选择的经验支撑。鉴于此，本章从投资动机与区位选择的作用机制关系入手，在明确了中国对外直接投资动机类型的基础上，通过实证分析科学验证中国对中东欧国家投资动机的影响方向，并利用灰色关联度分析方法，量化中国对不同中东欧国家的投资动机偏好，以期为优化中国对中东欧直接投资的战略选择框架给予合理的经验参考。

第一节 对外直接投资动机与区位
选择的作用机制关系

对于一国对外直接投资动机的分类，当前学界尚没有统一的结论。日本学者小岛清认为，由于对外直接投资是资本、信息、技术以及管理经验等"一揽子要素"的转移，因此一国的对外直接投资动机应分为市场导向型、自然资源导向型与生产要素导向型（小岛清，1978）。而英国学者邓宁通过对跨国企业的调查，将对外直接投资的动机归纳为了四种类型，即市场寻求型、效率寻求型、资源寻求型以及战略资产寻求型（邓宁，1981）。但联合国贸发会议调查结果及部分国内外学者对中国对外直接投资的相关研究结论显示，以效率寻求为目的的投资并不是中国资本"进军"海外的主要动机，这可能是因为中国企业尚未形成全球化生产网络，并且本土生产成本较低。此外，随着国际上针对中国的贸易壁垒逐渐增多，许多学者还提出了规避贸易壁垒型的投资动机，即通过在目标国或第三国投资建厂，从而达到避免目标市场对中国企业产品出口的限制（杜凯、周勤，2010）。基于前人研究结论，本书将集中考察市场寻求型、资源寻求型、技术寻求型以及规避贸易壁垒型这四类对外直接投资动机对于中国资本布局海外的作用与影响，从而以更完备的投资路线理论指导中国对中东欧区位选择效率的优化提升。

一 市场寻求型对外直接投资的区位选择

在对外直接投资理论中，东道国市场规模一直被认为是影响OFDI区位选择的核心决定力量。在前文中所介绍的邓宁折中理论所强调的东道国投资区位优势中，市场规模和特性被给予了相当的重视，而在克鲁格曼所倡导的新贸易理论中，也提到了在不完全竞争的环境中，投资不但由源于内部能力的内部经济所驱动，而且也受到源于聚集效应的外部经济的影响，其中外部经济就取决于市场规模的大小。可见，随着母国市场的相对饱和，企业通过开展对外直接投资在国际市场中寻求有力的外部支撑已成为弥补国内需求不足、扩大利润回报的重要途径，而具备更大规模的东道国市场往往拥有更旺盛的消费需求，这显然更加符合企业开辟市场渠道的战略发展目标，其在拓展自身经营范围的同时，也为产业结构调整创造了更大的外部空间。近年来，随着中国经济的快速发展，许多传统产业已步入产品生命周期的后期，国内市场需求的不断下降以及产能过剩现象的逐步凸显使得国内企业的经营发展面临着极大的威胁。为了探寻新的生存之路，越来越多兼具实力及条件的中国企业开始布局境外市场，不断扩大自身国际市场份额、完善全球化经营网络，在市场寻求动机的驱使下，对于具备市场规模的东道国投资额不断增加。《2019年度中国对外直接投资统计公报》数据显示，如商品服务业、制造业、批发零售业等在内的市场依赖性行业在中国对外直接投资存量中占比达六成以上，而这些行业对外直接投资的区位选择通常也更加倾向于经济规模较大的国家。这不但反映了市场寻求型对外直接投资在中国的重要地位，而且体现了区位市场规模对于市场寻求动机投资的拉动效应，从而为中国市场寻求型对外直接投资的区位选择提供了有效的借鉴依据。

二　资源寻求型对外直接投资的区位选择

自然资源寻求型对外直接投资就是以寻求海外自然资源为目的的国际直接投资行为。充足的资源供应是一国经济发展的前提与基础，如果一味依赖进口途径获取国内生产所必需的要素资源不但会使企业面临国际市场价格波动的风险，而且也无法保障资源供应的持续稳定，从而给一国的经济安全造成极大的威胁。为了弥补过度依赖资源进口所带来的弊端，许多国家通过对外直接投资在海外建立资源供应基地，不仅实现了国外资源对国内资源禀赋不足的有效补充，降低了稀缺资源对生产的限制，而且通过内部化方式实现了资源定价的转移，在降低了国际原料市场供需变化所带来的价格波动的同时，也有效减少了国内资源的获取成本，从而使企业的经营效益得到了显著改善。同样，资源寻求型对外直接投资也是在经济全球化背景下中国企业"走出去"的重要组成部分。中国经济的快速崛起增加了对自然资源的需求，而国内人均资源占有量偏低。这一方面激化了国内资源的供求矛盾，另一方面也打破了原有世界资源的分配格局。为了突破资源供应的瓶颈约束，中国企业以寻求自然资源为目的的对外直接投资额不断增加，商务部公布数据显示，截至2008年年底，中国采矿业对外直接投资存量为228.7亿美元，而截至2022年年底，这一数字上升至2101.3亿美元，增幅高达818.8%，在各行业中排名第五位。可见，在资源争夺日益激烈的国际环境下，通过不断参与东道国资源的开发与生产，中国对于战略资源的控制能力将进一步增强，在有效缓解国内资源短缺的同时，也全面带动了上游开采设备制造业以及下游制成品产业的发展，为国内产业的转型升级注入了活力。而在区位选择方面，唐绍祥提出，东道国资源禀赋对于中国直接投资表现出了较强的吸引力（唐绍祥，2012）。宋勇超也认为，由于中国矿产及能源短缺现象日益加剧，因此资源导向型对外直接投资在中国投资总额中比重较大，而东道国资源的充裕程度是该类投资的重点考虑因素（宋勇超，2013）。同时，李磊和郑昭阳的研究结果还表明，中国的OFDI具有较强的资源寻求特征，而这一特质在发展中国家的表现尤为明显（李磊、郑昭阳，2012）。这一方面是由于发展中国家大多资金相对紧张，因而对于外资具有更强的需求；另一方面，中国资源寻求型的投资主体以大型国有企业为主，投资并不完全以利润最大化为目的，而对于发展中国家的资源类投资可能具有一定的对外援助性质，这种立足于非经济因素的考量也为中国资源寻求动机的投资区位选择提供了一条新的解释途径。

三 技术寻求型对外直接投资的区位选择

对于技术寻求型对外直接投资，中国学者曾对其概念进行了总结，即以获取东道国的智力、信息要素资源为目的，以并购或新建境外研发机构为途径，以强化企业自身技术竞争力为宗旨的跨境资本输出行为（杜群阳、朱勤国，2004）。依托于技术的反向外溢效应，母国企业通过对外直接投资实现了对于海外技术资源的接近与获取，并在海外分支机构的协调与传递作用下，逐步形成了知识的回流与扩散机制，从而在巩固了母国企业技术基础的同时，增强了其自主创新效率，因此成为当今企业提升核心竞争力的重要手段。由于技术寻求对外直接投资是建立在技术差异前提之上的，因此大多数母国企业作为技术的追随者，其区位选择更倾向于具有技术优势的东道国，且往往表现为发展中国家企业向发达国家的直接投资，其通过对现有技术的学习与吸收，进一步缩小与东道国技术领导者的垂直技术差距，从而加快占领相关领域的技术前沿。同时，作为技术领导者来说，通过技术寻求对外直接投资也有利于企业掌握技术发展以及技术人才信息，以保证自身的技术创新水平并维持技术差异，从而巩固并强化技术的领先优势，这类投资则通常表现为发达国家间的投资往来。对于中国企业来说，虽然以技术寻求为动机的对外直接投资起步较晚，且金额占比不高，但总体发展却十分迅速。虽然限于统计的不完备性，中国尚没有针对技术寻求型投资的具体数据，但通过"信息传输、计算机服务和软件业"以及"科学研究、技术服务和地质勘察业"这两个与技术寻求高度相关的投资数据可以看出，中国技术寻求型直接投资近年来实现了快速增长，2008—2022 年，中国这两个行业的对外直接投资流量增幅分别高达 463.3% 以及 2735.3%，远高于总体对外直接投资增幅 191.8%，表现出了十分强劲的发展活力，而自身技术水平的相对滞后也使得中国技术寻求资本主要集中于经济与科技水平领先的发达国家，这不仅有助于与技术溢出源及领先者建立更加紧密的联系，并且产业的相对聚集也更有利于技术协同效率的提升，从而进一步加快企业技术发展的步伐。

四　规避贸易壁垒型对外直接投资的区位选择

规避贸易壁垒型对外直接投资通常是指为了绕开东道国所设置的关税与非关税所进行的对外直接投资行为，其实质是一种应对以贸易保护政策为主的东道国排他性行为所开展的投资。许多有关国际贸易的文献表明，贸易保护与对外直接投资之间存在显著的互动关系（Belderbos，1995；Blonigen，Feenstra，1997；张菀洺，2007；等等），较高的贸易壁垒将提高企业的出口成本，也将给予母国企业以更大的动力通过对外直接投资。而在区位选择方面，基于贸易壁垒规避动机的直接投资通常倾向于具有较高贸易限制且作为企业目标产品的主要消费国以及可享受原产地规则优惠的第三国，这既包含了具有市场与技术优势的发达国家，又涵盖了贸易结构相近、与发达国家存在贸易协定且生产成本低廉的发展中国家。发展中国家布局发达国家可使母国企业将市场开拓与海外投资有机结合，在促进其生产分工国际化的同时，也有利于其产品技术竞争力的提升，这是其有效应对发达国家贸易壁垒的根本途径。而通过"绕道"第三国，不但实现了出口壁垒的有效规避，而且也有利于要素投入成本的降低，因此成为了跨国企业提高投资效率的合理选择。而作为发展中国家的贸易大国，中国一直是国际贸易壁垒的最大受害者，特别是在当前逆全球化思潮不断升温的国际背景下，中国出口将面临前所未有的阻力。为了降低贸易壁垒给中国带来的负面影响，只有全面优化投资可行路径、综合考量区位决策，才能有效突破国际贸易中的壁垒封锁，从而为完善中国企业海外营销战略、提升其整体经济效益提供合理的方向指引。

第二节　中国对中东欧直接投资的动机因素影响效果分析

以前文的投资动机与区位选择关系为依据，本节将从实证角度入手，对2007—2019年中国向中东欧16国直接投资的总体状况与各动机因素进行面板分析，在验证各投资动机对于中国直接投资区位选择引导方向的同时，判断不同动机对投资规模的作用显著性，在整体层面量化中国对中东欧直接投资的动因影响，从而为中国企业"扬帆"中东欧提供经验支持。

一　变量的选取与数据的来源

（一）被解释变量

本书选取了2007—2019年中国对中东欧16国的对外直接投资存量 $OFDI_{it}$ 为被解释变量。与对外直接投资的流量相比，存量数据更具稳定性，并且能够更好地反映其对于经济社会发展的影响，因此，模型选取了中国对样本国（地区）的对外直接投资存量 $OFDI_{it}$ 作为被解释变量。其中 t 表示相应的年份，而 i 表示中国对外直接投资的中东欧国家，数据来源于历年的《中国对外直接投资统计公报》。

(二) 核心解释变量

第一，本书选取了东道国国内生产总值 GDP_{it} 作为衡量该国市场规模的代理变量。由于国内生产总值 GDP_{it} 既反映了一国的经济规模，又体现了一国的人口规模，因此更高的国内生产总值水平通常体现了一国更大的市场容纳力与发展潜力，这是对于东道国购买力水平的良好测度，也是其吸引中国开展市场寻求型直接投资的关键因素（巴克利和克莱格，2009）。鉴于此，本书预测东道国国内生产总值 GDP_{it} 对于中国对外直接投资将产生正向影响，该数据来源于世界银行的 WDI 数据库。

第二，本书沿袭了罗伯特·巴罗关于自然资源禀赋的衡量方法，用东道国燃料、矿石和金属出口占该国出口总额的比重 RES_{it} 来反映该国的资源密集度。更高的资源禀赋水平将给予企业更稳定的要素供给以及更低廉的获取成本，因此对于中国自然资源寻求型对外直接投资将产生更大的吸引力（宋林等，2017）。基于此，本书预测该变量与中国对外直接投资水平正相关，数据来源于世界银行的 WDI 数据库。

第三，东道国高科技出口占制成品出口的比重 HTE_{it} 是反映一国创新能力与技术禀赋的关键指标。东道国先进的技术能力通常对于新兴市场国家有着显著的吸引力，特别是对于中国这样一个转型升级诉求强烈的国家来说，通过开展技术寻求对外直接投资，将有利于东道国技术向中国的"回流"，这不但为中国创新能力的提升提供了重要的技术来源，而且为中国产业在全球价值链中的跃升开辟了一条便捷的途径。因此，本书将东道国高科技出口占制成品出口的比重 HTE_{it} 作为考察东道国技术水平与中国技术寻求型对外直接投资关系的核心解释变量，且预测该变量对中国的直接投资具有正向影响。该数据同样来源于世界银行的 WDI 数据库。

第四，对于贸易壁垒程度的度量，本书选取了东道国加权平均关税水平 $TARIFF_{it}$ 加以衡量。东道国加权平均关税水平较为直观地反映出了中国对其出口的成本，较高的关税水平不但压缩了中国企业的利润水平，而且削弱了中国产品在东道国市场的竞争优势，因此也是阻碍中国产品进入并占领东道国市场的重要因素。出于贸易壁垒的规避动机，中国企业通过开展对外直接投资，可有效跨越东道国所设置的外部障碍，从而实现对于贸易高成本的合理替代。根据以上论述，本书预测东道国加权平均关税水平 $TARIFF_{it}$ 均与中国的对外直接投资负相关，东道国加权平均关税水平数据来源于世贸组织历年发布的《世界关税概况》（World Tariff Profiles）。

（三）控制变量

第一，距离成本 DIS_{it} 是影响国际资本流动的关键因素。在国际化理论中，企业对外直接投资通常倾向于地理上更为接近的国家或地区。这一方面是由于相近的地理位置有利于形成相似的文化背景，因此有助于母国企业在东道国经营活动的顺利开展；另一方面，相近的地理位置也可节省母国与东道国间的要素流动成本，因此有助于投资企业经营效益的提升。需要注意的是，如果仅以不变的地理距离作为变量引入面板模型中，不但固定效应无法被有效识别，而且由能源价格变化所引起的距离成本变化也无法客观体现。为了弥补以上缺陷，本书借鉴了蒋殿春和张庆昌的方法，用双边地理距离与国际油价的乘积代表距离成本（蒋殿春、张庆昌，2011），其中双边地理距离取自 GEOBYTES 数据库，国际油价数据取自国际货币基金组织（IMF），本书预测距离成本与中国对外直接投资水平负相关。

第二，与东道国签订的双边投资协定 BIT_{it} 是影响中国企业对外直接投资方向的重要政策因素。双边投资协定的签订不仅给予了国际投资者有别于东道国投资者的权益，使得国际外投资者在面临经营纠纷时可以依托更加完善的机制进行调节，尽可能使自身的利益免受损失，而且协定通常也赋予了海外投资者更加自由的营商环境与更为便利的程序环节，因此有利于激发协定双方投资热情，对于中国加大向东道国投资力度具有十分积极的影响。本书将双边投资协定 BIT_{it} 设定为虚拟变量，即在时期 t 与东道国 i 签订了投资协定，则取值为 1，反之为 0。此外，考虑到协定的效果在一定程度上存在滞后性，假如签订期为当年的 6 月之后，则当年取值为 0，下一年为 1，如签订期在 6 月之前，则当年取值即为 1。与东道国签订的双边投资协定资料来源于中国商务部网站。

第三，东道国通货膨胀率 INF_{it} 不但表现了该国市场经济的稳定程度，而且也影响着母国企业在该国投资成本与收益的波动。依据购买力平价理论，东道国较高的通货膨胀水平将推动该国货币趋于贬值，这也将直接造成外资企业实际收益的降低与经营利润的缩水，在降低了自身投资热情的同时，更对其他母国投资者的信心造成了负面示范效应。此外，较高的通货膨胀率也使得市场价格调节机制的作用受到削弱，这极易造成市场参与者做出错误的判断与决策，在扭曲了社会产品需求的同时，也使得外资企业的经营成本及套期保值成本骤增，因此，本书预测东道国通货膨胀率 INF_{it} 与中国对外直接投资水平负相关，其中，东道国通货膨胀率以消费者价格指数衡量，数据来源于世界银行的 WDI 数据库。

综上所述，中国对中东欧直接投资的动机因素、控制变量的选取以及各变量指标的预期影响方向见表 4.1。

表 4.1　　影响中国对中东欧直接投资的动机因素、控制变量以及各变量指标的预期影响方向

变量指标	指标含义	预期影响方向	数据来源	理论依据
$OFDI_{it}$	中国对东道国对外直接投资存量		历年的《中国对外直接投资统计公报》	作为因变量衡量了中国对中东欧各国的直接投资的变化与水平
GDP_{it}	东道国国内生产总值	+	世界银行的 WDI 数据库	东道国经济发展水平与总体市场规模
RES_{it}	东道国燃料、矿石和金属出口占该国出口总额的比重	+	世界银行的 WDI 数据库	东道国自然资源禀赋

续表

变量指标	指标含义	预期影响方向	数据来源	理论依据
HTE_{it}	东道国高科技出口占制成品出口的比重	+	世界银行的 WDI 数据库	东道国创新能力与技术禀赋
$TARIFF_{it}$	东道国对我国的加权平均关税水平	−	世贸组织历年发布的《世界关税概况》(World Tariff Profiles)	中国对东道国的出口贸易成本
DIS_{it}	双边地理距离与国际油价的乘积	−	GEOBYTES 数据库、国际货币基金组织（IMF）	反映了中国与东道国间的要素流动成本
BIT_{it}	中国与东道国之间是否已经签订了双边投资协定	+	中华人民共和国商务部网站	给予了中国投资者在东道国市场更有力的权益保护以及更自由便利的营商环境
INF_{it}	东道国通货膨胀率	−	世界银行的 WDI 数据库	反映了东道国经济的稳定程度

二 模型的设定

根据前文所选取的变量与相应的方向预测，设定模型形式如下：

$$OFDI_{it} = F(MV, CV) \tag{4.1}$$

其中，$OFDI_{it}$为被解释变量，即中国对中东欧各国的直接投资存量。MV为动因变量，即上文中选取的核心变量，包括东道国市场规模变量GDP_{it}（东道国国内生产总值）、东道国自然资源禀赋变量RES_{it}（东道国燃料、矿石和金属出口占该国出口总额的比重）、东道国技术水平变量HTE_{it}（东道国高科技出口占制成品出口的百分比）、东道国贸易壁垒变量$TARIFF_{it}$（东道国对我国的加权平均关税水平）；CV为控制变量，包括距

离成本变量 DIS_{it}（双边地理距离与国际油价的乘积）、双边投资协定虚拟变量 BIT_{it}（中国与东道国之间是否已经签订了双边投资协定）以及东道国经济的稳定程度变量 INF_{it}（东道国通货膨胀率）。

为了降低由不同单位量级所造成的取值差异以及简化参数的估计，本书对对外直接投资存量 $OFDI_{it}$、东道国国内生产总值 GDP_{it} 以及双边地理距离与国际油价的乘积 DIS_{it} 进行了对数处理，同时由于东道国燃料、矿石和金属出口占该国出口总额的比重 RES_{it}、东道国高科技出口占制成品出口的比重 HTE_{it} 以及东道国加权平均关税水平 $TARIFF_{it}$ 已经是百分比形式，为了避免负值出现，仍采用非自然对数的形式。而双边投资协定 BIT_{it} 为虚拟变量，东道国通货膨胀率 INF_{it} 可能涉及负数，无法进行对数处理，因此也依旧保留原来形式。基于以上因素，本书构建了如下多元线性回归模型：

$$\ln OFDI_{it} = \delta_0 + \delta_1 \ln GDP_{it} + \delta_2 \ln RES_{it} + \delta_3 \ln HTE_{it} +$$
$$\delta_4 \ln TARIFF_{it} + \delta_5 \ln DIS_{it} + \delta_6 BIT_{it} + \delta_7 INF_{it} + \varepsilon_{it} \quad (4.2)$$

其中，i 表示不同的东道国，t 表示不同时间，ε_{it} 为随机扰动项。为了充分显示不同核心变量对于中国向中东欧直接投资的作用程度与方向，本书将在保留多个控制变量的基础上，分别将不同核心变量放入模型中，在单独衡量各变量影响效果的同时，再通过将所有变量放入模型中，综合考察在不同回归过程中各核心变量及模型的显著性差异与变化，从而实现对于代理变量解释力度的检验以及不同投资动机存在性的判断。

三 实证检验及结果分析

为了避免因多重共线性所造成的误差，本书对各自变量之间的相关系数进行了测算（见表4.2），从表4.2可以看出，绝大部分解释变量间的相关系数绝对值低于0.5，表现出了良好的独立性，因此数据适合进行实证分析。

表 4.2　变量的相关系数矩阵及统计特征

变量	$\ln OFDI_{it}$	$\ln GDP_{it}$	$\ln RES_{it}$	$\ln HTE_{it}$	$\ln TARIFF_{it}$	$\ln DIS_{it}$	BIT_{it}	INF_{it}
$\ln OFDI_{it}$	1	0.773062	−0.415849	0.281552	0.385999	−0.127499	0.447265	−0.190955
$\ln GDP_{it}$	0.773062	1	−0.631868	0.351442	0.654427	−0.035070	0.510380	−0.003710
$\ln RES_{it}$	−0.415849	−0.631868	1	−0.217586	−0.424535	0.157788	−0.473284	0.076464
$\ln HTE_{it}$	0.281552	0.351442	−0.217586	1	0.430960	−0.132417	0.059931	−0.040907
$\ln TARIFF_{it}$	0.385999	0.654427	−0.424535	0.430960	1	−0.002512	0.375093	0.257922
$\ln DIS_{it}$	−0.127499	−0.035070	0.157788	−0.132417	−0.002512	1	0.042260	0.345089
BIT_{it}	0.447265	0.510380	−0.473284	0.059931	0.375093	0.042260	1	−0.008007
INF_{it}	−0.190955	−0.003710	0.076464	−0.040907	0.257922	0.345089	−0.008007	1
均值	7.342566	6.052892	0.156156	0.097687	0.042055	13.21440	0.812500	0.027071
中位数	6.974175	6.052906	0.112869	0.087904	0.049300	13.20179	1.000000	0.022220
最大值	10.95275	8.650855	0.702976	0.267278	0.072400	13.66508	1.000000	0.154023
最小值	2.995732	3.575398	0.029362	0.000447	0.006700	12.56776	0.000000	−0.015448
标准差	2.209202	1.196079	0.134719	0.060536	0.018699	0.302820	0.391254	0.027157

在估算方法的设定方面，面板数据常用的方法有随机效应以及固定效应。本书首先通过 Hausman 检验，发现原假设被拒绝，无法采用随机效应模型。而在运用固定效应进行回归分析时，模型出现了"近似奇异矩阵"，因此本书最终采用了广义最小二乘法（Generalized least squared，GLS）对数据进行了回归。GLS 是一种运用迭代的松弛算法对线性最小二乘估计的改进，由于 GLS 在估计的过程中，实现了对于变量自相关性以及横截面数据异方差的修正，并且对东道国的内部及相互影响进行了加权平均，使得模型的准确性得到了提高，因而相较于普通线性回归更为有效（Rothaermel et al., 2006）。

依据上文对于模型形式的设定，本部分将从单个与整体角度分别考察不同动机因素对于中国向中东欧直接投资的影响方向及效果，从而为之后测算各投资动机与不同区位的紧密程度提供前期基础。具体实证结果见表 4.3。

表 4.3　不同投资动机变量对中国向中东欧各国直接投资的影响（广义最小二乘法）

		被解释变量 $lnOFDI_{it}$				
		模型 1	模型 2	模型 3	模型 4	模型 5
常数项		3.578105 *** (3.578105)	11.73258 *** (7.753064)	10.59454 *** (7.047899)	9.805123 *** (6.660698)	4.733939 ***
核心解释变量	$\ln GDP_{it}$	1.354398 *** (60.16444)	—	—	—	1.688423 *** (56.48544)
	RES_{it}	—	4.179381 *** (14.98959)	—	—	3.020354 *** (13.65663)
	HTE_{it}	—	—	8.802676 *** (16.39503)	—	1.877062 *** (4.482)
	$TARIFF_{it}$	—	—	—	39.04265 *** (20.44402)	20.49848 *** (11.57421)

续表

		被解释变量 $\ln OFDI_{it}$				
		模型1	模型2	模型3	模型4	模型5
控制变量	$\ln DIS_{it}$	-0.332397*** (-4.075390)	-0.377591*** (-3.242071)	-0.435703*** (-3.815636)	-0.380310*** (-3.398947)	-0.585221*** (-7.340014)
	BIT_{it}	0.415363*** (6.032411)	1.897630*** (19.94581)	2.450994*** (29.73179)	1.826437*** (20.79336)	0.746820*** (10.84307)
	INF_{it}	-13.98603*** (-15.42471)	-12.38833*** (-9.714988)	-12.77229*** (-10.12432)	-20.79404*** (-16.00922)	-10.25439*** (-10.9626)
	R-squared	0.638412	0.284540	0.299654	0.327691	0.671046
	Adjusted R-squared	0.636335	0.280431	0.295632	0.323830	0.668857
	F-statistic	307.3967	69.24213	74.49384	84.86100	306.4551

注：***、**及*分别表示统计结果在1%、5%以及10%水平下显著,括号中的数值为t统计量。

在表4.3中,模型1至模型5分别检验了不同投资动机因素对中国向中东欧直接投资的单独及综合影响。由模型1与模型5可见,东道国市场规模代理变量 GDP_{it}（东道国国内生产总值）无论在单独回归中,还是在共同的估计下,其系数均在1%水平上对中国直接投资存量产生了显著的正向影响,这表明中国对中东欧直接投资具有明显的市场寻求倾向。而通过模型2与模型5的结果,我们可以发现,资源寻求动机的代理变量 RES_{it}（东道国燃料、矿石和金属出口占该国出口总额的比重）的回归系数分别达到了4.179381以及3.020354,在1%水平上实现了统计显著,表明了中国对中东欧具有明显的资源寻求投资动机,从而支持了前文的预期。同时,通过对比模型3与模型5,我们可以直观地看到,反映东道国技术水平的变量 HTE_{it}（东道国高科技出口占制成品出口的百分比）与中国对东道国投资规模正相关,且回归系数在1%水平通过了显著性检验，因此表明了中国中东欧国家的技术寻求动机。此外，衡量贸易壁垒强度的加权平均关税水平 $TARIFF_{it}$ 也在模型4与模型5中与中国对东道国的直接投资水平在1%水平下显著正相关，从而进一步证明了中国资本对于规避中东欧贸易障碍的投资动机。

四 稳定性检验

为了确保核心解释变量系数估计结果的稳健性，一方面，上文对各核心变量分别进行了单独回归以及对总体变量进行了综合回归。结果显示，所有核心变量在不同模型中均表现出了显著性与符号的一致性，从而体现了各动机因素良好的稳定性。另一方面，考虑到估计方法对于估计结果的影响，本书采用了混合效应模型重新对各变量进行回归。从表4.4可见，利用混合效应模型所得到的参数估计与GLS模型结论基本保持了一致，因此进一步表明了估计结果的客观有效性。

表4.4 不同投资动机变量对中国向中东欧各国直接投资的影响（混合效应模型）

解释变量		被解释变量 $lnOFDI_{it}$				
		模型1	模型2	模型3	模型4	模型5
常数项		3.578105 (0.819593)	11.73258* (1.920608)	10.59454* (1.745922)	9.805123 (1.650004)	4.733939
核心变量	$lnGDP_{it}$	1.354398*** (14.90408)	—	—	—	1.688423*** (13.89523)
	RES_{it}	—	3.886122** (3.443578)	—	—	3.020354*** (3.359486)
	HTE_{it}	—	—	8.802676* (4.061417)	—	1.877062 (1.102557)
	$TARIFF_{it}$	—	—	—	39.04265*** (5.064441)	20.49848*** (2.847217)

续表

解释变量		被解释变量 $\ln OFDI_{it}$				
		模型 1	模型 2	模型 3	模型 4	模型 5
控制变量	$\ln DIS_{it}$	-0.332397 (-1.009565)	-0.377591 (-0.803133)	-0.435703 (-0.945218)	-0.380310 (-0.841995)	-0.585221 * (-1.805619)
	BIT_{it}	0.415363 (1.494363)	1.89763 *** (4.941025)	2.450994 *** (7.365231)	1.826437 *** (5.15098)	0.74682 *** (2.667358)
	INF_{it}	-13.98603 *** (-3.821046)	-12.38833 ** (-2.40662)	-12.77229 ** (-2.508022)	-20.79404 *** (-3.965843)	-10.25439 *** (-2.696764)
	R-squared	0.638412	0.28454	0.299654	0.327691	0.671046
	Adjusted R-squared	0.631287	0.270443	0.285855	0.314444	0.659533
	F-statistic	89.60317	20.18341	21.71423	24.73616	58.28408

注：***、** 及 * 分别表示统计结果在 1%、5% 以及 10% 水平下显著，括号中的数值为 t 统计量。

前文的回归结果一方面科学地验证了中国对中东欧四大投资动因的存在性，另一方面也有效地反映了代理指标变量选取的合理性，从而为下一步在国别层面上探索对外直接投资动因与中国在中东欧区位选择的关联程度奠定了前期分析基础。

第三节　基于灰色关联度分析法衡量中国对中东欧国家直接投资偏好及区位划分

在客观世界中存在不同的系统，而这些系统往往由多种因素构成。不同系统的因素之间有时具有一定的互动性，但在表面随机现象的干扰下，如果人们仅凭直觉判断，通常无法有效把握因素间的内在关联，那么在分析、预测以及解决问题时，就会难以提取系统中的主要矛盾，不易形成明确有效的结论与概念。

灰色关联分析就是对于系统发展态势的一种定量描述与比较方法。它反映了在系统发展过程中因素之间的相对变化情况，即衡量了变化程度、方向与速度等指标的相对性。若因素间的变化趋势存在一致性，则认为其同步性较高，也就是因素间的关联程度较高；反之，则说明因素间的关联程度较低。因此，灰色关联分析的基本思想就是在一系列灰色关联度测算方法的基础上，计算出参考数列与对比数列之间的关联度，并将结果由大至小依次排列，从而得到数列关系的紧密程度。

在方法的运用上，灰色关联度分析法对于数据并没有苛刻的限制与要求，只要样本在不同年份存在数据即可，并且相较于数理统计中的方差分析、回归分析、主成分分析以及相对分析等方法，灰色关联度分析所构建的模型属于非函数形式序列模型，不但不要求数列符合正态分布，而且计算过程更为简便。基于灰色关联度分析的模型效果及其在计算与数据方面的优势，本书选取该方法对上文中总结的不同投资动机因素与中国对中东欧各国直接投资的关联度进行衡量，以此在国别层面上判断中国对于不同中东欧国家的投资倾向，从投资动机角度为中国对中东欧直接投资区位选择的优化提供经验参考。

一　灰色关联度计算步骤与计算结果

采用灰色关联度方法开展实证分析的具体计算步骤如下：

（1）确定参考序列与比较序列

所谓参考序列就是反映系统行为特征的序列，而比较序列为影响系统行为的序列，上文中已经对所需研究的被解释变量以及核心解释变量进行了说明，其中解释变量为中国对中东欧各国的对外直接投资存量，而核心变量为不同投资动机下的各代理变量。本书将被解释变量的数据序列作为参考序列，将上文四个核心变量的数据序列作为比较序列，式（4.3）为各序列所构成的矩阵形式：

$$(X'_0, X'_1, \cdots, X'_n) = \begin{bmatrix} X'_0(1) & X'_1(1) & \cdots & X'_n(1) \\ X'_0(2) & X'_1(2) & \cdots & X'_n(2) \\ \cdots & \cdots & \cdots & \cdots \\ X'_0(m) & X'_1(m) & \cdots & X'_n(m) \end{bmatrix}_{m \times (n+1)}$$

(4.3)

（2）对各序列进行无量纲化处理

由于数据在统计单位上存在差异，因此为了便于不同变量间的比较，以及在对比时可以得到正确的结论，纲量不同的数据就必须进行无量纲化处理。本书采用了极值化法对各序列进行了无量纲化处理，处理过程如下：

$$Y'_i(k) = \frac{X'_i(k) - \min[X'_i(k)]}{\max[X'_i(k)] - \min[X'_i(k)]}, i = 1, 2, \cdots, n; k = 1, 2, \cdots, m$$

(4.4)

根据式（4.4），我们可以将矩阵式（4.3）转化为：

$$(Y'_0, Y'_1, \cdots, Y'_n) = \begin{bmatrix} Y'_0(1) & Y'_1(1) & \cdots & Y'_n(1) \\ Y'_0(2) & Y'_1(2) & \cdots & Y'_n(2) \\ \cdots & \cdots & \cdots & \cdots \\ Y'_0(m) & Y'_1(m) & \cdots & Y'_n(m) \end{bmatrix}_{m \times (n+1)}$$

(4.5)

（3）计算最大差与最小差

第一，计算各序列与初始序列数值的差值：

$$\Delta_{oi}(k) = |Y'_0(K) - Y'_i(K)|, i = 0, 1, 2, \cdots, n; k = 1, 2, \cdots, m$$

(4.6)

第二，将差值归纳为一个矩阵，如式（4.7）所示：

$$\begin{bmatrix} \Delta_{01}(1) & \Delta_{02}(1) & \cdots & \Delta_{0n}(1) \\ \Delta_{01}(2) & \Delta_{02}(2) & \cdots & \Delta_{0n}(2) \\ \cdots & \cdots & \cdots & \cdots \\ \Delta_{01}(m) & \Delta_{02}(m) & \cdots & \Delta_{0n}(m) \end{bmatrix}_{m \times n}$$

(4.7)

第三，取矩阵中的最大值与最小值，其数值分别对应了最大差与最小差：

$$\Delta(\max) = \max_{\substack{1 \leq i \leq n \\ 1 \leq k \leq m}} \{\Delta_{0i}(k)\}; \Delta(\min) = \min_{\substack{1 \leq i \leq n \\ 1 \leq k \leq m}} \{\Delta_{0i}(k)\} \quad (4.8)$$

（4）计算关联系数

通过参考序列与对比序列所构成曲线之间的距离，我们可以求得相应的关联程度指标，即：

$$\lambda_{0i}(k) = \frac{\Delta(\min) + \rho\Delta(\max)}{\Delta_{0i}(k) + \rho\Delta(\max)}, 0 < \rho < 1 \quad (4.9)$$

其中 ρ 为分辨系数，ρ 的值越小，代表分辨力度越大，一般情况下 ρ 的取值范围为（0，1），而具体的取值通常视情况而定。由于当 $\rho \leq 0.5463$ 时，分辨力度往往较佳，因此在这里我们取值 $\rho = 0.5$。由式（4.9）可以得到下列关联系数矩阵：

$$\begin{bmatrix} \lambda_{01}(1) & \lambda_{02}(1) & \cdots & \lambda_{0n}(1) \\ \lambda_{01}(2) & \lambda_{02}(2) & \cdots & \lambda_{0n}(2) \\ \cdots & \cdots & \cdots & \cdots \\ \lambda_{01}(m) & \lambda_{02}(m) & \cdots & \lambda_{0n}(m) \end{bmatrix}_{m \times n} \quad (4.10)$$

（5）对关联系数的排序

根据上一步所计算出的相关系数 λ，将其重新排列并计算出各个时间点各类相关系数的平均值：

$$r_{0i} = \frac{\sum_{k=1}^{m} \lambda_{0i}(m)}{m} \quad (4.11)$$

其中 r_{0i} 就是各解释变量所对应的关联度，由此可以得到新的矩阵：

$$r = (r_{01}, r_{02}, \cdots, r_{0n}) \quad (4.12)$$

最后根据关联度数值便可对系统进行相关因素的分析。

根据以上计算步骤，我们对影响中国向中东欧直接投资的动机因素以及投资存量间的关联度进行了测算（见表4.5），得到了以下结果：

表 4.5　　　　　　　　　灰色关联度计算结果

国家	GDP	RES	HTE	TARIFF
爱沙尼亚	0.672	0.56	0.557	0.495
立陶宛	0.725	0.503	0.741	0.549
拉脱维亚	0.643	0.545	0.675	0.515
匈牙利	0.627	0.679	0.518	0.553
捷克	0.735	0.518	0.724	0.663
波兰	0.905	0.502	0.666	0.576
斯洛伐克	0.738	0.505	0.796	0.538
斯洛文尼亚	0.755	0.554	0.586	0.768
阿尔巴尼亚	0.727	0.571	0.571	0.529
克罗地亚	0.744	0.519	0.564	0.807
保加利亚	0.74	0.497	0.718	0.616
罗马尼亚	0.817	0.519	0.698	0.502
波黑	0.799	0.536	0.651	0.685
黑山	0.762	0.574	0.562	0.662
塞尔维亚	0.754	—	—	0.457
北马其顿	0.634	0.562	0.536	0.642

注：因塞尔维亚数据存在缺失值，为避免偏误，其部分关联度值并未计算呈现。

二　中国对中东欧国家投资动机偏好的区位划分

（1）根据表4.5的计算结果来看，市场规模因素与中国对外直接投资关联程度最高的国家为波兰，其国内生产总值对中国直接投资存量的灰色关联度达到了0.905，可见其经济发展水平对于吸引中国资本发挥了重要的作用。这一结果符合波兰的投资环境特点。一方面，作为中东欧经济规模最大的国家，按2015年不变价格美元计算，2022年，波兰国内生产总值达到了6274.6亿美元，是排在第二位的罗马尼亚的2.7倍，且自1992年以来，其国内经济保持了持续稳定的增长；另一方面，近3800万的人口总量也使波兰成为当前中东欧国家中人口规模唯一超过3000万的国家，且向东西可辐射的市场人口更是高达2亿。显著的经济体量优势、强劲的经济发展态势以及庞大的人口规模基础使得波兰不但拥有优于其他中东欧国家的市场容量，而且也给予了其巨大的市场需求发展潜力，从而使波兰成为了吸引中国市场寻求型对外直接投资的理想目的地。

中国对罗马尼亚直接投资与其国内生产总值的灰色关联度，达到0.817，使其得分位居16国第二位。作为新兴国家的罗马尼亚近年来经济得到了较快发展，2022年，罗马尼亚国内经济总值达2327.8亿美元，同比增长4.8%，呈现了良好的经济发展前景，而将近2000的人口更是赋予了其良好的市场基础。随着中国同罗马尼亚在投资领域政策对接的逐步完善，未来将有更多的投资机遇得到释放，从而使罗马尼亚成为中国企业"走出去"的新焦点，推动中国同罗马尼亚投资合作关系全面提升。

（2）从资源寻求型投资动机来看，中国对匈牙利直接投资存量与该国资源禀赋变量的灰色关联度最高，其数值达到了0.679，成为了吸引中国对匈牙利投资的最大动因。正如计算结果所显示的，匈牙利农业资源较为丰富，其国土面积的54.3%为农业用地，而欧盟平均水平仅为42.3%，小麦、玉米、向日葵、甜菜、马铃薯等均为其主要农作物。匈牙利水资源同样丰富，全国2/3地区拥有地热水资源。同时，匈牙利主要矿产资源是铝矾土，蕴藏量居欧洲第三位。此外，匈牙利虽然能源储量相对有限，但政府在绿色能源开发方面给予了大力支持，使其相关产业得到了飞速发展。中匈两国在绿色能源领域的合作正在不断加深，这不但为匈牙利绿色能源发展奠定了坚实的资金基础，而且也为中国新能源企业加快全球布局提供了有利条件。此外，黑山、阿尔巴尼亚在该项关联度的得分也均超过了0.5，在16国中排名靠前。其中，黑山森林和水资源十分丰富，其森林覆盖面积达54万公顷，占到了国家总面积的39.43%，其铝、煤储量也较为丰富，约有铝矾土矿石3600万吨以及褐煤3.5亿吨。而阿尔巴尼亚的矿产资源同样相当丰富，如铬矿储量达3690万吨，高居欧洲第二位，生产量居全球前十。其探明石油储量达4.38亿吨，且拥有欧洲最大的陆上油田，年均产量达140万吨。随着中国企业资源需求与发展之间的矛盾日渐突出，寻求优质的海外资源成为了支撑企业壮大的必要条件，而以上国家不仅拥有丰富的资源储备，并且其资源种类也与我国的要素供给诉求相契合，因而对我国资源寻求型直接投资产生了较强的吸引，成为了弥补我国相关资源不足的重要外部支撑。

(3) 从技术寻求投资动机来讲，技术禀赋因素与中国对外直接投资关联程度最高的国家为斯洛伐克，灰色关联度数值达到了 0.796，可见其技术水平与中国的联系较为紧密。一方面，斯洛伐克十分重视科技与经济发展的互动与结合。根据斯洛伐克《国家资助法》，对于工业、技术中心等项目的投资可以得到国家层面的投资援助，而资助方式包括现金资助、所得税减免以及财政馈赠补贴等多种形式，从而有效地刺激了高新技术企业在斯洛伐克的投资发展，并形成了以汽车、电子、机械制造等为优势的产业环境，成为欧洲数一数二的工业化强国；另一方面，斯洛伐克拥有高质量的人力资源，不但受中高等教育人数比例在欧洲排名第一，而且其劳动生产率与劳动成本比也在中东欧国家中排名最高。坚实的产业基础以及优质的劳动供给吸引了中国一大批高科技企业对斯洛伐克的投资布局，如联想、华为、中兴、航天科工等企业均已在斯洛伐克"落地生根"，在推动中国企业全球化进程的同时，更为企业自身创新注入了强劲动力，成为中国企业优化技术核心竞争力的新路径。

立陶宛技术要素与中国投资规模的灰色关联度也达到了 0.741，在 16 国中排名第二，这与其较为发达的经济发展水平与良好的工业科技基础有着重要的联系。目前，立陶宛已成为小型软件和游戏开发初创企业以及大型信息和通信技术公司的地区性聚集中心，并在机械工程和电子制造业、激光产业以及生命科学产业等领域表现亮眼，这恰好为中立在相关领域开展技术合作创造了空间，成为中国在中东欧寻求技术跨越的又一"突破口"。

中国对捷克的直接投资存量与其技术要素的灰色关联度为 0.724，排名第三位。作为传统的工业国家，捷克是中东欧地区吸引外国直接投资最为成功的国家之一。一方面，捷克拥有全球领先的科研实力，以及以企业为研发主体的创新体系不但在电子、生物技术、纳米技术等众多高精尖领域取得了大量的研发成果，而且在很大程度上提升了捷克科研成果的应用效率，从而为其自身产业的高端化发展提供了有效的模式支撑；另一方面，捷克教育基础雄厚，技术工人素质普遍较高，这不仅有利于企业成本能效的提升，而且有助于捷克技术创新生态体系的打造与完善，从而为进一步加快自身创新步伐提供可靠的人才支撑。目前已有越来越多的中国企业开始了对捷克在新能源、通用航空以及科技服务等领域的探索，有力地推动了我国相关领域技术经验与创新实力的提升。

（4）从规避贸易壁垒投资动机来看，加权平均关税与中国对外资直接投资关联程度排名第一到第七的国家依次为：克罗地亚、斯洛文尼亚、波黑、捷克、黑山、北马其顿、保加利亚，且灰色关联度数值都超过了0.6。一方面，排名前两位的克罗地亚、斯洛文尼亚均为欧盟成员国。跨越贸易壁垒，减少贸易摩擦已成为中国资本主动进入欧盟市场的关键动因，在维护并扩大了中国企业市场份额的同时，还带动了企业技术创新能力的跃升，从而为国内产业的转型升级带来了积极的影响；另一方面，近年来，欧盟对于市场的保护力度逐渐增强，且投资壁垒有所上升，这在一定程度上加大了中国企业进入欧盟的难度。波黑、黑山、北马其顿虽是非欧盟成员国，但均有入盟意愿。同时，相较于欧盟成员国来讲，这些非成员国资本需求旺盛且经营成本较低，因此具有更低的投资门槛。加大对这些国家的直接投资水平不仅有利于中国企业进一步挖掘与东道国自身的合作潜力，而且也为中国进一步拓展欧盟市场开辟了机会窗口。可以说，上述国家作为中国企业迈向欧盟腹地的前进基地和跳板，不仅有利于中国对欧盟贸易壁垒的有效规避，而且带动了中国产品规格质量的快速提升，从而有效助力了中国产品在欧盟市场的广泛布局。

此外，从中东欧各国自身层面来看，吸引中国直接投资仍主要集中于市场寻求动机。包括波兰、阿尔巴尼亚、保加利亚、罗马尼亚、波黑、塞尔维亚、捷克、黑山以及爱沙尼亚在内的9个中东欧国家，其关联度最高的因素均为国内生产总值，因此对于以上国家来说，更大的市场容量与市场发展潜力将对中国资本产生更为显著的吸引力。斯洛伐克、立陶宛以及拉脱维亚与中国直接投资关联程度最高的因素为技术禀赋，其技术实力的提升将有效刺激中国资本的流入，而通过相关技术的获取以完善企业技术构架成为中国投资这三国的主要动机。影响中国对匈牙利直接投资最重要的关联因素为资源禀赋，而建立更为紧密的资源与能源合作关系，将为进一步深入推进中匈经贸合作关系的持续稳定发展奠定合作基石。最后，克罗地亚、斯洛文尼亚和北马其顿在贸易壁垒因素上与中国直接投资关联度最高，可见跨越贸易障碍、拓展贸易渠道是中国投资克罗地亚、斯洛文尼亚和北马其顿的首要因素。

基于以上结论，本书从投资动机出发，将中东欧国家分为市场寻求优势区、资源寻求优势区、技术寻求优势区以及贸易壁垒规避优势区，优势区的选取主要基于对16国总体投资动机关联度排名以及各国自身动因关联度排名的综合考量，因此在分区中存在一定的重叠，具体结果见表4.6。

表4.6　　基于母国视角的中国对中东欧直接投资动机的区位划分

中东欧投资动机优势区	国家
市场寻求优势区	波兰、阿尔巴尼亚、保加利亚、罗马尼亚、波黑、塞尔维亚、捷克、黑山、爱沙尼亚
资源寻求优势区	匈牙利、爱沙尼亚、北马其顿、阿尔巴尼亚、黑山
技术寻求优势区	斯洛伐克、立陶宛、捷克、保加利亚、罗马尼亚、拉脱维亚、波兰
贸易壁垒规避优势区	克罗地亚、斯洛文尼亚、波黑、捷克、黑山、北马其顿、保加利亚

第 五 章

基于综合视角的中国对中东欧国家直接投资潜力分析及区位划分

在前文中,我们采用了主成分分析法以及灰色关联度方法,分别从东道国投资便利化角度以及母国投资动机角度,对于中国投资中东欧进行了科学的区位划分,从而为中国企业深入探寻中东欧市场提供了合理的方向指导。不可否认,基于单一视角所提炼的区位优势虽然在一定程度上有助于提升中国对中东欧直接投资的选择效率与经营效益,但参考因素的片面性并不能从整体上实现对于中国投资潜力的客观判断以及对于投资区位选择合理性的系统衡量。鉴于此,本章将在已有研究结论的基础上,对前文所涉及的投资因素进行统一归纳,在综合考虑东道国投资环境与母国投资动机的双重视角下,进一步把握不同因素对于中国投资规模的影响方向与程度,并以此为依据,在国别层面上,明确中国对中东欧直接投资的效率与潜力空间,以期在开启中国与中东欧投资合作新局面的同时,为中国企业深入发掘中东欧投资机遇、优化中东欧区位投资布局提供有益的启示与经验支持。

第一节 直接投资潜力测算的模型选择

对于东道国直接投资潜力的测算,国内外学者通常是采用传统的引力模型或是在传统引力模型基础上引入新变量,实现模型拓展的方式加以分析判断。其基本的思路是,根据研究的目的,选取适当的变量构建引力模型，并以此估算出对东道国直接投资的理论数值，也就是投资理想值，再将实际投资值与理想值加以比较，所得到的比值或差值就是相应的东道国投资潜力水平（闫国庆、张海波，2008；李计广、李彦莉，2015）。引力模型是由牛顿的万有引力公式引申而来，在万有引力定律中，两个物体间的相互吸引力与物体的质量成正比，与物体间的距离成反比。借鉴这一思想，简·丁伯根（Jan Tinbergen）将经典力学的引力模型引入到贸易研究中，得到了贸易引力模型的原始形式：

$$TRADE_{ij} = Q \frac{GDP_i \, GDP_j}{D_{ij}^2} \tag{5.1}$$

在式（5.1）中，$TRADE_{ij}$ 为 i、j 两国之间的贸易总额，GDP_i 与 GDP_j 分别是 i 国与 j 国的国内生产总值，D_{ij} 为 i、j 两国的地理距离，Q 为比例系数。可见，最早的引力模型仅是对牛顿引力方程的简单模仿，但其得到了迅速推广，并在对外直接投资领域也取得了良好的应用效果，使得越来越多的学者运用该模型，成功地对 OFDI 行为进行了分析解释。例如，弗朗西斯卡·迪·毛罗（Francesca Di Mauro）采用引力模型衡量了区域一体化背景下对外直接投资与双边经济规模、国家相似度等因素的相互关系，依托 8 个国家对非 OECD 以及 OECD 国家直接投资的数据，发现了 OFDI 与市场规模、双边相对禀赋差异存在正相关关系，但同地理距离负相关（Mauro，2000）。迈克尔·弗伦克尔（Michael Frenkel）等同样通过引力模型，得到了新兴国家之间双边直接投资在很大程度上取决于地理距离的分析结论（Frenkel et al.，2004）。引力模型在实证上的成功使之成为了研究投资潜力的重要工具，并为学者们在 OFDI 区位选择领域提供了行之有效的分析方法。例如程惠芳和阮翔曾借助引力模型对中国对外直接投资的潜力进行了估算，并以此为依据，提出了区位选择的优化策略（程惠芳、阮翔，2004）。陈伟光和郭晴以共建"一带一路"国家作为分析对象，以拓展的引力模型，对不同沿线国投资潜力进行了科学分类，为进一步改善中国在"一带一路"的直接投资布局提供了合理的参考（陈伟光、郭晴，2016）。

需要注意的是，传统的引力模型缺少严格的理论基础作支撑（布洛尼根，2005），并在实证研究的过程中，只能在模型中考察易于观测的因素，其他因素则不得不被归于随机扰动项，从而使得潜力估计出现偏差（Shiro Patrick Armstrong，2007）。相比较而言，随机前沿方法通过对传统引力模型中随机扰动项的拆分，使得上述计量问题得以有效地解决，不但全面提升了投资潜力分析的精确水平，而且还实现了对潜力阻碍因素的量化，从而进一步强化了模型对于客观规律的解释能力。陈恩等均通过这一方法取得了理想的研究效果（陈恩、曾纪斌，2014；李计广、李彦莉，2015；范兆斌、潘琳，2016）。

基于以上分析，本章将选取随机前沿引力模型方法对中国向中东欧各国的直接投资潜力进行测量，在克服传统引力模型潜力估算缺陷的同时，进一步明确中国对中东欧各国的直接投资前沿，量化中国对中东欧各国的直接投资阻力，从而在新时期为着力推进中国与中东欧多元化投资合作进程、不断优化中国对中东欧直接投资区位布局战略提供有力的决策支撑。

第二节 随机前沿模型的理论框架

在经济研究领域，对于技术效率的应用十分广泛。首次提出技术效率这一概念的是荷兰学者蒂亚林·库普曼斯（Tjalling C. Koopmans），他提出：在不变的技术条件下，如果任何产出都不可能在不减少其他产出的情况下增加，或者任何投入都不可能在不增加其他投入的情况下减少，则该生产是技术有效率（Koopmans，1951）。迈克尔·法雷尔（Michael J. Farrell）在此基础上开创性地提出了前沿生产函数的概念，并实现了对于技术效率的前沿测定，从而得到了理论界的广泛认同（Farrell，1957）。

在实际应用中，对于前沿面的确定通常基于参数方法与非参数方法。由于非参数方法采用了线性规划进行计算，因而缺少样本拟合度以及统计性质的参考，且对于观测数的限制使其观测结果的稳定性也受到了一定影响。相比较而言，参数方法具有针对性与可比性的优势，在降低了计算结论与实际情况偏差的同时，进一步提升了估计的可靠性，因此在前沿生产函数的研究中发挥了重要作用，成为随机前沿方法的理论基石。

参数方法经历了两个发展阶段。第一个阶段为确定型前沿模型，即在不考虑随机因素的影响下计算的前沿生产函数。丹尼斯·艾格纳（Dennis J. Aigner）及阿天里亚特（S. N. Afriat）等学者均以自身的研究要求提出过不同的确定型前沿模型，取得了较好的研究效果（Aigner，1968；Afriat，1972）。但确定型前沿模型并没有考虑到随机因素的影响，而是将影响最优产出与平均产出的所有误差归入至误差项中，这就使得技术效率的测算结果与实际效率水平之间会出现一定程度的偏差。为了克服这一缺陷，实现对于生产者行为的准确描述，维姆·梅森（Wim Meeusen）等分别提出了随机前沿方法。通过将随机扰动项分为随机误差项与非负的技术无效率项这两个相互独立的部分，随机前沿方法实现了对于系统无效率与技术无效率的区分，厘清了造成无法达到最优生产边界的可控因素与不可控因素，实现了技术效率测定精确性与样本估计真实性的有效提升（Meeusen, Broeck, 1977；Aigner et al., 1977）。

传统的投资引力模型是以确定性前沿模型为基础的，其一般可表示为：

$$Y_{it}^* = f(X_{it}, \beta) \exp(v_{it}) \tag{5.2}$$

在（5.2）式中，Y_{it}^* 代表了模型所估计的理论投资值，X_{it} 为影响投资水平的全体相关因素，β 是待估的参数向量，v_{it} 是来自于外部的随机冲击，通常情况下 $v_{it} \sim N(0, \sigma_v^2)$，这里包含了除 X_{it} 以外的一切随机干扰。式（5.2）一般反映了由各关键因素所决定产生的平均投资水平，但在现实的经济实践中，往往还存在各类没有被纳入模型的抑制因素，使得实际投资值无法达到理论水平。

而依据随机前沿方法，实际投资值可以表示为：

$$Y_{it} = Y_{it}^* \exp(-u_{it}) \tag{5.3}$$

其中，Y_{it} 代表了实际投资值，其数值一般低于理论值 Y_{it}^*。u_{it} 代表了不能达到最优投资理论水平的非效率因素，这里包括了投资的限制或促进因素，但是出于某些原因而未能纳入模型中的投资阻力，通常设 $u_{it} \geq 0$，这体现出了投资阻力中的限制变量应在非效率因素中占据主导地位。通过将式（5.2）与式（5.3）合并，我们可以得到统一表达式：

$$Y_{it} = f(X_{it}, \beta) \exp(v_{it}) \exp(-u_{it}) \tag{5.4}$$

当生产函数符合 Cobb – Douglas 函数形式时,式(5.4)可以转换为线性形式:

$$\ln Y_{it} = \beta_0 + \sum_i \beta_i \ln X_{it} + \varepsilon_{it} \quad (5.5)$$

且

$$\varepsilon_{it} = v_{it} - u_{it} \quad (5.6)$$

图 5.1 反映了最优投资前沿、投资非效率因素以及随机因素三者之间的关系。

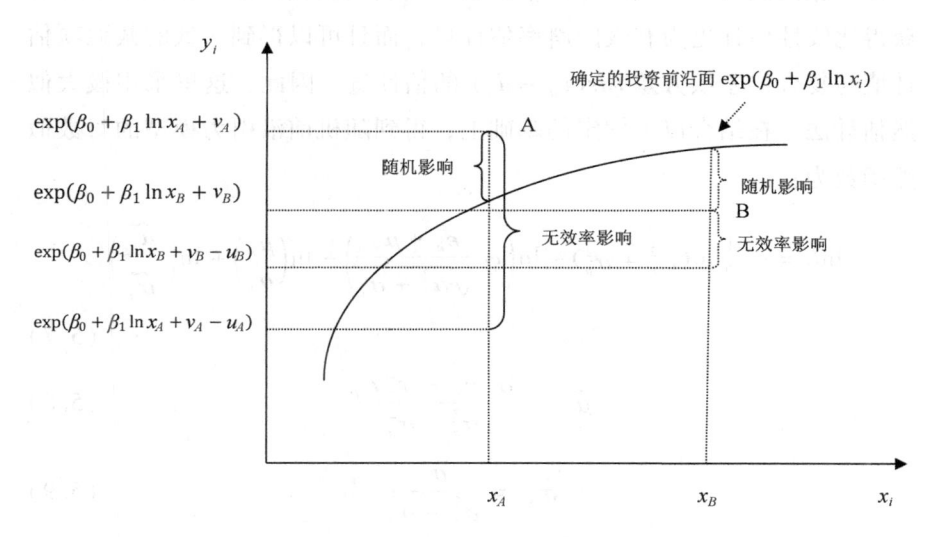

图 5.1 随机前沿引力模型的技术效率

由图 5.1 可知,$\exp(\beta_0 + \beta_1 \ln x_i)$ 为柯布道格拉斯生产函数所确定的投资前沿,而 $\exp(\beta_0 + \beta_1 \ln x_A + v_A)$ 与 $\exp(\beta_0 + \beta_1 \ln x_B + v_B)$ 分别为受随机因素影响的随机投资前沿,由于随机因素没有符号的限制,因此当随机因素 v_A 为正时,随机投资前沿上移至了确定投资前沿的上方,当随机因素 v_B 为负时,随机投资前沿下移至了确定投资前沿的下方。但投资非效率因素通常为负,这就使得实际投资值一直位于随机前沿的下方。

此外,在式(5.4)至式(5.6)中,v_{it} 与 u_{it} 是相互独立的,即 $cov(v_{it}, u_{it}) = 0$,且 $u_{it} \geq 0$ 的假设也使得 u_{it} 表现出了单边分布的特征。一

一般情况下，u_{it} 可以是指数分布、伽马分布、半正态分布以及截断正态分布等，而本书假定 u_{it} 服从单边截断正态分布，即 $u_{it} \sim N^+(\mu_u, \sigma_u^2)$。一方面，这是因为相较于普通的单边正态分布，单边截断正态分布可以实现在随意值的截断，从而在设定上更为灵活；另一方面，与指数分布以及伽马分布等设定相对比，正态分布更有利于提高后续似然估计的效率。

虽然利用最小二乘估计法对式（5.5）进行估计可以获得无偏、一致且有效的斜率估计量 $\hat{\beta_i}, i = 1, 2, \cdots, n$，但并不能实现截距项的无偏估计，也无法得到 σ_v^2 和 σ_u^2 的估计值。而利用极大似然估计法不但可以获得比线性估计更为有效的斜率估计量，而且可以得到一致的截距项估计值与复合误差项方差 $var(v_{it} - u_{it})$ 的估计量。因此，这里采用极大似然估计法，在结合以上假定的基础上，得到随机前沿引力模型的对数似然函数为：

$$\ln L = -\frac{1}{2}\ln(\sigma_v^2 + \sigma_u^2) + \ln\left(\varphi\frac{\varepsilon_{it} + \mu_u}{\sqrt{\sigma_v^2 + \sigma_u^2}}\right) - \ln\left(\frac{\mu_u}{\sigma_u}\right) + \ln\left(\frac{\widetilde{\mu_u}}{\widetilde{\sigma_u}}\right)$$

(5.7)

$$\widetilde{\mu_u} = \frac{\sigma_v^2 \mu_u - \sigma_u^2 \varepsilon_{it}}{\sigma_v^2 + \sigma_u^2} \tag{5.8}$$

$$\widetilde{\sigma_u} = \frac{\sigma_u^2}{\sigma_v^2 + \sigma_u^2} \tag{5.9}$$

$$\gamma = \frac{\sigma_u^2}{\sigma_v^2} \tag{5.10}$$

在公式（5.7）中，$\varphi(\cdot)$ 为标准正态分布密度函数，$(\cdot)$ 是标准正态分布积累分布函数。

在此基础之上，本书采用了投资效率指数来进一步考察前沿投资与实际投资之间的偏离，投资效率指数的表达式为：

$$TE_{it} = \frac{Y_{it}^*}{Y_{it}} = \exp(-u_{it}) \tag{5.11}$$

其中，当 $u_{it} = 0$ 时，则说明不存在投资非效率因素，而此时的 $TE_{it} = 1$，投资规模达到最大。当 $u_{it} > 0$ 时，则说明投资活动存在非效率因素，其产生的阻力限制了投资的发展。由于 u_{it} 为正值，因而投资的效率指数

TE_{it} 通常介于 0 至 1 之间，并随着投资阻力的增强而逐渐减小。

同时，根据 Battese 等的研究结论（Battese，Loelli，1988），投资效率的估计值可表达为：

$$E[exp((-u_{it} \mid \varepsilon_{it} = \widehat{\varepsilon_{it}}))] = exp\left(\frac{1}{2}\widehat{\sigma_u}^2 - \widehat{\mu_u}\right)\left[\left(\frac{\widehat{\mu_u}}{\widehat{\sigma_u}} - \widehat{\sigma_u}\right) \Big/ \frac{\widehat{\mu_u}}{\widehat{\sigma_u}}\right]$$

(5.12)

此外，需要注意的是，在估计完效率之后，仍须对 $\gamma = 0$ 的原假设进行检验。如原假设成立，则说明投资非效率项的方差为 0，而偏离投资水平的波动全部是由随机因素造成的。在这一情况下，模型无须使用随机前沿模型，广义最小二乘法即可满足对参数的估计。

第三节 模型的设定与数据的来源

当构建一个随机前沿引力模型时，阿姆斯特朗（Shiro Patrick Armstrong，2007）曾经指出，引力模型中应仅包含核心变量，比如经济规模、语言、地理距离等短期难以改变的条件，而人为所产生的如关税制度等变量应该纳入到投资的非效率模型中，这将有利于对投资阻力因素的明确以及量化阻力因素所造成的投资效率损失（Armstrong，2007）。同时，传统的研究方法一般会先对投资非效率项 u_{it} 进行估计，然后再将 u_{it} 作为因变量，利用有关投资阻力的外生变量对 u_{it} 进行回归，从而实现对于投资人为因素的影响分析。这种基于两步回归的方法要求外生变量与引力模型中的影响因素相互独立，否则会造成估计结果的有偏，并且由于随机前沿模型所估计出的 u_{it} 是常数，但在投资非效率模型中却被认定受外生因素的影响，所以存在假设矛盾。鉴于上述问题，本书借鉴了乔治·巴特斯（George E. Battese）与蒂姆·科埃利（Tim J. Coelli）的研究结论，采用一步法对非效率因素及随机前沿投资引力模型中的变量同时回归（Battese，Coelli，1995），从而得到以下方程：

$$\ln OFDI_{it} = \beta_0 + \beta_1 \ln GDP_{it} + \beta_2 RES_{it} + \beta_3 HTE_{it}$$
$$+ \beta_4 \ln GDPC_t + \beta_5 \ln DIS_{it} + v_{it} - u_{it} \quad (5.13)$$

$$u_{it} = \delta_0 + \delta_1 TARIFF_{it} + \delta_2 BIT_{it} + \delta_3 INF_{it} + \delta_4 INFR_{it}$$
$$+ \delta_5 INV_{it} + \delta_6 FIN_{it} + \delta_{76INNF} POL_{it} + \delta_8 LAB_{it} + \varepsilon_{it} \quad (5.14)$$

其中，式（5.13）为随机前沿面表达式，其被解释变量依旧为中国对东道国直接投资存量，其解释变量包含了第五章中除东道国加权平均关税以外的三大投资动机核心变量以及控制变量中的距离成本变量，这是由于以上变量相对比较稳定，仅凭人为因素在短期内难以造成巨大波动，符合阿姆斯特朗对于选取随机前沿函数变量的条件。同时，在式（5.13）中还加入了中国历年的国内生产总值，这是因为对外直接投资的需求往往同中国自身的经济实力息息相关，更大的国内生产总值体现了中国更强的投资能力，这将有力地促进中国企业海外拓展需求的增加（Wladimir Andreff，2002），因此，将中国国内生产总值纳入随机前沿表达式中，将有效地反映出中国自身经济的发展对于对外直接投资规模的影响程度，从而使得模型更具合理性。

式（5.14）为投资非效率效应表达式，其不但包含前一章中衡量中国投资壁垒规避动机的加权平均关税变量 $TARIFF_{it}$ 以及控制变量中的通货膨胀率和虚拟变量 BIT_{it}，而且还纳入了第四章中衡量东道国投资便利化水平的五大一级指标。其中，$INFR_{it}$、INV_{it}、FIN_{it}、POL_{it} 以及 LAB_{it} 依次反映了东道国基础设施质量、投资经营效率、金融及信息化服务水平、制度供给能力以及劳动市场环境。由于更高的便利化水平往往有助于东道国对中国直接投资吸引力的增加，而在假设条件中 $u_{it} \geq 0$，这意味着投资阻力应在非效率表达式中占据主导，因此本书将对便利化指标变量进行逆向化处理，以进一步满足模型的假设需求。

考虑到数据获取的可得性以及合理性，本书依旧将样本的时间范围设定在2007—2019年，并且依据当前中国对外直接投资的覆盖现状，继续将第四章中选取的66国作为样本，从而有力地保障数据在实证中的解释能力。此外，与前一章相同，中国对东道国直接投资存量数据来源于历年的《中国对外直接投资统计公报》，东道国与中国的 GDP_{it}、HTE_{it}、RES_{it} 以及 INF_{it} 均来自世界银行的 WDI 数据库，双边地理距离来自 GEOBYTES 数据库，国际油价数据来自国际货币基金组织，加权平均关税来源于世贸组织历年发布的《世界关税概况》，与东道国是否签订了双边投资协定资料来源于中国商务部网站，而五个投资便利化指标变量则均是根据第四章得到的权重结论计算而成。

第四节　中国对中东欧直接投资潜力测算及区位划分

一　描述性统计分析

一方面，为了进一步避免数据因非平稳而造成的结论"伪回归"问题，笔者对各因素变量均进行了 LLC、Fisher – PP 与 Breitung 检验，各因素存在单位根的原假设均被拒绝，因而在一定程度上保证了估计的有效性；另一方面，为了避免因多重共线性所造成的估计误差，笔者还对各变量间的相关系数进行了测算，绝大部分变量间的相关系数绝对值小于 0.5，表现出了较好的独立性与较小的多重共线性问题，这说明数据适合进行实证分析。

二　随机前沿引力模型参数估计结果分析

本书使用了 Frontier 4.1 软件对随机前沿引力模型和投资的非效率模型进行估计。Frontier 4.1 是新英格兰大学的科埃利所开发的一种专门性分析软件，它主要用于包括截面数据以及面板数据在内的随机前沿模型的估计。Frontier 4.1 软件具有较为广泛的适用性，它既可以用来计算随机前沿生产或成本模型的最大似然估计值，又可以用于技术效率与时间相关或不相关的面板数据，并且还能在截断正态分布及半正态分布等多种分布假设下运行，因此符合本书的计算要求。

通过运用 Frontier 4.1 软件，本书对式（5.13）以及式（5.14）进行了一步法最大似然估计，回归结果显示，LR 单边似然比检验统计量为 392.58，远大于卡方分布1%显著水平的临界值，投资非效率不存在的原假设被拒绝，随机前沿分析方法可行。此外，γ 的系数估计为 0.84332，十分接近于 1，且 t 值达到了 8.15298，通过了 1% 的显著性检验，这说明模型中实际投资量与前沿投资量的差距主要来源于非效率项 u_{it}，而在传统意义中来自统计误差的随机因素影响很小，这再次证明了模型设置的合理性。具体回归结果见表 5.1。

表 5.1   随机前沿投资引力模型估计结果

	变量	系数	t 值
前沿函数	Constant 1	-59.76545 ***	-51.98842
	lnGDP	0.83418 ***	14.77674
	RES	0.00832 ***	4.77653
	HTE	0.02973 ***	5.88691
	lnGDPC	4.03437 ***	32.66563
	lnDIS	-0.89684 ***	-845322
投资非效率函数	Constant 2	1.66745	1.34379
	TARIFF	-0.16776 ***	-4.87694
	BIT	-0.35463 ***	-5.85328
	INF	0.00065 ***	6.34246
	INFR	0.04237	1.08565
	INV	0.41232 ***	4.65299
	FIN	0.29871 ***	5.62847
	POL	0.07952 ***	3.85091
	LAB	0.06462 ***	6.45866
	σ^2	4.16398 ***	12.57009
	γ	0.84332 ***	8.15298
	对数似然值		-146.8573
	LR 检验		392.57969

注：***、** 及 * 表示为在 1%、5% 与 10% 显著水平下显著。

结合表 5.1 的估计结果与式 (5.13) 及式 (5.14)，本书可以得到如下随机前沿表达式与投资无效率表达式：

$$\ln OFDI_{it} = -59.76545 + 0.83418 \ln GDP_{it} + 0.00832 RES_{it} +$$
$$0.02973 HTE_{it} + 4.03437 \ln GDPC_t -$$
$$0.89684 \ln DIS_{it} + v_{it} - u_{it} \qquad (5.15)$$

$$u_{it} = 1.66745 - 0.16776\ TARIFF_{it} - 0.35463\ BIT_{it} +$$
$$0.00065\ INF_{it} + 0.04237\ INFR_{it} +$$
$$0.41232\ INV_{it} + 0.29871\ FIN_{it} +$$
$$0.07952\ POL_{it} + 0.06462\ LAB_{it} + \varepsilon_{it} \quad (5.16)$$

在随机前沿函数中，所有变量均通过了在1%水平下的显著性检验，且符号方向与预期及前文结论一致。其中β_1与β_4的参数估计值分别为0.83418及4.03437，即东道国与中国的国内生产总值每上升1个百分点，则中国对东道国直接投资存量将分别上升0.83%及4.03%，这不仅说明了直接投资规模与国家间的经济发展水平密切相关，更强的经济实力会带动内外向投资的显著提升，并且再次验证了中国对外直接投资具有明显的市场寻求动机，东道国更大的市场容纳力已成为吸引中国资本的关键因素，直接影响着中国企业对于开发及拓展东道国市场的整体热情。反映东道国资源禀赋变量的回归系数为0.00832，这依然体现了中国对于样本国投资存在资源寻求动机，当东道国RES指标增加一个单位时，将吸引中国对其直接投资存量增加0.00832个百分点。而反映东道国技术水平HTE的回归系数为0.02973，意味着中国对于东道国直接投资存量与其HTE同样存在半弹性关系，东道国HTE每增加一个单位，会使中国对其直接投资存量增加0.02973个百分点，可见，中国资本对于样本国（地区）整体同样具有技术寻求动机。此外，中国与东道国距离成本的回归系数显著为负，且估计值为-0.89684，这表明距离成本每增加1%，将会导致中国对东道国的直接投资存量下降0.9%。距离成本增加最直接的表现即为要素流动成本的上升，从而对企业的海外利润造成挤压，并且更远的地理距离也意味着更大的文化差异，这会在一定程度上增加中国投资企业在东道国的经营难度，因此，与大多数研究结论相一致，距离成本仍是影响中国企业对外直接投资区位选择的关键因素之一。

在投资非效率函数中，第一，加权平均关税变量回归系数在1%水平上显著为负，这说明随着东道国对中国产品关税的增加，将有利于降低投资非效率水平，从而提升中国对于东道国直接投资存量，这与前一章结论相一致，中国企业存在明显的规避贸易壁垒投资动机。第二，中国与东道国签订的双边投资协定同样与投资非效率负相关，即与中国对东道国直接投资存量正相关，投资协定的签订能够有效降低双边投资的障碍，从而在促进投资发展的同时，也能够抵消投资非效率对于开展投资的不利影响。第三，衡量东道国通货膨胀水平的变量 INF，其回归系数在1%水平上显著为正，这体现了东道国通货膨胀率与投资非效率存在正相关的关系。较高的通货膨胀水平不但会造成企业经营利润的缩水，而且还会削弱市场价格调节机制的作用，从而影响市场参与者的决策预判，因此会降低海外投资者对于该市场的投资热情。第四，反映投资经营效率、金融及信息化服务水平、制度供给能力以及劳动市场环境的逆向化指标变量回归系数显著为正，与预期符号相符，这意味着东道国在相应领域具有更低的便利化水平，即更高的逆向化变量值会提升中国资本的进入障碍，这将直接造成投资非效率水平的上升，从而对于中国向东道国直接投资将产生抑制作用。第五，虽然东道国基础设施质量的逆向化指标与投资非效率呈正相关关系，与预期相吻合，但其系数在回归统计上并不显著，这说明该变量对于中国直接投资的影响不大。这可能是由于基础设施建设是当前中国企业开展对外投资合作的重点领域，东道国更完善的基础设施虽然有利于市场要素的联通与对接，对于提升外资进入效率具有积极的影响，但也降低了东道国在基础设施领域的建设需求，因此抵消了高质量基础设施所带来的投资促进作用，从而降低了基础设施质量指标对于中国直接投资的影响力度。

三　中国对中东欧直接投资潜力测度结果

本书运用随机前沿引力模型及一步法投资非效率模型实现了对中国向样本国（地区）直接投资效率的估计。根据式（5.11）中的投资效率指数 TE_{it} 的计算形式可知，当存在投资非效率因素时，$TE_{it} \in (0,1)$，而 TE_{it} 的值越大，则意味着投资效率越高，相应的投资潜力越小。反之，更小的 TE_{it} 值反映了更低的投资效率以及更大的投资潜力。

计算结果显示，中东欧投资效率水平在样本国（地区）中总体排名靠后，而相较于大多数国家来说受投资非效率影响偏高，因此是当前中国对外直接投资效率的"洼地"。图 5.2 描绘了 2007—2019 年中国对中

第五章 基于综合视角的中国对中东欧国家直接投资潜力分析及区位划分 173

东欧国家直接投资效率均值以及对样本国（地区）直接投资效率均值。从该图可以看出，中国对于样本国（地区）投资效率均值在 13 年中一直位于 0.153—0.258 的区间，虽然表现出了一定的下降趋势，但明显高于中国对中东欧国家 0.048—0.151 的投资效率均值水平，并且从降幅角度来看，中国对样本国（地区）40.8% 的投资效率均值降幅仍显著低于中东欧 67.5% 的均值降幅。由此可见，虽然近年来中国对中东欧直接投资额有所上升，但并没有同步于投资空间的释放步伐，使得中国对于中东欧的直接投资份额在中国对外投资高速发展的过程中受到了一定的挤压与制约。投资水平的相对滞后进一步证实中国对中东欧的整体直接投资水平存在不对称性，这也意味着中东欧市场相较于其他样本国（地区）来说拥有更大的投资挖掘空间。

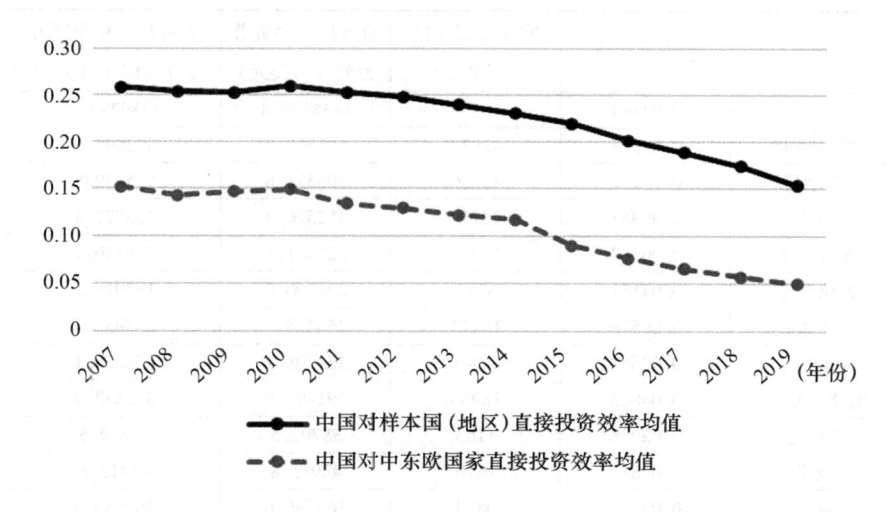

图 5.2 2007—2019 年中国对中东欧国家直接投资效率与中国对样本国（地区）直接投资效率均值对比

从国别层面的对比来看，中国对于中东欧各国的直接投资效率表现同样不够理想，以 2019 年为例，中东欧各国的投资效率值排名均位于样本国（地区）后程，即使排名最高的罗马尼亚，也仅以 0.07573 的得分位居 66 个样本国（地区）的第 39 位，而排名后 10 位的国家（地区）中，中东欧国家更是占据了 7 席，由此可见，进一步强化对中东欧市场的关注程度，逐步加大对中东欧国家投资挖掘力度将成为未来优化中国资本对外投资配置、提升对外投资能效的合理方向。

虽然中东欧国家存在相当大的市场投资发展潜力，但不可否认，由于各国社会经济发展程度存在明显差异，因此不能仅将其作为一个整体对待，而是应结合各国的自身情况，明确投资侧重，区别投资倾向，从而进一步优化中国资本布局中东欧的区位选择。鉴于此，为了更加直观地展现中国对中东欧各国的直接投资潜力水平，本书依据模型回归以及投资效率的估计结果计算出了2019年中国对各中东欧国家的投资存量潜力值及潜力提升规模，具体数值见表5.2。

表5.2　　　　　2019年中国对中东欧各国的直接投资潜力

国家	投资效率值	实际投资存量（万美元）	直接投资存量潜力值（万美元）	直接投资存量潜力提升规模（万美元）
波兰	0.03844	55559	1445343.4	1389784.4
罗马尼亚	0.07573	42827	565522.3	522695.3
匈牙利	0.07142	42736	598375.8	555639.8
捷克	0.06353	28749	452526.4	423777.4
保加利亚	0.06987	15681	224431.1	208750.1
斯洛伐克	0.04131	8274	200290.5	192016.5
塞尔维亚	0.06578	16473	250425.7	233952.7
克罗地亚	0.02663	9840	369508.1	359668.1
斯洛文尼亚	0.04843	18960	391492.9	372532.9
立陶宛	0.02998	1163	38792.5	37629.5
波黑	0.03885	1670	42985.8	41315.8
爱沙尼亚	0.03763	6333	168296.6	161963.6
黑山	0.04167	8509	204199.7	195690.7
拉脱维亚	0.01451	1163	80151.6	78988.6
阿尔巴尼亚	0.07455	727	9751.8	9024.8
北马其顿	0.04658	210	4508.4	4298.4

四　中国对中东欧直接投资潜力的区位划分

如表5.2所示，东道国直接投资存量潜力值为中国对东道国的实际直接投资存量与投资效率的比值，而直接投资存量潜力提升规模为直接投资存量潜力值与实际直接投资存量的差额。由表 5.2 的结果可知，当前中国对中东欧国家直接投资存量缺口最大的国家为波兰，2019 年，中国对于波兰的直接投资存量潜力值高达 144.53 亿美元，而实际投资存量仅为 5.56 亿美元，两者相差约 139 亿美元，潜力提升规模远高于其他中东欧国家，且保持了逐年上升的态势，从而为中国资本提供了广阔的对接空间。同时，罗马尼亚、匈牙利、捷克、保加利亚、塞尔维亚、克罗地亚以及斯洛文尼亚的直接投资存量潜力提升规模也均超过了 20 亿美元，投资缺口巨大，同样表现出了与中国良好的投资合作发展前景。其余各国虽然在潜力提升规模的绝对值上不及以上提到的国家，但相较于自身实际投资状况来看，均存在较大的发掘空间，即使是对于潜力提升规模最小的北马其顿来说，其潜力增长空间依然高达 2046.9%（潜力增长空间＝直接投资存量潜力提升规模/实际投资存量），可见随着投资便利化水平的不断优化以及同中国在经贸领域合作机制的逐步完善，中东欧国家的投资优势将进一步凸显，从而以强劲的资金吸收能力为中国资本的全球化布局搭建"新平台"、为中国企业的国际化发展提供"新商机"。

基于以上结论，本书以中东欧各国的直接投资存量潜力提升规模为参考，将中东欧国家分为潜力规模巨大区、潜力规模优势区以及潜力规模一般区。不同区域的划分标准为：潜力提升规模达 20 亿美元以上的国家属于潜力规模巨大区、潜力提升规模为 10 亿—20 亿美元的国家为潜力规模优势区，而潜力提升规模为 10 亿美元以下的国家为潜力规模一般区。根据这一标准，本书得到了如下区域划分结果（见表 5.3）。

表 5.3　基于综合投资潜力视角的我国对中东欧直接投资的区位划分

	国家
潜力规模巨大区	波兰、罗马尼亚、匈牙利、捷克、保加利亚、塞尔维亚、克罗地亚、斯洛文尼亚
潜力规模优势区	斯洛伐克、爱沙尼亚、黑山
潜力规模一般区	立陶宛、波黑、拉脱维亚、阿尔巴尼亚、北马其顿

第 六 章

中国对中东欧国家直接投资的
区位选择框架

　　在第三、四章中，本书分别从东道国投资便利性以及中国企业投资动机的角度，对中东欧进行了科学的区位划分，从而在单一视角下为中国资本优化布局中东欧市场提供了方向指导与战略借鉴。在第六章中，本书以综合的投资发展视角，将前文所涉及的影响因素进行了统一归纳，在有效验证了不同因素作用方向的同时，也在国别层面上系统衡量了中国对于中东欧国家的直接投资效率，明确了不同国家所具备的潜力空间，为深刻把握中东欧投资机遇提供了更加全面的经验支撑。基于以上研究进程，本章将以第三、四、五章的计算及分析结果为参考，结合中东欧国家具体国情现状，进一步构建起中国对中东欧直接投资的区位选择框架（见表6.1），以期为重塑中国对中东欧直接投资的行动路径、完善中国资本在中东欧国家的布局方案、提升我国企业在中东欧市场的经营效益提供有力的规划保障与战略支持。

表 6.1 中国对中东欧国家直接投资的差异化策略

板块	重点国家	投资动机	重点投资领域	注意事项
	波兰	市场寻求型、技术寻求型	基础设施建设、可再生能源、信息技术、旅游	做好事前调查，完善企业风控机制
	匈牙利	资源寻求型	汽车制造、医药、可再生能源	优化企业组织结构，着力挖掘及培育高水平人才
	捷克	市场寻求型、技术寻求型、规避贸易壁垒型	航空设备、汽车制造、金融	推进公共外交关系，提升文化认同
	斯洛伐克	技术寻求型	汽车制造、电子	及时关注当地优惠政策条件，适当调整政策预期
维谢格拉德集团与斯洛文尼亚	斯洛文尼亚	规避贸易壁垒型	化学、电子设备、交通运输、机械、金属制造	人力成本偏高，提前做好工资成本核算

续表

板块	重点国家	投资动机	重点投资领域	注意事项
巴尔干半岛国家	罗马尼亚	市场寻求型、技术寻求型	农业、电力、基础设施建设	政治斗争激烈，政府腐败问题严峻，企业应及时了解相关政策变化；做好事前人力成本筹划，精化企业结构框架；密切关注金融环境及外汇政策的变化
	保加利亚	市场寻求型、技术寻求型、规避贸易壁垒型	农业、信息通信技术、旅游	土地归属权复杂，政策调整频繁，企业应切实做好风险预判与规避工作
	塞尔维亚	市场寻求型	汽车、农业、信息通信技术	塞尔维亚正处于经济转轨期，企业要密切关注当地的政策变化；社会福利捐税比重较大，纳税抵免程序复杂，企业应充分熟悉相应政策，认真核算赋税成本
	克罗地亚	规避贸易壁垒型	海洋科技、化工、电子	注册程序复杂，审批周期偏长，企业应积极寻求当地专业律师的协助
	希腊	市场寻求型、资源寻求型、规避贸易壁垒型	新能源、旅游、农业、物流、基础设施建设、节能环保	债务风险较高，企业应健全风险评估预警体系；合理应对跨文化冲突，增强企业本地化认同

续表

板块	重点国家	投资动机	重点投资领域	注意事项
波罗的海三国	立陶宛	技术寻求型	基础设施领域、科技领域	中立关系已处于历史冰点，企业应在关注政治"外溢"效应同时，以产业优势互补为指引，为未来重启中国对立投资进程奠定前期市场契机
	爱沙尼亚	资源寻求型	可替代能源	爱沙尼亚同俄体国家关系紧张，且近年来对华态度有所转冷，企业应提前做好风险防范
	拉脱维亚	技术寻求型	物流、基础设施建设、林业、食品加工、医药	对拉脱维亚对华立场转变应给予充分重视，并做出应有防范，树立环保意识；主动寻求同欧盟企业合作

注：前文并未将希腊纳入模型进行量化分析，因此对希腊直接投资的差异化策略基于客观情况与实践经验的定性分析得出。

第一节　打造维谢格拉德集团与斯洛文尼亚板块成为投资战略核心区

中国对维谢格拉德集团与斯洛文尼亚板块 5 国具有良好的直接投资基础，不但占据了中国对中东欧投资存量的半数以上，而且依然保持了十分强劲的投资增长态势。虽然当前中国对维谢格拉德集团与斯洛文尼亚板块的投资水平已明显高于其他中东欧区域，但从潜力提升规模计算结果来看，该区域投资潜力拓展空间远大于其他板块，因此存在巨大的潜力挖掘优势，亟待中国资本加大探索力度与布局规模。

一　将波兰打造为中国资本聚集"新高地"

根据第五章测算结果，波兰的投资潜力提升规模约为 138.98 亿美元，高居 16 国首位，这与其庞大的市场规模以及雄厚的工业基础有着直接的关系。一方面，作为人口、面积以及 GDP 总量均在中东欧居首的大国，波兰不但自身具备了广阔的市场容纳力，而且拥有强大的市场辐射能力；另一方面，作为中东欧国家中工业化水平较高的国家之一，波兰在许多工业领域都有着十分明显的技术优势，例如在汽车工业方面，其不但拥有高标准的配件生产能力，而且产品种类十分完备，吸引了全球各大汽车厂商的入驻，并成为欧洲最重要的汽车产地之一。又如，波兰在电子工业方面十分发达，尤其在显示器制造方面，更是具有明显的工艺优势，Jabil Kwidzyn、LG、西门子等众多知名电子制造企业均已在波兰投资建厂，从而进一步提升了波兰在这一领域的整体技术水平。在第四章中，波兰的市场与技术优势已在实证分析中得到了较为直观的体现，而中波丰富的政策对接成果也为双方深化投资合作提供了良好契机。中波两国于 1988 年便签署了《投资保护协定》和《避免双重征税和防止偷漏税协定》，到 2012 年，中波开始重视在基础设施领域的合作，签署了《关于加强基础设施领域合作协定》，设立了基础设施事务指导委员会，为两国开展相关领域的技术交流合作提供了机制化支持。此后，中波还分别于 2017 年和 2021 年先后签署了《中华人民共和国政府和波兰共和国政府旅游领域合作协议》《中华人民共和国文化和旅游部和波兰共和国文化民族遗产与体育部部长2021—2024年文化合作议定书》，推动了双方旅游合作不断升温。在政策的有效助力下，未来中波投资对接渠道将得到进一步拓展，在为两国营造更为宽松的合作氛围的同时，也将有力地激发中国企业对波兰的投资意愿与热情，使波兰成为中国在中东欧市场、技术寻求以及贸易壁垒规避的首选国家。

在合作领域方面，中波两国各自比较优势突出，合作互补性明显，具有良好的投资合作前景与产业对接基础。第一，波兰是当前欧盟最大的基建市场，且寻求基建合作诉求十分强烈，而中国在基础设施建设领域拥有成熟技术与对外合作经验，因此，可通过优势产能与高端装备的输出，进一步推动与波兰投资合作关系的加深。第二，根据"2040年波兰能源政策"（PEP 2040）目标，至2030年，可再生能源占能源最终消费量的比例至少达到23%，发展可再生能源已成为波兰能源业发展的重要方向。面对波兰能源结构转型的迫切需求，中国可充分利用自身在新能源领域的技术优势，加大对波兰可再生能源行业的投资力度，拓展在波兰市场经营布局。第三，波兰拥有中东欧最大的IT市场，不仅专业人才储备丰富，而且通信基础设施质量已达到了与西欧相同的水平。当前中国IT业正处于扩张期，依托波兰成熟的技术、管理经验以及低廉的运营成本，中国企业不但可有效提升自身的核心发展能力，而且为"进军"西欧开辟了市场路径，从而为加快中国IT业国际化发展步伐提供了支撑。第四，波兰的汽车工业生产能力与研发能力突出，产业链完整，加大对波兰在该领域投资力度将有利于中国汽车制造企业实现在关键零部件制造方面的工艺技术突破，因此同样具有十分广阔的投资合作前景。此外，波兰拥有迷人的自然风景和丰厚的文化底蕴，旅游资源丰富，旅游业具有一定的潜力和竞争力，加之中波政府在旅游领域的政策助力，对波旅游领域投资应成为中国企业顺应市场寻求的新热点。

不可否认，虽然波兰市场投资潜力巨大、投资环境优越，但中资企业仍应时刻警惕海外经营风险，如投资优惠的获取障碍、人员往来的资格限制以及项目审批的复杂程序等，应在充分做好事前调查的基础上，不断完善企业风控机制，从而尽可能降低企业在波经营的无谓损失。

二 构建匈牙利与捷克成为中东欧引资"新支点"

匈牙利与捷克的投资潜力在16国中同样十分靠前，2019年，两国的潜力提升规模均超过了40亿美元，表现出了极大的引资空间。作为国际货币基金组织所承认的发达经济体，捷克一直是中东欧国家中吸引外资最为成功的国家之一，这不仅依托于其国内稳定健康的经济发展，而且也受益于其坚实的工业基础与优越的投资环境。在第四章中，中国对捷克的直接投资存量与其技术要素的灰色关联度在中东欧国家中排名第三，在第三章中，捷克总体的投资便利化程度同样高居中东欧第二。可见，凭借着完善的市场环境保障以及先进的产业技术支撑，捷克将进一步释放其自身的引资活力，从而为缓解中国国内市场需求压力、增强中国企业技术竞争力、开辟中国产品的入欧新渠道提供可行的区位指引。而匈牙利作为世界银行标准所划分的高收入国家，其经济发展水平同样处于中东欧国家前列。稳定的政治格局、健全的法律体系以及开放的资本市场使得匈牙利拥有自由可靠的投资环境，而便利的交通与齐全的配套设施也使得这一地处欧洲"心脏"的国度成为联通欧洲各国的重要枢纽，是中国企业跨越贸易壁垒、扩大市场辐射的明智选择。

在重点投资领域方面，作为欧洲工业化水平较高的国家之一，捷克制造业实力强大，在汽车、医疗卫生器械、电力设备、航空设备等一系列领域均具有独特优势，特别是在航空设备与汽车制造领域的技术优势更是同中国的产业发展需求形成了鲜明互补。同时，捷克与中国在2016年签署了《关于工业园区合作的谅解备忘录》，鼓励两国有意愿的企业在捷克工业园区内重点围绕汽车、机械、化工和制药等领域开展经营。在技术与政策的双重加持下，制造业将成为中国相关企业赴捷寻求技术提升的重要投资方向。此外，捷克的金融体系健康、金融市场发达，且金融服务需求十分强烈。捷克政府对中国金融机构的投资表现出了积极的态度，而布拉格也已逐步成为中方金融机构在中东欧的聚集地，这不仅为中国金融业立足捷克，将业务辐射中东欧地区市场创造了良好的经营环境，而且也为中国各领域企业开拓捷克市场夯实了金融服务基础，从而为中捷经贸关系向更高层次发展提供了有力的金融支撑。

匈牙利长期以来重视同中国发展双边关系，并在"一带一路"建设、中国—中东欧国家合作中创造了多个"第一"：第一个中国—中东欧国家经贸论坛主办国（2012年），第一个同中国正式签署"一带一路"谅解备忘录的欧洲国家（2015年），第一个同中国联合建立"一带一路"工作组的欧洲国家（2015年）。这为两国开展各领域投资合作带来了显著的正面影响。同样，匈牙利拥有雄厚的制造业基础，其中汽车工业实力尤为突出，不仅吸引了多达15家全球排名前20的零部件供应商，而且其显著的人才与技术优势使得匈牙利成为当今世界机车工业创新的引领者。中国汽车制造企业也纷纷将目光投向了匈牙利，中国电动汽车巨头比亚迪也于2017年斥资62亿福林在匈牙利北部建设了其第一家欧洲电动汽车工厂，并实现了盈利目标。2022年9月，中国动力电池制造商宁德时代在匈牙利德布勒森签署预购地协议，计划投资73.4亿欧元在匈牙利设立工厂，目前工厂的筹备工作进展顺利。可见，在汽车制造方面，中国与匈牙利仍存在极大的投资合作空间。此外，匈牙利的医药产业与可再生能源产业也应成为中国投资者关注的重点。一方面，匈牙利拥有中东欧地区最为发达的医药产业，依托其自身专业化的技术积累与高效的创新人才团队，匈牙利医药技术不仅得到了世界范围的认可，而且其得天独厚的区位优势也为国际医药企业拓展欧亚市场提供了理想的生产基地；另一方面，匈牙利国内正在积极推进可再生能源的发展，2020年1月，匈牙利在欧盟法规框架内通过《国家能源战略》和《国家能源气候计划》（NECP），旨在加强本国能源主权和安全，实现能源生产脱碳，在2050年达到碳中和。2021年，中匈签署了《关于加强绿色发展领域投资合作的谅解备忘录》，为吸引中国投资指明了产业方向。较大的政策支持与税收减免措施为中国绿色产业在匈牙利的发展注入了"强心剂"，在保障了投资收益的基础上，也为中国企业在匈牙利的健康稳定发展提供了有利的制度空间。

值得注意的是，虽然近年来捷克对华关系经历了快速的发展，但受意识形态因素影响以及部分敌对势力的宣传，一些捷克民众仍对中国持有一定偏见，从而对中国企业在捷顺利开展投资经营造成了阻碍。鉴于此，中国应大力推进同捷克的公共外交关系，在全面提升中国文化软实力的同时，着力拓展双方人员往来渠道，从而以更为良好的中捷民众关系，为捷克中资企业创造有利的发展环境。对于匈牙利来说，其国内每年 3% 的人口递减速度以及逐年增大的海外劳务规模使得匈牙利部分行业人力资源短缺问题较为严重。为了有效应对这一挑战，中国企业应不断优化内部组织结构，在防止人员臃肿的同时，着力挖掘及培育高水平人才，从而以更高的人才利用效率提升中资企业的生产经营水平。

三　开拓斯洛伐克与斯洛文尼亚市场投资"新空间"

斯洛伐克与斯洛文尼亚具备着一定的投资拓展潜力，其中斯洛文尼亚投资潜力提升规模在中东欧国家排名第五，而斯洛伐克投资潜力提升规模也近 20 亿欧元。虽然两国市场规模不及以上三国，但具有显著的技术及地理优势，是中国企业提升技术竞争力、实现市场延伸的投资理想之选。

斯洛伐克政局稳定、经济增长迅速、劳动力资源丰富，是当前中东欧最具活力的国家之一。斯洛伐克十分重视同中国开展经贸投资合作，2015 年 11 月，斯洛伐克便与中国签署了"一带一路"合作备忘录，2017 年 4 月，斯经济部提交的《2017—2020 年斯洛伐克与中国发展经济关系纲要》得到其政府批准，拟重点在投资、商业、贸易、交通、旅游、科研及创新等领域深化同中国的合作，并特别提到了关于"一带一路"建设的实施，从而为中斯投资互动奠定了良好的政策环境基础。同时，斯洛伐克工业基础扎实、技术能力突出，也是中东欧乃至整个欧盟工业化程度最高的国家之一。其中，汽车制造业与电子工业是斯洛伐克最为重要的两大支柱行业，不但技术水平先进，而还会在相关领域投资得到包括现金资助、所得税减免、对创造就业机会予以补贴等投资政策支持，因而是中国企业开展投资合作的优选领域。同样，中国与斯洛文尼亚自 1992 年建交以来，政治关系友好，经贸合作进展顺利，双方不仅先后签署了《经济贸易协定》《投资保护协定》《避免双重征税协定》和《经济合作协定》，而且斯洛文尼亚对"一带一路"建设与中国—中东欧国家合作一直保持着积极正面的姿态，积极参与并承接了合作框架下的一系列活动，有效促进了中斯两国在双边与多边层面的互利共赢发展。斯洛文尼亚拥有良好的工业与科技基础，尤其在化学、电子设备、交通运输、机械及金属制造方面颇具竞争实力，很多技术也处于全球领先水平，这为中国与斯洛文尼亚推进技术优势互补与合作共赢创造了有利的先决条件，而斯洛文尼亚同欧盟融合程度的不断加深也为中资企业拓展西欧市场搭建了"桥梁"，实现了对中国资本吸引力的持续提升。

需要注意的是，虽然斯洛伐克为外资提供了优惠的扶持政策，但申请标准严格、申请流程较长，加之优惠措施更新频繁，因此需要中国企业及时关注当地政策条件，适当调整政策预期，从而全面提升中国企业政策利用水平。对于斯洛文尼亚来说，由于当地从业人员社保基金在工资中占比较大，且技术型劳务工资较高，因此中国企业在投资斯洛文尼亚时，应提前做好工资成本的核算，避免由低效成本投入所带来的利润损失。

第二节 培育巴尔干半岛国家成为投资战略支撑区

作为欧洲新兴与发展中经济体的代表，巴尔干半岛国家虽然经济实力偏弱，但依托得天独厚的地理条件与自然资源基础，其长期以来一直是中国对外直接投资的关键区域。特别是对于罗马尼亚、克罗地亚、塞尔维亚以及保加利亚四国来说，其投资潜力提升规模分别排在了中东欧16国的第三、第六、第七以及第八位，具有明显的投资缺口且挖掘潜力巨大，因此应是中国投资中东欧的重要目的地。

一 罗马尼亚塑造成为区域投资布局"新焦点"

罗马尼亚经济发展迅猛且创新能力在近年显著上升。第四章实证结果显示，罗马尼亚无论在市场规模还是技术禀赋方面，均与中国投资存在较强的关联度，因此随着罗马尼亚政府引资工作的不断推进，中国企业应充分把握这一"机遇期"，进一步加大在罗以农业、电力以及基建行业为核心的直接投资规模。第一，罗马尼亚的农业生物技术领先欧盟，而农业生产也是罗马尼亚优势产业以及经济发展的重要支柱之一，不仅制定了详细的《2020—2030年中长期农业食品部门发展战略》，并且于2019年9月与中国签署了《植物检疫合作谅解备忘录》，为双方农业投资合作奠定了扎实的政策基础，投资前景广阔。第二，罗马尼亚现阶段十分重视其输电网络发展，其《输电网络发展规划2020—2029》中就明确提到，罗方应发展输电网络，使其规模适应生产、消费、进出口等需求；提高能源网络的互联能力；将可再生能源整合到电网中；在选择输电网络解决方案时尽量减少投资成本等。中国在电力技术与建设方面具有全球领先优势，鉴于罗迫切的电力发展诉求，中国应充分发挥双方产业互补潜力，实现双赢。第三，在基础设施发展方面，罗马尼亚政府于2020年出台了《罗马尼亚联合政府2020—2024年施政纲领》（简称《施政纲领》），重点关注交通运输、电信、城市等基建环节，同时，中罗双方也早在2012年签署了《中罗关于加强基础设施领域合作协定》，这为中国对罗马尼亚基建投资开辟了广阔空间，成为双方投资供需对接的重点方向。综上所述，强化在罗农业、电力以及基建等行业的投资将在缓解相关产业投入不足的同时，打通企业自身的技术寻求与市场拓展渠道，使罗马尼亚成为中国加快推进与中东欧乃至整个欧洲经贸合作进程的重要支撑。

就投资环境来说，罗马尼亚市场潜力巨大、合作前景广阔，但仍存在一些投资风险，须引起中国投资者的重视与关注。第一，罗马尼亚政治斗争激烈，政府腐败问题严峻，虽然近年来反腐力度有所上升，但罗马尼亚仍属于当前欧盟国家中行政透明程度最低的国家之一。政治环境不稳定将直接影响政府的行政效率与市场改革政策的连续性，而及时了解相关政策变化，迅速做出经营调整也成为中资企业在罗投资的必然要求。第二，近年来，罗马尼亚劳动力成本优势正在逐渐丧失。罗马尼亚人口呈现了多年负增长态势，人口老龄化严重，年轻劳动力人口移出规模扩大，这不仅造成了罗国内劳动力的严重短缺，而且也使得人力成本不断提升。中国企业应高度重视这一变化，充分做好投资事前的人力成本筹划，精化企业结构框架，以更高的人力资本质量带动中国企业在罗经营效率与收益的跃升。第三，长期以来，罗马尼亚存在大规模的贸易逆差，国际收支状况堪忧，不仅加大了汇率波动风险，使得企业经营利润遭到侵蚀，而且外汇管制力度的进一步加大也使得外资企业利润的汇出难度增加。鉴于此，中国企业应密切关注罗马尼亚金融环境及外汇政策的变化，在强化汇率风险观念的同时，结合自身实际生产与经营情况，完善汇率风险管理机制建设，提升汇率避险工具的运用水平，在实现企业汇兑损益可控的基础上，进一步保障公司经营的平稳有序，降低由汇率波动造成的额外损失。

二 造就保加利亚成为中东欧投资对接"新势力"

长期以来，中国同保加利亚一直保持着友好的合作关系，2015 年 11 月，中保签署了《"一带一路"建设的谅解备忘录》。2018 年 7 月，时任中国总理李克强访问保加利亚并出席第七次中国—中东欧国家领导人会晤和经贸论坛，中保经贸关系再度升温。2019 年 7 月，中保双方发表《关于建立战略伙伴关系的联合声明》，使两国关系实现从"全面友好合作伙伴关系"到"战略伙伴关系"的跃升。一系列相关文件的签署为两国在外交领域的和谐互助奠定了坚实基础，也为两国在经贸领域的共赢发展创造了有利氛围。同时，稳健的宏观经济政策使得近年来保加利亚国内经济环境与市场需求稳步提升，而作为进入欧盟市场的"门户"，保加利亚更具备了优于欧盟市场的经营成本与科技人才资源。因此，中国企业应充分利用这一区位优势，在逐步开拓保加利亚国内市场的同时，以此为支点，强化对于欧盟市场的适应及辐射力度，从而使得保加利亚成为中国进入欧盟市场的"快速通道"。

在投资领域方面，一方面，保加利亚是传统农业大国，玫瑰、酸奶、葡萄酒等农产品历来在国际市场上享有盛名。这不仅得益于其丰富且优质的农业资源，而且得益于其独特的产品加工技术。加大对保加利亚该领域投资力度对于赋能中国农业高质量发展大有裨益；另一方面，保加利亚 IT 业已连续多年获得两位数增长，是同期该国 GDP 增速的 5 倍。保加利亚 IT 人才供给丰富，已吸引了思科、VMWARE、微软等跨国 IT 公司的入驻。随着《数字保加利亚 2025》国家规划的逐步落地，保加利亚 IT 业优势将进一步凸显，对于该领域投资应成为中国赴保投资企业的重要着力点。此外，保加利亚拥有丰富的旅游资源，如风光旖旎的黑海滨海度假带，广受青睐的南部滑雪胜地以及众多历史悠久的文化古迹等，且自 2015 年中保签署《中保旅游合作谅解备忘录》后，中保旅游合作更趋紧密，而疫情前赴保旅游的中国游客也日益增多，其旅游产业发展潜力已进一步凸显，从而为中国同保加利亚寻求旅游产业的投资合作提供了良好的对接条件，成为中国企业对保加利亚直接投资的又一重要方向选择。

从风险角度来看，基于历史因素，保加利亚部分土地的归属权复杂，土地购买风险较大，加之法律建设水平相对滞后，政策调整频繁，从而极易造成企业在经营过程中出现纠纷。对此，中国企业应在投资前对保加利亚进行深入考察，在充分了解其法律、人文以及市场环境的同时，尽可能选择信誉优良的当地企业开展咨询及业务合作，切实做好风险的预判与规避工作，以保障自身正当利益为前提，全面拓展两国互利互补的投资合作空间。

三 把握塞尔维亚与克罗地亚投资合作"新契机"

从第六章测算结果来看，中国对塞尔维亚与克罗地亚两国的投资潜力提升规模相近，且排名分别为中东欧国家的第七位与第八位，虽然仅位列中东欧国家中游，但在巴尔干地区仍表现出了明显的潜力优势，对于中国资本拓展中东欧市场具有至关重要的意义。

中国与塞尔维亚友好关系历史深厚，塞历届政府均将中国崛起视为其自身发展的重要机遇，而近年来两国高层频繁互访，以及《中塞经济技术合作协定》《中塞关于基础设施领域经济技术合作协定》《中塞关于建立投资合作工作组的谅解备忘录》等一系列合作文件的签署与落实，更为两国关系的全面、持续、深入发展打下了坚实基础，成为加快推进两国投资合作进程的关键依托。与此同时，从塞尔维亚发展水平来看，自 2008 年国际金融危机后，塞尔维亚基本保持了恢复性增长态势，而塞政府全面的经济改革，也有力地推动了塞尔维亚步入了健康的经济发展轨道。塞尔维亚市场需求的逐步复苏为中国资本的市场寻求创造了难得的机遇与条件，而入盟进程的深入更为其经济发展前景带来了积极影响,进而为中国企业拓展市场布局奠定了新的契机。此外,为了有效推动国有企业的改革问题,塞尔维亚根据企业具体情况,采取适当措施,对包括电信、电力、天然气、铁路等大型国企进行重组,并大力推行外资引进政策,对汽车产业、农业、信息通信技术产业等传统优势产业加大了引资优惠力度,从而为中国资本的产业选择提供了引导与支持。

同样,克罗地亚是中国在中东欧的传统友好国家,两国拥有广泛的共同利益,民意友好基础深厚,这为两国关系的健康稳定发展提供了根本保障,也为促进两国投资合作提供了重要前提。2019年4月,时任中国总理李克强访问克罗地亚并出席第八次中国—中东欧国家领导人会晤期间,提出了"钻石阶段"的概念,用以描绘中克关系发展的新阶段。在中国—中东欧国家合作的推动下,近年来中克各领域合作不断深化,进一步印证了中克关系"钻石阶段"的到来。同时,虽然克罗地亚技术禀赋并未在上文量化分析中体现出同中国直接投资较强的关联水平,但作为巴尔干地区经济较为发达的国家,克罗地亚科技能力相对突出,不仅在海洋科技方面具有传统优势,而且在化工、电子等领域也拥有一定特色。当前,克罗地亚以其《经济发展战略》为总体发展规划,大力推进《智能专门化战略》《能源战略》《矿产原料战略》《创新战略》《投资促进战略》《企业发展战略》和《个人潜能发展战略》等7项单项战略,进一步凸显了其对于科技创新发展的强烈意愿。在政策的推动下,未来克罗地亚的技术实力将进一步强化,产业结构将进一步优化,为中国赴克资本指明了新的合作方向,使克罗地亚成为中国在巴尔干地区拓展技术寻求投资的新选择。

需要指出的是,塞尔维亚正处于经济转轨期,新旧法规存在一定的差别,而政府也时常会出台临时性政策。因此,中国企业在赴塞投资时,要密切关注当地的政策变化,及时调整政策预期,从而全面提升企业经营的决策水平。同时,塞尔维亚社会福利捐税比重较大,纳税抵免程序复杂,加之地方政府与中央政府在税收抵免政策上存在一定的差异,这就要求中国企业应充分熟悉相应政策,认真核算赋税成本,从而有效促进中国企业经济效益的提升。对于克罗地亚来说,复杂的注册程序以及较长的审批周期给中国企业对克投资造成了不小的麻烦，而积极寻求当地专业律师协助，主动加深对当地法律及惯例的认识将有利于减少中国企业的投资程序障碍，从而以更好的外部制度环境，为我国资本加快拓展与挖掘克罗地亚市场提供有力支撑。

四 激发希腊产业发展"新动能"

前文并未将希腊纳入模型进行量化分析，但作为陆上和海上丝绸之路的重要交汇处以及南欧、巴尔干、地中海三大区域的重要支点，希腊不仅是中国—中东欧国家合作的新成员，而且对于中国优化对外开放布局具有十分重要的意义。鉴于此，本书将希腊纳入至区位选择框架，以期通过对中希投资合作情况的客观描述，进一步完善中国对中东欧直接投资的分析体系。

自1972年中希建交以来，两国高层互访频繁，政治互信不断增强。2019年4月，第八次中国—中东欧国家领导人会晤期间，希腊作为正式成员国加入中国—中东欧合作机制，自此，"16+1合作"升级为"17+1合作"。作为与中国签订"一带一路"合作备忘录的首个欧盟成员国，希腊正式入群中国—中东欧国家合作不仅意味着中希关系的进一步加深，而且也充分彰显了合作机制的包容性。

中希投资往来历史悠久，合作广泛。随着近年来两国友好关系的日益密切，希腊在中国对外经贸合作领域的地位也越发凸显，合作成果亮点纷呈。其中，中国远洋运输集团收购希腊最大港口比雷埃夫斯港67%股份的项目最为引人注目。在中国企业的经营下，比雷埃夫斯港集装箱的吞吐量从2010年的88万标准箱增长至了2019年的565万标准箱，世界港口排名从第93位跃升至第25位，成为中资企业在"一带一路"投资合作的成功典范。在比雷埃夫斯港项目的带动下，大批中国企业趁势进军希腊，如国家电网公司完成收购希腊国家电网公司24%股权交割；国家能源集团与希腊CG公司签署收购色雷斯4个风电项目公司75%股权协议；中兴、华为、复星集团等多家企业也在希腊积极拓展业务等。

希腊是巴尔干半岛地区最发达的经济体，地缘政治形势较为稳定，具有相对良好的市场发展环境，但希腊经济结构较为单一，对旅游业和第一产业的依赖度过高。为缓解这一问题，希腊政府正在加速推动希腊经济转型。通过修改《投资促进法》，希腊大力推动了新能源、旅游产业、新技术、物流基础设施、节能环保项目等领域的私有化进程，并通过制定经济复苏计划，力求推动其经济发展模式向数字经济、科技经济和可持续经济转型。这些重点产业领域恰好与中国当前科技强国、绿色发展的战略相契合，有利于发挥中国产业技术优势，也为希腊国内产业升级注入了"新动能"。

不可否认，虽然中希两国投资合作潜力巨大，但持续恶化的政府债务水平使得希腊经济发展的不确定性风险加大。2022 年希腊财政赤字占 GDP 比重达 9.7%，而 2019 年，这一数值仅为 1.5%。公共债务达 3407.85 亿欧元，占 GDP 比重 177.4%。债务风险的提高不仅限制了希腊未来财政支出力度，而且也有可能加大金融市场动荡，这将降低中国企业对希投资的吸引力。同时，希腊作为欧洲的"南大门"，是最靠近难民产生地的欧盟国家，难民的激增加剧了希腊的社会动荡、拖慢了经济发展，在同债务危机的叠加效应下，进一步加大了中资企业在希的经营风险，动摇了中资企业赴希投资的信心。

第三节　开发波罗的海三国成为投资战略功能区

通过上文计算的投资潜力提升规模，我们可以看到波罗的海三国的表现并不突出，除爱沙尼亚进入了潜力规模优势区以外，其余两国均为潜力规模一般区，投资潜力空间落后于其他中东欧板块。虽然波罗的海三国是中东欧国家中经济发展程度最高的地区，拥有便利的投资环境以及良好的市场基础，但内生增长动力不足以及对于欧盟过度依赖使其区域竞争力与外资吸引力在近年来有所下降。特别是自 2020 年以来，波罗的海三国先后宣布退出"中国—中东欧国家合作"，立陶宛甚至公然挑战中国权威，触及中国底线，围绕涉疆问题大做文章，不顾中国强烈反对，允许台湾当局在立设立所谓"台湾代表处"，致使中立关系降到冰点。可见，反华行为的台面化正在给中国与波罗的海国家投资往来带来前所未有的阻力。鉴于此，中国应审时度势，在维护正当权益的同时，着力降低政治"外溢"效应给经贸关系带来的负面影响，通过主动发掘各自优势，有针对性地同波罗的海国家开展互动合作，以此维护好中国对波罗的海三国的投资效益，推动各自投资战略功能的合理对接。

一 减少立陶宛政治取向给中国投资带来的"新冲击"

在中美关系出现变化之前，立陶宛对华政策较为务实，虽然不是参与"一带一路"倡议和中国—中东欧国家合作的领跑者，但中立关系一直保持着稳定发展态势。2017年11月，中立正式签署《"一带一路"政府间合作谅解备忘录》，在顶层设计的指引下，中立经贸合作得到了快速发展。中国海关数据显示，2017—2020年，中立贸易总额从18.53亿美元攀升至23亿美元，增幅高达24.12%，而中国从立陶宛进口更是从2.54亿美元上升至4.9亿美元，增长了近一倍。同时，中国在立投资项目也实现了稳步增长。中国商务部统计数据显示，截至2020年年底，中国对立陶宛直接投资存量达1223亿美元，虽然总体规模尚小，但投资领域日趋广泛，主要涉及通信、电网设计、电子、纺织、金融、餐饮等多个领域，显示出了较为广阔的发展前景。2020年10月，中右翼反对党祖国联盟—立陶宛基督教民主党主导的执政联盟上台执政，随后立陶宛对华政策明显转向激进。拜登政府上台后，美国开始打着共同价值观等旗号拉拢欧洲国家组建反华联盟，立陶宛为了讨好美国，成为了中东欧国家乃至欧洲国家中的反华急先锋。自2021年以来，立陶宛先后通过干涉涉疆问题、宣布正式退出中国—中东欧国家合作、允许台湾当局在立设立所谓"台湾代表处"等一系列操作公然挑战中国红线。作为回应，中国宣布召回驻立大使并降低双边关系至代办级。可以说，立陶宛新政府所采取的"外交政策与理念"源于美西方的压力与其政客的短视心态，导致了中立关系正常发展受到严重阻碍，双方经贸合作前景遭到严重破坏。作为连接独联体与欧盟的"纽带"，立陶宛本身在产品与人员流动方面拥有便利优势，而中国也是因看重其枢纽作用，曾主动寻求同立陶宛在交通基建领域进行合作，但中立关系的恶化使得克莱佩达港项目、波罗的海铁路项目等中企参与的基建项目屡屡在立议会和政府层面受挫，而中国在立投资也被立视为"安全威胁"，进行不合理的审查与干扰。

可见，在政治的驱使下，中立经济领域合作正面临着前所未有的冲击，而中国对立投资的潜力空间也正在被不断挤压。面对这一现状，中国应在维护好自身核心利益的基础上，重点以外交、政治途径回应立方挑衅行为，减少中立政治分歧向经济领域过度蔓延，将双方经济损失控制到最低点，逐步打消中立投资对接的市场顾虑。同时，虽然中立政治关系可能在很长一段时期内处于冻结状态，但中国企业仍应关注立国内需求，尝试多元化形式，逐步打通与立陶宛在基础设施领域以及科技领域的投资合作渠道，从而以产业优势互补为引领，为中立政治关系的改善提供经济助力，并为未来中立正常化环境下重启中国对立投资进程奠定前期市场契机。

二 推进爱沙尼亚同中国能源合作"新发展"

中爱两国自1991年建交以来，先后签订《经济贸易协定》《投资保护协定》等文件，双边经贸关系拥有长期良好的发展基础。2017年，在中国—中东欧领导人会晤期间，中爱签订了"一带一路"合作备忘录、数字丝路合作备忘录和电子商务合作备忘录三项合作文件，在"一带一路"框架下，为两国深化务实合作、促进经贸往来再添新动能。

在投资合作领域方面，传统能源产业向新兴可替代能源产业的过渡与转型是当前全球所面临的重大课题，也是中国破解能源约束与降低污染排放的关键着力方向。作为新兴可替代能源产业发展的"领跑者"，爱沙尼亚既在油页岩储备方面拥有"先天"优势，而且在能源加工及利用方面也具备着丰富的技术创新经验。同时，爱沙尼亚积极响应《欧盟绿色协议》，倡导绿色经济发展，制定了《爱沙尼亚2030年环境战略》《2030年能源领域国家发展规划》《2030年气候变化适应发展规划》《爱沙尼亚2030年国家能源和气候计划》等战略规划，提出减少温室气体排放，发展循环经济、中性能源生产，实现碳中和的时间表和路线图。突出的技术创新能力与有力的政策支持使得爱沙尼亚在绿色能源领域优势显著，这与中国"双碳"目标以及近年来在新能源领域的不断"发力"形成了显著的协同联动契机，并在技术优势互补的助力下，为进一步提升两国新兴能源产业发展水平、加快技术改造效率奠定了合作对接基础，进而为丰富中国能源合作模式、保障中国能源供给安全提供了有力支撑。一方面，基于爱沙尼亚油页岩资源的储备及开发优势，中国企业可积极探索对爱在该领域的投资机遇，从而在拓展中国能源供给渠道的同时，全面提升中国油页岩资源的开发利用水平；另一方面，中国同爱沙尼亚在可再生能源领域存在极大的合作空间。加大对爱沙尼亚在太阳能、风能以及水能等新兴能源产业的投资力度，将有利于两国在该领域实现竞争优势的互补，提高爱方绿色能源生产能力，并通过在技术方面的相互借鉴，为提升中国绿色能源创新能力给予了支持。

虽然爱沙尼亚总体投资环境良好，但仍要引起注意的是，疏俄亲欧的对外路线使其近年来同独联体国家之间的经贸摩擦不断加剧。2023年俄乌冲突的爆发更是坚定了爱沙尼亚"去俄化"决心，全力推进对俄经贸的"脱钩"。正是基于恐俄心理的升温，近年来，爱沙尼亚对华态度有所转冷。2020年2月，爱外国情报局发布《年度国家安全报告》，指责中国在爱进行间谍活动。2022年8月，爱沙尼亚同拉脱维亚相继宣布退出中国—中东欧国家合作。虽然两国表态将继续努力与中国建立建设性和务实的关系，但爱沙尼亚此番行为已对中爱关系造成实质性损害，中国企业在对爱开展投资时应充分考虑这一不稳定因素，避免或降低由临时的制裁计划给企业带来的经营损失。

三 强化拉脱维亚物流枢纽功能"新优势"

中拉双边经贸关系总体良好，双方迄今已签署了经贸合作协定、投资保护协定、避免双重征税协定、科技合作协定、民用航空运输协定、商检协定等一系列文件，为双方经贸互动奠定了坚实的合作基础。同时，作为共建"一带一路"国家，拉脱维亚于2016年同中国签署《共同推进"一带一路"建设的谅解备忘录》，并成功举办了第五次中国—中东欧国家领导人会晤、中国—中东欧国家旅游合作高级别会议以及中国—中东欧国家交通部长会议等重要会议，充分发挥高层引领作用，为中拉创造了良好的投资合作氛围。

虽然拉脱维亚投资潜力空间在中东欧16国中排名相对靠后，但作为欧盟成员国与申根签证国家，其不但拥有广泛的市场辐射能力，而且拥有完善的交通运输网络，在产品供应效率方面具有较为明显的优势。依托拉脱维亚与欧洲市场高度的连通性，中国企业对拉投资应着眼于更大范围的市场布局，充分发挥其区域的功能优势，使拉脱维亚成为中国企业开拓欧洲市场的新前沿。

拉脱维亚地处俄罗斯、北欧及西欧的十字中心地带，优越的地理位置以及良好的基础设施使其成为连接欧盟与独联体的重要物流中心。目前，拉脱维亚运输、物流产值已占到其国民生产总值的10%左右，是拉脱维亚当之无愧的支柱产业，而近年来其交通基建改造诉求的逐步提升也为中国投资者提供了有利的对接机会，充分发挥中国在基础设施建设领域的业务优势，积极参与拉铁路、机场、港口等项目的建设将有利于加快我国同拉脱维亚的联通水平，从而为深化我国同拉脱维亚及周边辐射市场的经贸合作注入新的动力。此外，拉脱维亚在林业、食品加工业以及医药产业领域也具有一定的竞争优势，应成为未来中国企业赴拉投资的重点选择方向。

虽然拉脱维亚是波罗的海三国中从中国—中东欧国家务实合作中受益较多的一方，但受西方国家压力与地区立场的影响，目前已退出中国—中东欧国家合作机制，对华立场已发生明显转变，这一点应引起国内企业的充分重视。同时，拉脱维亚环保法规严格，且生态环境保护是拉脱维亚政府及民众共同关注的问题，因此中国企业在拉开展投资时应树立起高标准的环保意识，严格遵守当地环保要求，从而为企业在拉的长期可持续发展创造有利条件。此外，虽然拉脱维亚并没有针对中国资本实施歧视性政策，但在实际项目竞标中，部分当地业主会设计条款门槛将中国企业排除在外。因此，建议中国企业主动寻求同欧盟企业对接，以双方或多方合作形式在拉脱维亚参与项目竞标，从而使整体投资成功率得以有效提升。

第七章

结论及政策建议

第一节 主要研究结论

改革开放四十多年来，中国经济保持了持续稳定的增长，这不仅得益于国内市场经济体制的不断完善，而且也离不开全球化发展战略所创造的外部支撑。作为国际化合作的重要方式，对外直接投资既是加快一国融入全球化市场的有效途径，也是驱动其经济实现可持续发展的关键手段，对于一国优化生产资源配置、拓展产品市场空间、推动技术水平升级具有不可忽视的作用。为了顺应世界经济发展潮流，鼓励中国企业主动参与全球化发展，在更大的市场空间中寻求新机遇，中国在2000年便将"走出去"上升到了国家战略的高度，2013年，习近平主席所提出的"一带一路"倡议更是为中国对外直接投资指明了方向，并为中国企业同共建"一带一路"国家的投资对接奠定了有力的政策契机。

对于以新兴经济体为主体的中东欧地区来说，近年来在欧洲产业升级与资本转移的带动下，使得其成为了当前全球经济发展最具活力的区域，且依托于良好的外交基础以及多元化的合作诉求，中东欧与中国的投资互动不断加深，在展现了良好的双边合作前景的同时，也为中国企业进一步开拓欧洲市场搭建了合作对接桥梁，因而对于中国"走出去"战略的深化发展以及"一带一路"建设的持续推进有着不可替代的区位价值。但不可否认，中国与中东欧各国的投资基数普遍偏低，双边投资关系基本处于调节余缺、互通有无的初级阶段。而中东欧各国差异化的合作需求、多元化的社会环境以及域外大国的竞争挤压也使得中国对该地区的投资受到了诸多不利因素的制约与影响,从而给中国与中东欧经贸合作的持续稳定发展带来了不小的挑战。鉴于此,为了进一步巩固中国同中东欧国家投资合作基础,全面优化中国资本在中东欧的区位战略布局,本书在梳理现有理论研究的基础上,从中东欧国家的现状出发,系统地归纳了中东欧的区位优势以及中国对其直接投资的历史机遇,在明确中国区位选择逻辑依据的同时,采用了主成分分析法、广义最小二乘法、灰色关联度分析法以及随机前沿分析法等多种计量方法,从实证角度分别衡量了中东欧各国的投资便利化水平、中国对中东欧的投资动机以及中国对中东欧各国直接投资的潜力空间,并以此为依据为中国对中东欧的直接投资进行了区位划分,从而为中国完善对中东欧投资机制与布局,推动"一带一路"建设、"走出去"战略以及中国—中东欧国家合作的顺利实施提供了有益的经验借鉴。基于以上研究内容,本书得到了如下主要结论:

第一,中国当前与中东欧的投资合作正处于历史最高水平,且在"一带一路"建设与中国—中东欧国家合作机制的共同促进下,表现出了十分广阔的合作前景。通过第二章对于中国在中东欧直接投资现状的总结,我们发现,中国对中东欧直接投资具有规模稳步扩大、领域日趋多元、分布趋于广泛且联动布局鲜明的特征。同时,通过对中东欧区位投资优势的归纳,本书提出,良好的经济发展势头、优越的地理位置、丰富的资源储备以及完善的外资政策体系为中国进一步开拓中东欧市场奠定了有利的基础,而丰硕的前期成果、强烈的基建诉求、持续分化的欧盟体系以及对外政策的高度契合也给予了中国企业难得的历史机遇,为中国对中东欧直接投资的落实与推进带来了新的契机。此外,虽然中国对中东欧直接投资已经取得了不小的前期成果,但区域的客观风险仍然阻碍了中国同中东欧的合作进程。为了有效维护中国企业在中东欧的经营效益,尽可能规避或降低投资损失,本书还对中东欧地区的投资风险与挑战进行了细致的梳理。经过总结后发现,目前中东欧地区存在诉求差异明显、地缘政治敏感、经营环境欠佳、社会文化迥异以及复苏前景堪忧的问题,这无疑会加大中国资本进入中东欧地区的阻力,因而成为中国拓展中东欧市场所要"跨越"的关键障碍。

第二，中东欧各国综合投资便利化水平并不突出，与发达经济体相比仍存在明显差距。为了客观、全面、高效地衡量中东欧国家的投资环境，本书构建了投资便利化综合指标体系。在广泛参考了现有评价体系的基础上，笔者从基础设施质量、投资经营效率、金融及信息化服务水平、制度供给能力以及劳动市场环境五个方面入手，系统地量化了中东欧国家的投资便利程度。实证结果显示，中东欧国家投资便利化位势在样本国（地区）中相对偏低，且更趋集中，从而在反映了较大提升空间的同时，也表现出了良好的区域协调发展条件。此外，根据指标测度结果，本书依次将爱沙尼亚、捷克、立陶宛、拉脱维亚划为投资便利化发展成熟区，将斯洛文尼亚、波兰、斯洛伐克、匈牙利划为投资便利化发展优势区，将阿尔巴尼亚、罗马尼亚、北马其顿、保加利亚、波黑、黑山、罗马尼亚、塞尔维亚划为投资便利化发展潜力区，从而在区分了中东欧投资环境差异的基础上，为中国企业探寻地区区位环境优势、明确区位投资方向提供有效的决策参考。

第三，中国对中东欧直接投资的区位选择与中国企业的投资动机存在十分紧密的联系。本书从投资动机与区位选择的机制关系入手，通过面板分析，验证了中国对中东欧直接投资具有显著的市场寻求、资源寻求、技术寻求以及贸易壁垒跨越的动机。同时，为了衡量不同投资动机因素与中国对中东欧各国直接投资的内在关联，本书采用灰色关联度分析，对各动机因素与投资存量间的关联度进行了测算，并依据计算结果将中东欧各国划分为市场寻求优势区、资源寻求优势区、技术寻求优势区以及贸易壁垒规避优势区，其中市场寻求优势区包括波兰、阿尔巴尼亚、保加利亚、罗马尼亚、波黑、塞尔维亚、捷克、黑山、爱沙尼亚；资源寻求优势区包括匈牙利、爱沙尼亚、北马其顿、阿尔巴尼亚、黑山；技术寻求优势区包括斯洛伐克、立陶宛、捷克、保加利亚、罗马尼亚、拉脱维亚、波兰；贸易壁垒规避优势区包括克罗地亚、斯洛文尼亚、波黑、捷克、黑山、北马其顿、保加利亚。以灰色关联度为依据进行的区位划分有利于在国别层面上判断中国对于不同中东欧国家的投资倾向，从而在母国投资动机的角度下为中国对中东欧直接投资区位选择的优化提供了经验支撑。

第四，目前中国对中东欧直接投资效率偏低，存在明显的潜力提升空间。基于单一视角所提炼的区位优势虽然在一定程度上有助于提升中国对中东欧直接投资的选择效率与经营效益，但参考因素的片面性并不能从整体上实现对于中国投资潜力的客观判断以及对于投资区位选择合理性的系统衡量。鉴于此，本书在综合考虑东道国投资环境与母国投资动机的双重视角下，对前文所涉及的投资因素进行统一归纳，并运用了随机前沿模型，对中国向中东欧的直接投资潜力进行了测算。实证结果显示，中东欧投资效率水平在样本国（地区）中总体排名靠后，是当前中国对外直接投资效率的"洼地"。同时，依据中国对中东欧直接投资存量潜力提升规模的测度结果，本书将中东欧各国分别划入潜力规模巨大区、潜力规模优势区以及潜力规模一般区。潜力规模巨大区包括波兰、罗马尼亚、匈牙利、捷克、保加利亚、塞尔维亚、克罗地亚、斯洛文尼亚；潜力规模优势区包括斯洛伐克、爱沙尼亚、黑山；而立陶宛、波黑、拉脱维亚、阿尔巴尼亚、北马其顿则被归为潜力规模一般区。

第五，通过结合第三、四、五章的计算及分析结果，第六章以综合的投资发展视角，设计了中国对中东欧直接投资的区位选择框架，即打造维谢格拉德集团与斯洛文尼亚板块成为投资战略核心区、培育巴尔干半岛国家成为投资战略支撑区、开发波罗的海三国成为投资战略功能区。此外，根据各自发展特点与现状，本章还对重点国别进行了深入剖析，在明确了各国投资优势领域的同时，基于市场风险，有针对性地提出了差异化的投资策略，从而为进一步完善中国资本在中东欧国家的行动路径与布局方案、全面提升中国企业在中东欧市场的经营效益提供了有力的规划保障与战略支持。

第二节　相关政策建议

作为连接亚欧大陆的关键"纽带"，中东欧对于加快中国全球化布局、推进国际化进程有着不可替代的战略地位与作用。近年来，中国与中东欧经贸关系步入了快车道，特别是在"一带一路"建设与中国—中东欧国家合作的带动下，中国与中东欧地区合作领域日趋多元且合作规模不断加大，成为中国对外投资的新方向、新亮点，发挥了区域支点的功能，为中国进一步拓展欧洲市场打通了渠道，在新时期为中国全面构建对外开放新格局奠定了有利的契机。虽然当前中国与中东欧取得了良好的机制成果，且在双边合作的推进上也总体处于反馈积极、蓄势待发的状态，但复杂的市场因素以及客观的对接障碍依然制约着中国与中东欧在投资领域的深化合作，拖慢了中国企业对中东欧市场的探索"步伐"。在前一章中，本书依据区域特点，针对不同区域及重点国别提出了差异化的投资策略，但不难发现，作为中国推进次区域整体合作的重要方向，中东欧国家确实存在一些共性问题亟待中国政府与企业关注与解决。因此，为了有效提升中国对中东欧市场的整体投资效率，强化中国企业在中东欧地区的风险应对能力，本章将从政府及企业两个层面入手，在充分结合前文研究结论的基础上，基于共性问题提出相应的政策建议，以期在化解中国对中东欧投资合作困境的同时，为全面推进双方合作多元化进程，实现中国与中东欧地区的互利共赢、共同繁荣提供有益的决策参考与政策启示。

一 政府层面

（一）拓展合作平台，加强重点引导

客观的市场发展差异造成了中东欧各国迥异的对外合作诉求。虽然当前中国与中东欧已建立了多领域多层次的合作机制，且双方的沟通与交流也在"一带一路"建设和中国—中东欧国家合作机制平台的支撑下不断增多，为进一步加深中国与中东欧经贸关系，推动双方投资互动起到了十分积极的作用。但当前的合作机制主要是基于中东欧国家整体而言的，通过构建"一国对多边"的对接模式，形成相对统一的政策协调。不可否认，这种整体性的合作机制无论在构建还是升级方面，沟通成本及难度相对较低，但其又不得不在更多的利益"冲突点"做出妥协，在影响了与各国对接"契合度"的同时，也在一定程度上削弱了机制发展的稳定性，这对于未来进一步提升中国同中东欧合作规模与质量来说将是一个不利的因素。为了有效释放机制的促进效果，实现中国与中东欧各国在投资领域互需互补、互惠互利，中国应在巩固现有机制模式的基础上，进一步拓展合作平台，以中东欧各国的市场多样性与复杂性为依据，开展多元的政策设计以及多轨的平台建设，例如，在现有的中国—中东欧国家合作框架基础上，探索维谢格拉德集团四国＋中国、西巴尔干＋中国等子区域合作平台模式，通过细化挖掘在不同范围、不同地域间的合作潜力，全面提高中国对中东欧直接投资政策支持的"精准性"，这不仅有利于形成更加清晰明确的共同利益，而且也带动了中东欧内部一体化进程的深化，从而为中国资本加快布局中东欧市场创造了更为完备的机制支撑。同时，中国政府也应加强对企业在重点国别与领域的投资引导，不搞"一刀切"，既要维护好与波兰、匈牙利以及捷克等区域大国合作伙伴间的投资规模，又要兼顾与小国间的经贸交流，以实际对接需求为指引，带动中国资本有重点地流向更具潜力的地带与产业，充分发挥投资的示范作用，"以点带面，从线到片"，有效释放中东欧区域的"联动效应"，从而为进一步扩大中国在中东欧直接投资规模、优化直接投资结构提供合理的方向指导。

（二）统筹大国关系，化解矛盾分歧

随着中国—中东欧国家合作的不断稳步推进以及"一带一路"建设的持续深化，中国与中东欧的经贸互动关系不断升温，而这一趋势也引来了多方域外势力的担忧与猜忌，认为中国在中东欧地区影响力的提升很可能会损害其切身利益，如欧盟认为中国—中东欧国家合作机制将导致中东欧地区"弃欧选中"，因此不利于欧盟内部的团结与未来的发展。美国认为中国与中东欧关系的加深将直接影响美国与中东欧地区合作关系的活力与强度，从而撼动其主导亚欧大陆的地位。而俄罗斯则担心中国"介入"会挤占其在中东欧市场的合作空间，对其未来与欧洲的经贸发展造成严重的威胁。大国的质疑与猜忌不但为中国开辟中东欧市场带来了外部的阻力，而且中东欧内部受西方的舆论误导也出现了更多的排华"杂音"，从而给中国与中东欧的合作成效带来了不小的负面影响。

面对这一情况，妥善处理好与大国之间的关系，加强在矛盾问题上的交流沟通，从而在努力争取自身更大利益的基础上，构建中国与域外大国有序竞争、合作共赢的新型大国关系才是避免恶性市场竞争、营造良好外部环境的理性选择。第一，中国应坚持务实且低调的合作风格，始终围绕以经贸领域合作为中心，着力避免与中东欧经贸问题的政治化倾向，从而降低域外大国的"忧虑"并减少对于中国与中东欧国家合作行为的"过度解读"。

第二，扩大合作范围，以三边合作新机制解决大国与中国在中东欧地区的利益冲突。中国与域外大国之间的摩擦主要来源于由竞争关系所产生的利益纠葛，而转变对立关系，寻求合作机遇将成为中国与大国间化解矛盾分歧、重塑利益格局的有益尝试。在中国—中东欧国家合作框架的基础上，中国可进一步建立如"中东欧＋中、美""中东欧＋中、欧盟"以及"中东欧＋中、日"等合作新机制。通过对第三方大国的开放，中国不但可以充分展现出自身的战略取向，而且也可以有力地推动同大国利益目标的靠近与统一，从而为消除外部疑虑，协调各方关系奠定良好的契机，进而为中国加大对中东欧的投资布局规模营造了有力的合作发展空间。

第三，中国也应进一步强化在中东欧国家的宣传力度，尽全力破除中东欧对中国行为的误解，以更加紧密互信的经贸合作关系为中国深入挖掘中东欧市场投资潜力注入新的活力。

第四，对于部分中东欧国家"退群"论调，中国一方面应充分借鉴西方国家历史上的"退群"经验，对退出意向国展现出达观态度，在评估其不影响大局的情况下，采取不同的方式发展双边关系，对其反群行为仍保持开放姿态，避免使中国—中东欧国家合作成为被成员忌惮的组织，以防授人以柄，给中国—中东欧国家合作发展带来更大阻力。另一方面，面对部分成员国对华挑衅行为，中国应以政治、外交、舆论手段为主，减少经济手段施压，避免对象国产生中国"经济胁迫"论调，从而对中国—中东欧国家经贸投资合作产生顾虑，影响其对华合作热情。

总之，不断探索与域内势力及域内国家的共同合作目标，全面寻求相关利益的"最大公约数"将是新时期中国深化开拓中东欧地区的关键抓手，而与大国关系的统筹优化将进一步夯实中国的国际环境基础，这也为中国加快完善在中东欧投资布局、提升投资效益给予了必要的战略支撑。

（三）改善投资环境，畅通对接渠道

目前中东欧地区整体投资便利化程度不高，无论在准入标准、制度对接，还是在设施联通、金融支持方面均存在一定程度的壁垒与漏洞，不但影响了其自身的对外经贸合作效率，并且也给我国企业在中东欧市场的经营发展带来了阻碍，在降低了我国对中东欧投资意愿的同时，也给双方长期、稳定的经贸合作造成了不利影响，亟须在政府层面为畅通双方的便利化对接做出努力。

第一，中国在技术、法律层面目前仍没有同中东欧国家完全接轨，因此在开展投资经营的过程中经常会遇到由准入标准的差异所带来的市场约束。鉴于此，一方面，中国应逐步加快国内标准与国际标准的对接，以国际标准审视并促进国内技术的发展，在弥补国内"短板弱项"的同时，从根本上实现中东欧技术壁垒的"跨越"。另一方面，在主动适应国际标准的同时，中国也应着力将中国优势产业的技术标准推向国际，通过积极参与国际标准的制定，使中国元素成为引领全球创新发展的重要成分，全面提升中国技术标准在中东欧的认可水平。

第二，中国应进一步强化与中东欧在基础设施方面的联通水平。中东欧整体基建支撑能力欠佳，这虽然在一定程度上为中国相关产业在中东欧发挥比较优势、扩大投资机遇创造了条件，但也导致了双方要素往来的不畅，从而制约了中国与中东欧投资互动水平的提升。因此，中国应借助"一带一路"建设以及中国—中东欧国家合作机制的政策成果，以共同利益最大化为目标指引，加大对于中东欧基础设施领域的建设支持，尤其是强化与中国的物流通道建设以及逐步完善相关的配套措施，从而在降低要素流动成本的同时，构建双方快捷、高效的物流网络体系，进而为消除中国与中东欧对接障碍创造了有利条件。

第三，中国应加快与中东欧国家的制度协调，着力解决中东欧地区普遍存在的居留难问题。中东欧近年来劳动力短缺现象日益明显，而寻求本国员工的补充自然成为中国企业在中东欧降低人力成本、提高运营效率的合理选择。为了消除中国同中东欧因签证以及工作许可所造成的人员流动障碍，中国政府应着眼于同中东欧各国在相应制度领域的协调与沟通，通过简化手续、降低门槛以及健全保障体系等方式，为中国企业在中东欧的人才对接提供更为牢固的基础。

第四，进一步提升中国在中东欧市场的金融服务能力。目前中东欧各国金融环境不够完善，企业外债压力大，因而无法给予中国企业有效的融资支持。为了保障中国企业在中东欧投资与业务的顺利开展，一方面，中国应加紧扩大在中东欧的金融布局，引导建立起与中国企业在中东欧各国经营规模相匹配的服务网络，不断放大中国金融业与海外中资企业间的协同效率，以维护中国主权利益与金融安全为前提，为中国企业拓展中东欧市场创造更为便利的金融服务条件。另一方面，为了确保金融业国际化的稳健发展，增强其对于"走出去"企业在中东欧市场的服务效果，中国应逐步完善境外金融监管组织体系，加快金融业监管的国际合作水平，在弥补海外监管短板的同时，提升监管能效，在最大程度降低中国金融业在中东欧市场所面临的金融风险的基础上，为中国企业"扬帆"中东欧构建起更为稳固的金融桥梁。

（四）促进文化交流，夯实社会基础

社会基础与文化传统的巨大差异一直是阻碍中国与中东欧投资合作深化的重要障碍。为了进一步加大中国企业对中东欧各国的投资力度，以更加融洽的社会文化关系，夯实并优化中国在中东欧市场的发展基础，提升双方的合作意愿与水平中国应在以下三个方面发力。

第一，中国应不断强化自身软实力的建设与国家形象的塑造，推进各领域、各层级的人文交流，在增进与中东欧相互理解和信任的基础上，将中国"亲诚惠容、互利共赢"的合作理念切实传达给中东欧各国，在化解各国猜忌与质疑的同时，进一步树立起中国"开放、包容"的大国形象，从而为中国与中东欧构建更加紧密的"利益共同体""命运共同体"提供文化支撑。

第二，加快建设语言服务与人才培养的应急体系。中东欧地区语言构成复杂，而中国对于相应的语言种类并不具备充足的服务支撑能力，这就给中国企业拓展中东欧市场、寻求经贸合作带来了难以逾越的客观障碍。为了有效提升同中东欧语言互通水平，加快破除双方在经贸领域的沟通阻碍，一方面，中国应加大语言人才的培养力度、创

新培养模式，通过鼓励各高校合理有序地开展中东欧语言专业、打通高中与大学间的语言人才培养直通桥、设立中东欧语言奖学金等方式，迅速扩充相关人才的储备，从而尽快弥补中东欧语言人才的供给缺口；另一方面，中国应加大力度推进语言信息技术的开发。为了满足中国企业当前对于语言服务的迫切需求，中国应在加紧完善中东欧语言资源库建设的基础上，鼓励将信息技术与语言基础数据相结合，创新中国语言服务模式，提升现有资源的整合利用效率，这将在一定程度上打破传统语言服务模式的束缚，并为缓解中国企业的语言对接困境提供了新的途径。

第三，中国应进一步加快关于中东欧研究的智库建设。目前，中国对于中东欧的研究数量偏少且方向偏窄，并没有形成有力的智力支撑。为了全面加深对中东欧地区的了解，深入发掘双方的合作机遇与挑战，中国应加大扶持力度，着力打造一批具有国际影响力的中东欧研究智库，以服务决策为宗旨，提升中国同中东欧国家的合作成效，巩固合作成果，切实推进双方的合作进程，从而为中国优化在中东欧的战略布局提供具有前瞻性、针对性、科学性的决策支持。

（五）传递合作理念，践行命运与共

作为百年不遇的重大突发公共卫生事件，新冠疫情的全球蔓延凸显了非传统安全对于国际经贸合作的重要影响。虽然自新冠疫情暴发以来，中国与中东欧国家间开展了一系列合作，为抑制双方新冠疫情的扩散速度发挥了积极作用，但近年来全球民粹主义的升温以及地区保护主义的升级致使部分中东欧国家国际合作意愿和动力不足，而基于强烈的种族优越感与狭隘的政治意图，部分中东欧政客对中国所给予的善意帮助仍表示质疑，甚至无端指责中国企图通过"慷慨政治"引导欧洲内部分裂。同时，俄乌冲突加剧了西方对于"中俄捆绑"的炒作力度，也使中国—中东欧国家合作进入了更为复杂的国际互动情境。面对现实压力，中国应强化在中东欧地区的宣传力度，充分发挥高层互访、媒体公开、专家解读以及民间交流等多种形式，尽全力破除中东欧对中国投资行为的误解。同时，针对西方恶意打压，中国应坚决回击，主动揭示部分西方国家对中东欧的霸权意图，为中国争取更为有利的外交关系与社会舆论氛围。此外，针对中东欧国家的安全关切，中国应有意提升投资透明度，适度减少敏感领域投资力度，特别是涉及安全议题的高科技领域，尝试由"少而大"的项目模式转向"多而小"的项目模式，弱化中东欧对中国企业抵触情绪，避免将中国投资行为进行政治化挂钩。总之，中国应保持大国定力，不被一时一事所惑，不断释放合作善意，努力赢得中东欧国家更多理解与支持，通过践行人类命运共同体理念为中国企业投资中东欧创造良好市场经营与社会舆论环境。

二 企业层面

（一）做好前期调研，发掘互补空间

企业的投资经营效益往往取决于自身战略定位与东道国市场特征的契合水平。由于中东欧国家之间存在明显的市场客观差异，因此，中国企业在"进军"中东欧地区之前应当对目标市场进行充分的考察与调研，在了解当地经营条件的同时，科学评估自身水平、经营能力以及发展定位是否同目标市场优势相匹配，从而在提升了企业在中东欧对接效率的基础上，全面释放双方互补优势潜力，以高效合理的资源配置与全面深度的市场融合，实现中国企业与目标市场的利益共享，进而为中国企业优化投资决策分析、提升海外经济效益提供有力的保障与切实的指导。

第一，中国企业应加快建立并完善可行性分析机制，通过委派相关专业人员在中东欧市场开展细致的调研，全面搜集目标国在政治、经济、文化以及资源环境等方面的真实信息，并在此基础上对将要投资的境外项目进行全方位的可行性分析，从而在探寻合作机遇的同时，明确投资收益预期、提升风险应对能力。

第二，中资企业在中东欧的开拓离不开当地政府以及民间机构的支持，这对于增进国情了解、对接市场诉求具有十分重要的意义。因此，中国企业自身不但要做好市场调查，更要借投资之机，与当地的组织与机构开展深入且广泛的联络，在为企业经营争取到有利外部环境的同时，还可依托当地机构的有效信息渠道，优化中国企业的经营策略与拓展路径，从而为中国企业在中东欧把握共赢机遇、应对风险挑战给予更为坚

实的保障。

第三，学习并借鉴其他企业在中东欧成功投资的先进经验，尤其是欧美发达国家企业的成熟经验，通过积极开展与相关企业在业务及员工培训等方面的合作与交流，不断修正并改善自身的投资策略及发展模式，以期在降低中国企业在中东欧市场非效率行为的同时，发挥比较优势、提升投资质量，为中国企业实现在中东欧地区的协同互补发展提供经验支撑。

（二）注重市场协作，提升竞争水平

由于中东欧地区是欧洲大市场的重要组成部分，因此，随着近年来中国企业在该地区经贸活动的不断增加，受西欧、美国企业排挤的现象也显著增多，既阻碍了中资企业在中东欧的经营发展步伐，又影响了国内企业对中东欧市场的投资拓展意愿，从而在一定程度上抑制了中国与中东欧的经贸互动活力，挤压了中国企业在中东欧互利合作的空间。为了缓解企业竞争所带来的市场压力，主要应做到以下三点。

第一，中国企业应主动寻求与别国企业的合作对接，积极释放友好信号，在主观层面上降低西方企业对中国的误解与警惕。同时，面对中东欧市场重重的投资壁垒，中国企业可以尝试同西方企业建立商业联合体，这样既缓解了当地"针对性"法规所带来的市场冲击，又有利于中国企业对中东欧乃至欧盟技术标准与运营经验的快速熟悉及获取，从而在共同利益的形成与推动下为中国企业在中东欧市场的稳定健康发展提供了更为坚实的合作契机。

第二，"抱团出海"应成为中国企业"耕耘"中东欧市场的重要模式。通过有效整合优势资源，中国企业可以避免与本国企业竞争所造成的无谓损失，并且在协同效应的作用下，也有利于企业间利益的合理有序分配，实现收益最大化，增强中国企业应对风险压力的能力，达到"1＋1＞2"的共赢效果。例如，太平洋建设就与中铁国际联手，对投资额达30亿欧元的"蓝色走廊"项目进行了联合开发。太平洋建设具有灵活的决策机制以及丰富的经营经验，而中铁国际则拥有得天独厚的政策及资金优势，通过将民企与央企优势融合，不仅实现了项目开发的高效推进，更为中国企业在中东欧树立了十分良好的市场口碑，成为了我国企业拓展中东欧的协作典范。

第三，中国企业还应不断提升自身市场竞争实力，摒弃"低价取胜"的传统经营观念，以质量为核心，以技术为依靠，全力提升自身品牌的形象与产品的水平，从而在获取中东欧市场更高认可度的同时，形成"以质取胜"的良性竞争环境，在兼顾竞争企业利益的基础上，为赢得中东欧市场的积极响应创造有利的条件。

（三）优化经营策略，完善服务支撑

随着全球经贸体制规则的逐步变迁，东道国投资便利化环境与外资企业经营效益的联系日趋紧密，成为影响企业在东道国市场发展质量与规模的重要决定因素。通过前文我们可以发现，当前中东欧地区的投资便利化水平整体偏低且存在较高的市场合作壁垒，在加大了市场进入难度的同时，也给中国企业带来了较大的经营压力，拖慢了中资企业拓展中东欧市场的整体"步伐"。为了有效化解市场对接障碍、充分释放企业投资活力，中国企业应进一步优化经营策略，主动寻求破解问题的途径与出路，积极营造适合自身发展的有利环境，从而在最大程度上破除市场投资壁垒、降低外部投资门槛。

第一，中国企业应强化政企合作意识，主动与中国及中东欧国家政府开展对接与沟通，在加深政府对企业发展诉求认识的同时，帮助双方政府及时发现政策的不足与缺陷，从而在提升中国与中东欧经贸政策协调性的基础上，为自身创造更为便捷、宽松的市场经营空间。

第二，中东欧各国在部分行业上已形成较为稳定的利益分配格局，如果中国企业贸然大举进入，必然会引发现存企业的激烈反应，这不仅加大了中国企业的商业竞争风险，而且也破坏了原有市场的平衡，因此不利于企业的长期稳定发展。鉴于此，中国企业一方面应通过与中东欧当局的积极沟通，充分了解官方意向与市场现状，以避免因投资敏感行业所带来的无谓损失；另一方面，中国企业也应依据当前行业状况，优化进入策略，如在前期采取合资或在熟悉的领域开展小规模投资等方式，尽量弱化当地市场"资产掠夺"的错觉，待地位稳固以后再逐渐加大投资份额，从而在节约自身运营成本的同时，也能降低由市场阻力引发的经营风险，进而实现投资成功率的有效提升。

第三，面对日益趋紧的融资约束，中国企业应不断提升自身对于境外资本运作的能力和意识，拓宽多元化的融资渠道，依托跨境担保新规、自贸区试点等政策红利，全面强化企业在项目融资、融资租赁等成熟融资产品以及项目专项险、境外投资险等避险工具的理解和运用，从而为企业在中东欧布局与投资的深入发展注入充足的国际"血液"。同时，中国企业还应主动搭建与各类金融机构的对接桥梁，充分利用其专业化服务为自身打造最优化的金融服务方案，以安全、优质、高效的业务水平全方位满足中国企业的金融需求，从而为中国企业加快拓展中东欧提供全面的服务支撑。

(四) 提高责任意识，争取社会认同

企业的社会责任标准已成为当今全球新型的投资壁垒形式，不仅决定了外资企业对于东道国市场的投资介入难度，而且直接影响着企业与当地社会的融入水平，因而对于企业开拓国际市场、改善经营环境有着不可替代的作用。由于缺乏对企业社会责任的认知，中国企业以利润最大化为目标的经营观念已根深蒂固，而作为欧洲市场的重要组成部分，部分中东欧国家在西方发达国家的影响下，对于社会责任较为关注，甚至已经上升到了战略的高度。社会责任实践的明显差异不但造成了中国企业在中东欧错失大量投资良机，而且公众形象的缺失也极易引起当地群众的不满，从而阻碍了中国企业的经营及发展。因此，在不断扩大对中东欧投资布局的过程中，中国企业既要关注自身业务的拓展，更要注重对于海外社会责任的承担，在加快企业与当地社会形成共生共荣关系的同时，为中国企业赢得更大的市场竞争优势创造良性、和谐的外部发展空间。

第一，中国企业应加大对中东欧公益慈善事业的投入，在结合自身能力的基础上，强化企业对当地社会、经济的贡献水平，从而为自身创造良好舆论环境的同时，全面扩大中国企业在中东欧主流社会中的影响力。

第二，中国企业应提升对于生态环保的重视程度。生态环保已成为当今国际社会面临的共同挑战，并且也是中东欧国家所关注的重要问题。

由于当前部分中东欧国家已经制定了严格的环境标准与环保法规，因此中国企业在开展投资经营时，必须强化对相关问题的重视程度，以免造成不必要的经济损失。在"中海外"案例中，由于政府要求将施工路段的青蛙转移至安全地带，而中海外在定价时并未考虑到相关环保成本，因而不但造成了施工进度的严重滞后，而且也使得施工成本骤增，而这也成为了导致合同最终终止的关键因素之一。可见，全面树立生态文明理念、积极履行环境保护实践应成为中国企业弥补社会责任的重要内容，这样既能降低市场投资的风险，也可为实现企业海外经营的可持续发展提供有力支撑。

第三，中国企业还应不断加强对于发达国家企业社会责任实践的学习与借鉴，在发现自身差距的基础上，紧跟国际标准的"步伐"，提高企业社会责任履行质量，推进企业同社会利益优化融合，从而实现企业经营战略与社会责任协调统一，进而为中国企业国际化经营能力的进一步完善开辟新途径、指明新方向。

（五）制定应急预案，调整产业布局

受新冠疫情"长尾效应"和俄乌冲突的影响，中东欧经济全面承压。财政支出的大幅扩张以及2022年以来利率的持续提升无疑加剧了中东欧国家原本就高企的系统性债务风险，而经济放缓又进一步恶化了其债务的可持续性，一旦爆发债务危机，不振的经济环境不仅将恶化中国企业在中东欧的经营状况，而且市场需求的萎缩以及东道国对外资利益侵占可能性的上升也会降低中资企业投资意愿，从而拖慢中国对中东欧投资优化进程。

鉴于此，第一，中国企业应主动加大对中东欧国家本地化采购力度，特别是针对受损严重行业加大订单倾斜，协助中东欧国家保住本土就业、加快产业复苏，在提振中东欧经济发展与稳定社会秩序的同时，进一步强化其债务韧性、拓宽承债空间。

第二，考虑到部分全球跨国企业可能将生产环节从中国外移，中国企业可充分利用这一进程，发挥中东欧国家产业发展与技术禀赋优势，投资建立生产配套企业，主动寻求对跨国公司全球价值链的融入，在全面提升自身抗风险能力的同时，推动企业向高技术、高附加值转型

升级。

第三，中资企业在中东欧应寻求多元化资本来源，如通过借助东道国资本开展联合投资、并购等方式，降低投资成本，减少东道国内部各利益团体对中国资本大举强势介入的顾虑，实现投资风险分担。

附 录

中国对中东欧国家部分投资项目成果汇总(截至 2020 年 5 月)*

1. 阿尔巴尼亚

(1) 江西铜业收购 Nesko 旗下阿尔巴尼亚铜矿业务 50% 的权益

土耳其金属贸易公司（Nesko Metal Sanayi ve Ticaret）为土耳其注册的控股型公司（由 Ekin Maden Ticaret ve Sanayi A. S. 100% 控股），主要通过其在阿尔巴尼亚的全资子公司 Beralb Sha 从事铜矿采选业务。2014 年 5 月，江西铜业联合北京迈创环球贸易有限公司（以下简称"北京迈创公司"）和北京铁总物通国际贸易有限公司收购土耳其金属贸易公司旗下阿尔巴尼亚铜矿业务 50% 的权益，作价 6500 万美元。其中江西铜业持有 48% 的权益，另外两家公司将各持 1% 的权益。该铜矿年产能为 50 万吨，如果阿尔巴尼亚项目能满负荷生产，按品位 0.5 算，年产精铜近 2500 吨。

(2) 班克斯油田项目

班克斯油田发现于 1928 年，1938 年开始开采，2018 年原油产量 80 万吨，年销售额近 3 亿美元，接近阿尔巴尼亚工业总产值的 30%，税收贡献占阿国财政收入的 3% 以上。作为俄罗斯以外欧洲陆地上最大的在产油田，班克斯油田的前身是阿尔巴尼亚国家石油公司，2004 年被加拿大班克斯公司收购。2016 年 9 月，中国洲际油气股份有限公司投资的上海泷洲鑫科完成了对加拿大班克斯公司 100% 股权的收购，并通过该公司实现了对阿尔巴尼亚班克斯油田的投资，此次收购交易对价 5.75 亿加元，

---

* 投资信息来源于公开信息报道，部分投资数据可能产生变动，仅供参考。

约计 4.41 亿美元。

班克斯油田是一个稠油油田，开采层系、油藏比较复杂。中企积极引进国内先进、实用的稠油开采技术以及中国廉价优质的器材和产品，有效促进项目的开发，同时也大幅度降低了开采成本。目前，班克斯公司已成为阿尔巴尼亚最大的外商投资企业。

（3）中国光大控股有限公司收购特蕾莎修女国际机场

地拉那特蕾莎修女国际机场是阿尔巴尼亚最重要的交通枢纽，作为阿尔巴尼亚唯一的国际机场，特蕾莎修女国际机场是欧洲增长最快的机场之一。2016 年 10 月，中国光大控股有限公司管理的光大海外基础设施基金收购地拉那特蕾莎修女国际机场 100% 股权，获得该机场的特许经营权至 2027 年。接管机场经营后，中方先后对机场的跑道、停机坪以及其他设施进行维修、更新和改造。截至 2019 年年底，特蕾莎修女国际机场已经增加了超过 10 条航线，机场客流量增长 50%，成为中国与阿尔巴尼亚共建"一带一路"以及深化中国—中东欧国家合作的成功案例。

2. 波黑

（1）图兹拉 7 号机组燃煤电站

图兹拉火电站是波黑战后最大的能源投资，总投资 15 亿马克，并应用目前世界上最先进的技术和环保标准。2014 年 8 月 27 日，中国能源建设集团旗下中国葛洲坝集团股份有限公司与波黑电力公司在萨拉热窝签订了波黑图兹拉火电站 7 号机组建设项目合同。项目内容包括现有波黑图兹拉火电站厂区西侧设计、建造一座装机 45 万千瓦的热电联产火电机组的设计、采购和施工总承包。项目金额达 74.53 亿元人民币，总工期为56 个月。

图兹拉火电站 7 号机组建设是中国与波黑政府合作规模最大的项目。项目采用褐煤塔式炉技术，燃用当地高水分低热值褐煤，整体净效率将达 42% 以上。项目设计、采购、施工调试全过程执行欧洲标准，满足欧盟 BAT（Best Available Technology）技术要求和最新排放标准，建成后将成为保证波黑能源稳定供应的重点项目。

（2）斯塔纳里火电站

2016 年 9 月 20 日，波黑斯塔纳里火电站举行竣工仪式。项目业主为英国企业 EFT 集团，项目承建方为中国东方电气集团有限公司。该项目总投资 5.5 亿欧元，中国国家开发银行提供 3.5 亿欧元商业贷款。项目于 2013 年 5 月 18 日举行开工仪式，2016 年 1 月 4 日首次并网发电成功，开始试运行。

斯塔纳里火电站是中波建交以来首个大型基础设施合作项目，也是首个使用中国—中东欧国家合作 100 亿美元专项贷款并竣工的项目。中国企业同英国 EFT 集团在波黑合作建设火电站也树立了中国、中东欧国家和欧盟其他成员国之间开展三方合作的榜样，对于推进中国—中东欧国家投资合作具有标志性意义。

（3）巴诺维奇火电站

巴诺维奇火电站由中国东方电气集团有限公司（以下简称"东方电气"）投资承建，项目总价值达 4.5 亿欧元，其中 85% 由中国的银行财团投资，剩余 15% 由波黑财团贷款。巴诺维奇项目采用东方电气 350MW 超临界 CFB 技术，是中国国产超临界 CFB 机组首次出口。巴诺维奇火电站是继斯坦纳里项目之后中波合作的又一大型电力项目，也是东方电气总承包欧洲的第二个大型火电项目。

（4）Buk Bijela 水电站

2017 年 7 月 6 日，中国航空技术国际工程公司与波黑塞族共和国签订 Buk Bijela 水电站项目工程，塞族共和国将为水电站建设贷款提供担保。Buk Bijela 水电站项目工程装机容量 93.52MW，年均发电量 332.30GWH。

（5）优乐高（ULOG）水电站

2017 年 7 月 12 日，中国国际水电集团与波黑塞族政府签署水电站建设合作备忘录。波黑优乐高水电站项目位于波黑塞族共和国卡里诺维克（Kalinovik）地区的内雷特瓦河（Neretva）上游，于 2019 年 12 月底开工建设。作为中国电建在欧洲市场的第一个水电站 EPC 项目，项目生效开工对中国电建在波黑及欧洲其他国家的电力和基础设施项目开发具有重要影响意义。项目工程内容为新建一座装机容量约 35MW 的水电站及其附属设施，主要包括大坝、引水隧洞和厂房等。项目为 EPC 模式，资金来源为业主自筹，工期为 42 个月。

（6）达巴尔水电站

2020年5月，中国葛洲坝集团有限公司与波黑塞族共和国电力公司下属达巴尔电力公司在特雷比涅签署了达巴尔水电站项目工程总承包合同，总金额达2.2亿欧元。项目完成后，通过引水隧洞，内雷特瓦河流域的水将被源源不断地引入特雷比什尼察河流域，由此产生的水头落差年发电量可达2518亿千瓦时。

3. 保加利亚

（1）普罗夫迪夫机场扩建及运营项目

2016年年底，保加利亚交通、信息科技交流部启动了对保加利亚普罗夫迪夫机场特许经营权的全球招标。2017年5月17日，中国海航机场集团投递了标书文件，并于2018年3月28日成功中标，获得该机场35年的运营权。按照协议，中国海航机场集团将投资7900万欧元对普罗夫迪夫机场实施改造和扩建，并将在未来35年承担该机场的管理运营。

（2）比亚迪汽车与保加利亚能源公司Bulmineral合资建厂

2012年12月11日，比亚迪汽车与保加利亚能源公司Bulmineral以50∶50的比例成立电动大巴合资公司Auto Group Motors。合资公司组装厂位于保加利亚首都索非亚以西50千米的布雷兹尼克市，比亚迪汽车主要提供技术、人员培训、售后服务，Bulmineral公司主要负责当地及国外市场的开拓和销售。随着新合资公司的成立，比亚迪成为继中国长城汽车之后第二家打入保加利亚市场的中国自主汽车品牌，同时该项目也成为中国新能源企业在保加利亚开展的首次投资合作。

（3）恒源集团在保加利亚建立电动汽车集成厂

中国电动车制造商恒源集团机器合作伙伴SEVIC eMobility公司计划在未来三年投入1000万欧元（相当于1160万美元），在保加利亚普罗夫迪夫市附近的经济区建设电动汽车集成厂，生产多用途车辆及小型电动汽车使用的部件。工厂的建立将为保加利亚提供250—300个工作岗位。

4. 克罗地亚

（1）塞尼风电项目

2017年11月，中国北方国际合作股份有限公司与克罗地亚能源项目股份公司签署协议，收购后者76%的股权，并获得塞尼风电项目建设权和25年运营权。2020年11月20日，塞尼风力发电项目开工，该项目预计总投资为1.79亿欧元，两年内安装完成。目前克罗地亚约45%的电力依靠进口，塞尼风电项目是该国可再生能源市场改革后第一个不使用政府固定电价补贴的大型项目，建成后，该项目预计年均发电3400小时，年发电量达5.3亿度。

（2）中国骆驼集团股份有限公司投资里马茨汽车公司

2017年4月12日，中国骆驼集团股份有限公司（以下简称"骆驼集团"）和克罗地亚里马茨（Rimac）汽车公司签署框架性投资协议，骆驼集团将向里马茨汽车公司投资3000万欧元（约合3600万美元，2.4亿元人民币），用于新品跑车研发和产能扩建等，这也是迄今为止克罗地亚科技类企业收到的单笔数额最高的外国投资。

（3）佩列沙茨跨海大桥

佩列沙茨跨海大桥及连接线项目被列入克罗地亚国家战略工程，也是该国迄今为止金额最高的工程项目。2017年6月，欧盟正式批准该项目，决定承担项目85%即3.57亿欧元的建设资金。

2018年1月12日，中国路桥工程有限责任公司联合体凭借"最具竞争力方案"（税前20.8亿库纳，工期36个月和保修期10年）成功获选，实现了中资企业在克罗地亚承包工程项目零的突破，对于带动"中国建造"走出去，深化中克互利合作，推进"一带一路"建设等具有积极意义。

（4）中国西电和克罗地亚康查尔集团合资建厂

为响应国家"一带一路"倡议，加快实施"走出去"步伐，积极参与国际合作和竞争，2018年12月7日，中国西电集团有限公司（以下简称"中国西电"）与克罗地亚康查尔公司签订了《中国西电集团有限公司与克罗地亚康查尔公司关于在克罗地亚设立高压开关合资公司的股东协议》。西电康查尔高压开关有限公司，主要业务范围为170kV—420kV SF6气体绝缘开关的设计、生产、试验、安装以及售后服务。项目总投资1000万欧元，其中中国西电出资500万欧元，占注册资本的50%。通过设立合资公司，中国西电的制造技术优势与康查尔集团的市场资源优势将实现互补，这也为西电品牌进入欧洲市场参与竞争打下了良好的前期基础。

5. 捷克

（1）陕鼓动力收购捷克 EKOL 公司股权

2015 年 1 月 22 日，西安陕鼓动力股份有限公司（以下简称"陕鼓动力"）在捷克布尔诺市与捷克 EKOL 公司正式签署股权转让协议。按照协议，陕鼓动力将分阶段购买 EKOL 公司股东所持有的 100% 的股权。第一阶段陕鼓动力将以支付现金的方式收购 EKOL 公司 75% 的股权，之后将分阶段收购剩余股权。

此次并购是陕鼓动力资本运营的一次重要尝试，通过围绕汽轮机、锅炉、EPC、系统服务四大业务进行联合研发、系统成套设计、销售、供应链、生产等价值链环节的业务整合，陕鼓动力将在全球形成更具竞争力的市场能力，这对于企业国际化战略的实施意义重大。

（2）京西重工在捷克设厂

2015 年 9 月 23 日，京西重工在捷克海布市投资的新工厂破土动工。海布工厂是京西重工在欧洲的第三个工厂，厂房面积大约为 1.5 万平方米，主要生产高级轿车制动器和悬架产品，其产品用户包括法拉利、凯迪拉克、宝马、奥迪、沃尔沃、路虎等高档轿车生产厂家。此次投资金额达 7.5 亿克朗（折合人民币约 2 亿元），是中捷经济合作领域取得的又一重要成果。

（3）杭州炬华科技股份有限公司收购捷克 Logarex 智能电表公司

2016 年 2 月，杭州炬华科技股份有限公司（以下简称"杭州炬华科技"）发布消息，收购捷克考诺尔集团（Koh‑i‑noor）旗下子公司——Logarex 智能电表公司 100% 股权。考诺尔集团于 2011 年创立了 Logarex 智能电表公司，主要从事能源领域的测量及数据处理和传输工具（尤其是电表）的研发、生产和销售。自 Logarex 公司成立之初，杭州炬华科技就是其主要供货商。此次收购将为杭州炬华科技拓展海外智能表市场奠定基础。而捷克考诺尔集团也将从中受益，加强与中国市场的联系。

（4）延锋汽车内饰公司在捷克设厂

总部位于上海的延锋汽车内饰公司于 2016 年在捷克西南部卢日尼采河畔的普拉纳镇建立工厂，该厂是延锋汽车内饰公司在捷克的第二家工厂，生产面积约为 2 万平方米，可为当地提供 300 余个就业岗位。新厂主要为一些国际知名汽车品牌生产包括仪表盘和门板在内的内饰部件，是延锋汽车扩展海外市场、增加竞争力、提高海外产能的重要战略部署。

（5）万丰奥特控股集团注资捷克通用航空领域

2016 年 6 月，万丰奥特控股集团（以下简称"万丰奥特"）与捷克贸易局签署了开展通用航空领域投资合作的备忘录，将在一期项目中投资一亿美元，后续的投资总额可能还会增至两亿美元，另外，万丰奥特还计划投资 3000 万美元成立一个捷克通用航空业的研发中心。2016 年 7 月，万丰奥特在捷克布拉格成立万丰（捷克）飞机工业有限公司，与捷克有关通用飞机制造企业、捷克布尔诺科技大学等合作，为轻型运动类飞机的设计研发打造了国际化平台。

（6）捷克中医药水疗康复中心项目

荣盛房地产发展股份有限公司于 2019 年 1 月 22 日签订购买协议，以 3.8 亿捷克克朗（折合人民币约 1.14 亿元）购得捷克 10 宗地的所有权，占地面积合计 22.26 万平方米。早在 2017 年 5 月 13 日，该公司控股子公司荣盛康旅投资有限公司已经与捷克共和国南摩拉维亚州签订了相互合作协议，准备在捷克共和国帕索夫斯基市开发中医药水疗康复中心，而本次购置土地就是为了进一步加快推进水疗康复中心项目建设。

提克中医药水疗康复中心项目预计建成面积超过 6 万平方米，预计投资 20 亿捷克克朗（折合人民币约 5.68 亿元），用于疗养院、诊疗和运动康复中心、疗养酒店、购物中心（包括中央停车场）、老年人居住设施、体育、文化和娱乐公园等开发和经营项目。

6. 爱沙尼亚

（1）中信国际电讯收购 Linx 电信塔林中心及海底电缆

2017 年 2 月 2 日，中信国际电讯集团有限公司全资拥有的中信国际电讯（信息技术）有限公司（以下简称"中信国际电讯 CPC"）宣布已就收购 Linx 电信旗下电讯业务一事，取得监管部门批准，成功完成收购行动。收购项目当中包括 Linx 长达 470 千米，横跨波罗的海的海底光纤网络、位于莫斯科和爱沙尼亚首都塔林的网管中心，以及设于塔林的数据中心，该数据中心是爱沙尼亚最大的互联网交换中心（TLL – IX）。

本次收购进一步扩大了中信国际电讯 CPC 的全球基建与服务据点覆盖，使得业务范围延伸至中亚及中东欧市场。

（2）广州航新航空科技股份有限公司收购爱沙尼亚 Magnetic 飞机维修有限公司

2018 年 5 月 3 日，广州航新航空科技股份有限公司（以下简称"航新科技"）收购爱沙尼亚 Magnetic 飞机维修有限公司股权交割仪式在塔林举行，航新科技正式完成对 Magnetic 的全面收购。此次并购协议金额为 4300 万欧元，航新科技拥有 Magnetic100% 股权。

总部位于塔林的 Magnetic 主营业务为航空维修和航空资产管理，业务覆盖全球多个国家和地区。通过此次交易，航新科技将以横向并购的方式快速切入欧洲飞机基地维修、航空资产管理相关细分领域，从而实现全面布局航空保障业务环节的战略目标，并推动公司在飞机维修、航材贸易等航空资产管理业务实现跨越式发展。

7. 希腊

（1）比雷埃夫斯港项目

比雷埃夫斯港是希腊第一大港口，也是东地中海的重要港口。2008 年，中国远洋海运集团（以下简称"中远海运"）获得了比雷埃夫斯港 2、3 号码头 35 年的特许经营权。这是中国企业首次获得欧洲大型港口长期特许经营权。2016 年，中远海运再次扩大投资规模，出资 3.685 亿欧元购买了比雷埃夫斯港管理局 67% 的股权。在中国的经营下，比雷埃夫斯港集装箱的吞吐量从 2010 年的 88 万标准箱增至 2019 年的 565 万标准箱，世界港口排名从第 93 位提升到第 32 位。与此同时，根据希腊普华会计师事务所审计确认的财报数据，中远海运比雷埃夫斯港口有限公司 2019 年实现利润总额 4760.6 万欧元，比 2018 年同期增长 12.5%；实现净利润 3544.7 万欧元，同比增长 27.1%。该项目利润上的巨大突破不仅促进了希腊经济发展、带动了当地就业，而且成为了中资企业与中东欧国家"一带一路"投资合作的成功典范。

（2）色雷斯风电项目

2017 年，国家能源集团与希腊能源巨头科佩鲁佐斯集团签署协议，收购旗下 4 个风电场 75% 的权益，科佩鲁佐斯集团则保留 25% 股权。

2019年11月15日，国家能源集团下属国华投资欧洲新能源公司（以下简称"国华投资"）与希腊科佩鲁佐斯集团在雅典完成色雷斯风电项目卡夫沃尼风电场股权交割，至此，色雷斯风电项目股权交割工作全部完成，标志着国华投资在欧洲的首个实体运营项目正式落地。数据显示，4个风电场项目正常运营后，每年可以生产约1.8亿千瓦时的电力，减少二氧化碳排放约16万吨，节约燃煤5.5万吨。

（3）MINOS 50MW 光热发电项目

2019年11月10日，MINOS 50MW 光热发电项目 EPC 合同签约仪式在希腊雅典举行。位于希腊克里特岛上的 MINOS 50MW 光热发电项目由英国 Nur Energie 公司开发，中国葛洲坝集团国际工程有限公司（以下简称"葛洲坝国际公司"）与浙江中控太阳能技术有限公司（以下简称"中控太阳能公司"）组成的联合体负责 EPC 项目建设。

MINOS 50MW 光热发电项目将是希腊建设的第一个光热发电项目。装机容量50MW，配置5小时熔盐储热系统。项目建成后，每年可提供相当于当地电力需求10%的高品质清洁电力，在大幅提高当地清洁能源比例的同时，也为中国光热发电产融结合、拓展国际市场树立了典范。

8. 匈牙利

（1）烟台万华收购匈牙利宝思德化学公司

2008年国际金融危机爆发，匈牙利宝思德化学公司陷入债务危机，烟台万华化学集团股份有限公司审时度势，于2011年1月投资12.6亿欧元成功收购匈牙利宝思德化学公司。通过一系列的管理提升和文化融合，在经历收购后前三年的亏损阵痛期后，匈牙利宝思德化学公司在2014年实现扭亏为盈，此后盈利水平逐年提升，并在2017年实现井喷，一举弥补了2008年经济危机以来的所有历史亏损，成为中东欧百强企业。

（2）中欧商贸物流合作园区项目

中欧商贸物流合作园区是根据中国商务部统一部署，由山东省政府承建、山东帝豪国际投资有限公司具体实施，按照"一区多园"的模式，在欧洲地区建设的首个国家级境外经贸合作区和首个国家级商贸物流型境外经贸合作区。

中欧商贸物流合作园区规划总面积0.75平方千米，建筑面积48万平方米，总投资2.64亿美元。目前，该园区已经引入包括商贸、物流行业在内的134家企业入驻，区内从业人数约650人，物流强度能力达129.44万吨/平方公里·年，每年带动货物进出口贸易额约2.45亿美元。

（3）比亚迪电动大巴和卡车匈牙利公司

2016年10月10日，比亚迪在匈牙利外交与对外经济部举办的发布会上宣布，将在匈牙利北部城市科马罗姆建造大巴制造厂，以进一步加强双方在新能源领域的合作。这是中国新能源品牌在欧洲投资兴建的第一座电动车工厂。该厂于2017年4月投产运营，已向荷兰、瑞典交付多批纯电动大巴车队，后续还会生产电动卡车、电动叉车，甚至太阳能等配套新能源产品。

9. 拉脱维亚

2019年11月26日，深圳华大智造科技有限公司（以下简称"华大智造"）拉脱维亚基地在拉脱维亚首都里加正式开幕启用。该基地位于拉脱维亚Lidostas园区，规模达7000平方米，包括产品生产中心、高通量测序中心、培训中心、物流中心等功能。华大智造将基于此基地，搭建中欧生命健康研究和产业合作桥梁，加强生命科学研究、产业应用与标准建设等领域的创新合作，推动大型国际基因组项目合作，拉动中欧企业交流。

10. 立陶宛

（1）华北院收购立陶宛ETI公司

2013年4月，中国电力工程顾问集团华北电力设计院工程有限公司（以下简称"华北院"）收购了立陶宛ETI公司即国家电网设计院公司90%以上的股权。立陶宛ETI公司成立于1963年，是立陶宛知名企业，占据着立陶宛电网业务50%以上的市场份额。以收购ETI公司为契机，华北院建立了中东欧市场业务协同实施平台，全面推进了企业的国际化进程。

（2）林洋集团入股立陶宛Elgama公司

立陶宛Elgama公司成立于1992年，主营智能电表生产，拥有多项欧盟资质，是波罗的海地区仪器仪表行业的领先企业之一。2015年起，居国内电表业龙头的江苏林洋能源根据公司海外业务发展布局入股 Elgama，成为其在境外的第一家合资公司，并借此进入欧洲市场。双方整合了资金优势、品牌优势、技术优势、成本优势，以一致的发展理念为基础，取得了双赢的效果，既拓展了中国智能电表企业的全球网络布局，又扩大了立陶宛企业的规模，为立陶宛当地就业和出口作出了贡献。

11. 黑山

（1）南北高速公路优先段项目

黑山南北高速公路（南部港口城市巴尔至北部边境城市博利亚雷高速公路）是该国第一条高速公路，主干道全长约 180 千米，分五段建设。中国交通建设股份有限公司、中国路桥工程有限责任公司承建的南北高速公路优先段（斯莫科瓦茨至马泰舍沃路段），是项目的一期工程，全长 41 千米，合同额达 8.09 亿欧元。项目于 2015 年 5 月 11 日正式开工，受新冠疫情影响，项目进度拖期，预计将于 2021 年下半年竣工。

（2）莫茹拉风电项目

莫茹拉风电项目系上海电力股份有限公司投资马耳他能源领域一揽子协议项下的衍生项目，是中国在欧洲市场新能源领域投资的首个三方合作项目。项目由马耳他国际可再生能源发展有限公司、英国 VESTIGO 基金和中国远景能源公司共同设立的马耳他黑山风电联合有限公司开发，项目装机容量 46 兆瓦，投资额 8700 万欧元，项目投产后，黑山新能源装机容量将实现翻番，预计每年能为黑山创造 1.1 亿度电的清洁能源，减少温室气体排放约 9.5 万吨。

（3）普列夫利亚热电站一期生态改造项目

2019 年 7 月，黑山电力公司发布普列夫利亚热电站一期生态改造项目招标通知，同年年底，东方电气与黑山企业组成的联合体中标该项目。项目包括除灰渣系统、启动锅炉、消音降噪功能的改造和脱硫脱硝系统、机力通风冷却塔系统、污水处理系统、供热系统的新建，总预算约 5445 万欧元，合同设计工期为 5 个月，施工总工期为 39 个月。2020 年 6 月 9 日，中国东方电气集团与黑山国家电力公司 EPCG 在普列夫利亚市签订 EPC 项目总包合同。

(4) 黑山 "Kolasin – Kos" 段铁路修复改造项目

2015 年 10 月，中国土木工程集团有限公司（简称"中土公司"）中标黑山"Kolasin – Kos"段铁路修复改造项目，内容主要包括："Kolasin – Kos"段铁路全长 9864.74 米的路基处理、修补挡土墙等线下工程，更换道碴、木枕等轨道工程，接触网线、回流导线、地线等调整工程。该项目是中土公司在中东欧地区承揽的第一个铁路工程建设项目，中标金额 700 万欧元，由欧洲复兴开发银行（EBRD）提供资金，为中土公司开拓欧洲铁路市场奠定了有利契机。

12. 北马其顿

(1) 科佳水电站项目

2004 年 10 月，由中国水利电力对外公司（简称"中水电公司"）承建的北马其顿科佳水电站全面竣工，并正式并网发电。科佳水电站位于北马其顿首都斯科普里西南 45 千米处的特雷斯卡河上，是北马其顿重点工程，也是中水电公司在欧洲地区实施的第一个项目。工程总投资 1.7 亿美元，工程目的在于首都防洪、提供工业用水、保证农业灌溉和饮用水和发电等，年发电可达 1.56 亿度。

(2) 米拉达蒂诺维奇—斯蒂普、基切沃—奥赫里德高速公路项目

由中国水电建设集团国际工程公司承建的合计里程 110 千米的米拉达蒂诺维奇—斯蒂普、基切沃—奥赫里德两条高速公路项目于 2014 年 2 月正式开工，由"中国—中东欧国家合作 100 亿美元专项贷款"支持，总耗资约 6.37 亿欧元，中方提供的优买贷款约 5.79 亿欧元，期限为 20 年。该项目是北马其顿历史上的最大项目工程，也是迄今为止中国与北马其顿合作的最大项目。

(3) 克鲁匹斯特—柯查尼快速路项目

北马其顿克鲁匹斯特—柯查尼快速路项目是北马其顿 A3 公路的一部分，是中国电建在北马其顿第一个市场化竞标成功的项目，金额为 2100 万美元，由欧洲复兴开发银行融资。该项目总长 13.65 千米，为双向四车道，设计时速 120（130）千米/时。

13. 波兰

（1）柳工集团收购波兰 HSW 公司民用工程机械事业部

2012 年 1 月 10 日，柳工集团与波兰工程机械企业 Huta Stalowa Wola（HSW）公司在波兰南部城市巴兰诺夫·桑多米尔斯基签订《有条件收购协议》，收购 HSW 下属民用工程机械业务单元及其全资子公司 Dressta100% 的股权及资产，并拥有 Dressta 的全部知识产权和商标。

HSW 公司是欧洲最大的工程机械制造商之一，尤其以生产高质量推土机而闻名，同时又是变速箱设计的专家，拥有技能娴熟的研发及生产团队。此次收购有助于柳工集团获得世界级水平的全系列推土机生产线，是柳工集团全球化进程的重要里程碑。

（2）柳工波兰收购波兰 ZZN 传动件厂

2013 年 10 月 31 日，广西柳工集团旗下位于波兰的全资子公司柳工锐斯塔机械有限公司（简称"柳工波兰"）与位于波兰斯塔洛瓦沃拉市的 ZZN 传动件厂（简称"ZZN 厂"）举行了收购签约仪式，这标志着柳工波兰向自主研发制造核心零部件又迈出了坚实的一步。

ZZN 厂紧邻柳工波兰厂区，之前一直作为向柳工波兰供应推土机、吊管机、装载机的桥箱、齿轮等关键零部件的独立法人公司。通过此次收购项目，柳工波兰获取了核心零部件的产品研发、生产和测试技术，形成了完整的核心零部件研发、生产体系，在大幅度节省了新建工厂和零部件研发成本的同时，进一步提升了柳工的国际化运作能力，对于柳工建设工程机械行业世界级企业具有重要的意义。

（3）三环集团收购波兰 KFLT 轴承公司

2013 年 5 月，三环集团所属襄阳轴承公司与波兰工业成长局在华沙签订股份转让协议，收购波兰工业成长局持有的波兰 KFLT 轴承公司 89.15% 股份。KFLT 轴承公司主要从事汽车滚子轴承、球轴承、工业特种轴承和大型风电轴承等各类轴承产品的生产制造和销售，拥有较高的产品研发技术和制造水平。此次并购是三环集团公司实施"调结构、上水平、国际化"发展战略的重大举措，不仅开创了湖北省属国企跨国并购的先河，也成为中国汽车轴承企业海外并购第一例。

(4) 海尔携手法格建立波兰新工厂

2013年9月6日,海尔集团与欧洲领先的家电制造商法格家电在德国柏林国际电子消费品展览会宣布成立合资公司,在波兰西南部城市弗罗茨瓦夫建立新工厂,生产电冰箱。海尔在新的合资公司中持股51%,法格持有余下49%股权。双方共同出资5600万欧元。海尔此举有效提高了其在欧洲市场的地位,通过推进设计、制造、营销"三位一体"的本土化模式,其产品的设计和生产更贴近终端消费者,以更加明显的欧洲"基因",加快完善海尔在欧洲的战略布局。

(5) 中国—中东欧投资合作基金地平线(Skyline)能源和格勒诺布尔(Grenoble)风电两个项目

2014年9月1日,中国—中东欧投资合作基金地平线能源和格勒诺布尔风电两个项目在华沙签约。中国—中东欧投资合作基金由中国进出口银行主导,上述两个项目均涉及新能源领域,特别是格勒诺布尔风电项目,中国—中东欧合作基金拟受让波兰最大的独立风电项目开发商GEO新能源公司全资拥有的格勒诺布尔风电项目部分权益。中国中东欧基金的运作方CEE Equity Partners公司和以色列新能源行业上市公司Enlight Renewable Energy Ltd组成合资公司,投资风电站。

(6) 中国平高集团有限公司承建的波兰科杰尼采变电站扩建及改造项目

位于波兰东部的科杰尼采电站是波兰境内第二大变电站,为波兰首都华沙供应一半以上的电力。2014年,平高集团与波兰国家电网公司签署了科杰尼采变电站扩建及改造项目,工程总金额约合2.52亿元人民币,历时4年于2018年11月10日正式完工。

(7) 福建鸿博集团在波兰绿地投资项目

2016年6月20日,在波兰举行的丝路国际论坛暨中波地方经贸合作论坛上,在中波两国领导人的共同见证下,福建鸿博集团与波兰奥波莱省政府签署投资合作框架协议,以绿地投资的形式在波兰成立鸿博清洁能源(欧洲)有限公司,在欧洲建厂进行LED灯具的生产、研发和销售。

作为第一家在波兰进行绿地投资的中国企业,鸿博清洁能源(欧洲)

有限公司在筹备阶段得到了中国有关政府部门的大力支持，得到了波兰奥波莱省政府、奥波莱市政府及工商界等各方面的关心和帮助，为当地经济发展和就业创造了新的增长点。

（8）TCL 在波兰设立欧洲研发中心

2018 年 9 月 3 日，TCL 集团在波兰举行揭牌仪式，正式成立 TCL 欧洲研发中心，该中心旨在提升 TCL 在人工智能领域基础研发能力。波兰有很好的数学基础，高等教育普及，高校研发水平较高。通过和华沙理工大学、华沙大学等开展产学研合作，TCL 欧洲研发中心不断加大顶级科研人才引进力度，加强技术成果转化，为加速 TCL 研发创新和提升原创技术实力提供了有力支持，对 TCL 未来全球发展具有战略性意义。

（9）同方威视华沙有限公司在波兰科贝乌卡市建立新工厂

同方威视华沙有限公司（以下简称"同方威视"）成立于 2005 年，是同方威视投资建立的第一个海外生产基地。2018 年 9 月 25 日，同方威视在华沙郊区科贝乌卡市建立的新工厂正式投产，成为中国高科技企业在波兰的首个绿地投资项目。新工厂总使用面积超过 5800 平方米，包含大型集装箱/车辆货物检查系统的所有分系统的生产车间。新工厂启用后，同方威视将成为欧洲最大的专业安检设备生产基地。

14. 罗马尼亚

（1）华为罗马尼亚公司

华为技术有限公司于 2003 年进入罗马尼亚电信市场，四年后华为罗马尼亚公司成立，在当地开设了办事处、欧洲财务共享中心和全球服务中心。截至 2018 年年底，华为当地子公司有 2053 名员工，其中 81% 的员工是罗马尼亚人。该公司与至少 25 家主要公司建立了合作伙伴关系，估计直接创造了 1500 多个工作岗位，间接创造了 3500 个工作岗位。

（2）华电—Oltenia 罗维纳里燃煤电站项目

2016 年 4 月 12 日，中国华电集团代表团访问罗马尼亚，宣布双方将正式成立华电—Oltenia 罗维纳里燃煤电站项目合资公司。这是两国在能源领域重大合作项目中成立的第一个合资公司，具体实施热电厂项目的设计和建造。该项目投资约 10 亿欧元，装机容量 600MW，建成后将有助于罗马尼亚在保证国家电力稳定性的同时加速完成欧盟减排目标。

(3) 中广核切尔纳沃德核电3、4号机组建设项目

2019年5月8日,中国广核集团有限公司(简称"中广核")与罗马尼亚国家核电公司签署了《关于切尔纳沃德核电厂3、4号机组成立合资公司的初步投资者协议》,双方就该核电项目的合作迈出了实质性一步。中广核是中国最大的核电运营商、全球最大的核电建造商,通过参与罗马尼亚核电项目,中广核将实现中国核电技术服务走出去,引领中国核电产业参与罗马尼亚核电的开发、建设、运营与退役全寿期服务与管理,为"一带一路"建设以及为落实中国与中东欧国家务实合作树立新的典范。相关信息显示,切尔纳沃德核电站3、4号机组项目将以2号机组为参考电站,单台机组装机容量不低于720兆瓦,两台机组预计建设工期为88个月,项目总投资约为72亿欧元。

15. 塞尔维亚

(1) 泽蒙—博尔察大桥项目

由中国进出口银行提供优惠贷款,中国路桥工程有限责任公司实施建设的泽蒙—博尔察大桥于2011年春开始施工建设,2014年建成,是中塞两国政府自2009年8月签署《关于基础设施领域经济技术合作协议》框架以来首个基础设施合作项目。泽蒙—博尔察大桥不但向欧洲展示了中国建筑企业的工程技术水准,同时也让欧洲人切实感受到了中国建筑人的专业能力和敬业精神,在国际建筑市场上为中国建筑企业赢得了好评。

(2) 恒康家居与丹麦Everrest APS合资公司在塞设立艾瑞斯特床垫厂项目

2012年7月4日,恒康家居与丹麦Everrest APS公司合资成立塞尔维亚艾瑞斯特制品有限公司(Everrest Production D. O. O,EPD),主要生产记忆棉床垫和记忆棉枕等家居用品。注册资本为180万第纳尔(约合15646欧元)。其中,恒康家居占股90%,Everrest APS公司占股10%。2014年10月1日,EPD公司开始在塞鲁玛市建设记忆绵床垫和记忆棉枕生产厂,总投资约1500万美元,项目一期占地约5万平方米,建筑面积3万平方米。

(3) 匈塞铁路项目塞尔维亚段

2015年12月23日,匈塞铁路项目塞尔维亚段启动仪式在塞尔维亚

诺维萨德市成功举行。这一铁路项目由中国铁路总公司牵头组成的中国企业联合体承建，它的启动标志着中匈塞铁路合作进入实施阶段，中国铁路"走出去"取得又一重大成果。

匈塞铁路从匈牙利首都布达佩斯至塞尔维亚首都贝尔格莱德，全长350千米，其中塞尔维亚境内184千米。该项目为电气化客货混线铁路，设计最高时速为每小时200千米，建设工期为2年。建成通车后，两地之间的列车运行时间将从目前的8小时缩短至3小时以内。匈塞铁路是中国—中东欧合作的旗舰项目，也是中欧互联互通合作的重要组成部分，对于"一带一路"倡议与欧洲发展战略对接，深化中欧合作、实现共同发展具有重要意义。

（4）河钢收购斯梅代雷沃钢厂

2016年4月18日，河钢集团与塞尔维亚政府正式签署了斯梅代雷沃钢厂并购协议，河钢出资4600万欧元收购斯梅代雷沃钢厂98%资产。此次收购是中国推进与中东欧国家国际产能合作取得的一项重大成果，也是河钢进一步优化全球产业布局的关键战略举措。自成功收购以来，河钢组织多批技术团队赴塞开展工作，诊断并解决了斯梅代雷沃钢铁厂在设备、技术、信息化、工艺等方面的问题，扭转了斯梅代雷沃钢厂之前连续7年亏损的局面。2018年，河钢塞尔维亚公司出口7.5亿欧元，同比增长39.6%，首次成为塞第一大出口企业，比排列第二位的意大利菲亚特车厂高出3500万欧元，彰显了中国和中国钢铁产业的实力，树立了中国企业在海外的品牌形象。

（5）塞尔维亚E763高速公路项目

塞尔维亚E763高速公路全长约300千米，连接塞尔维亚首都贝尔格莱德至黑山边境城市比耶洛波列，是泛欧11号走廊的重要组成部分。山东高速集团以施工总承包模式承建该项目3、5标段，全长50.2千米，合同金额3.75亿美元，设计速度130千米/时，双向4车道；后因项目实施出色，又承接第4标段修复升级工程。2019年8月18日，塞尔维亚E763高速公路第3、4、5标段通车，对提升当地就业率、改善民生、促进经济发展起到重要作用。

(6) 塞尔维亚贝尔格莱德绕城路项目

2016年11月5日,在第五次中国—中东欧领导人峰会期间,中国电建集团在拉脱维亚首都里加签署塞尔维亚贝尔格莱德绕城路项目。

中国电建集团承建的贝尔格莱德绕城公路项目位于塞尔维亚首都贝尔格莱德市南部郊区,共分为S4、S5、S6三个标段,全长20.34千米,设计时速为120千米/小时。2018年10月13日,塞尔维亚贝尔格莱德绕城公路项目S4标段9号桥第一根桩基开钻,工程正式进入桥梁施工阶段。S4标段长7.72千米,为新建高速公路左幅双车道,含3座桥梁、2座隧道、1座互通;S5标段长3.05千米,也为新建高速公路左幅双车道,含3座桥梁、1座隧道;S6标段长9.57千米,为新建高速公路双幅四车道,含16座桥梁、1座隧道、2座互通。该项目建设总工期为4年,总合同金额16.9亿元,建成后不仅有利于缓解贝尔格莱德市日益拥堵的交通状况,还将推动塞尔维亚进一步融入地区交通互联互通网络。

(7) 中国机械工程公司扩建Kostolac煤矿项目

2017年1月23日,中国机械工程公司正式启动价值7.15亿的煤电项目,扩建塞尔维亚第二大煤矿Kostolac煤矿,并在煤矿附近一座发电厂新建35万千瓦的发电机组。该项目是塞尔维亚近30年来第一次扩大电力产能,扩建后,塞尔维亚煤矿将提升33%的褐煤产量,增至1200万吨。

(8) 玲珑轮胎在塞尔维亚建立生产基地

2018年8月23日,玲珑轮胎与塞尔维亚政府签署合作备忘录,投资9.9亿美元建设年产能1362万条的高性能子午线轮胎生产工厂。该项目位于塞尔维亚城市兹雷尼亚宁工业区,是玲珑轮胎的第二家海外工厂,是在欧洲的第一家工厂。项目建成后,年产将实现销售收入达6.03亿美元,利润总额达1.63亿美元。项目将分三期建设,建设工期为6年。本次对外投资是落实公司"5+3"国际化战略的重要举措。

(9) 塞中工业园项目

2019年4月24日,塞尔维亚政府与中国路桥工程有限责任公司在北京签署了塞尔维亚—中国工业园在贝尔格莱德博尔察区的三个协议,包括联合组建公司、工业园商业规划、在博尔察区使用320公顷土地的协议。

塞中工业园位于贝尔格莱德西北部，多瑙河北岸，总占地面积约3.2平方千米。项目建成后预计将吸引一千多家中国企业进驻，并为贝尔格莱德当地创造一万多个工作机会。

（10）紫金矿业收购博尔铜矿

2018年12月18日，紫金矿业集团与塞尔维亚政府签署协议，出资3.5亿美元收购塞尔维亚博尔铜矿63%的股份（塞政府保留剩余37%的股份），同时，紫金矿业还同意在项目交割之日起6年内投入约12.6亿美元（含上述3.5亿美元）的资金用于旗下4个矿山和1个冶炼厂的技改扩建或新建等。预计改造项目完成后，博尔铜矿的产能将由现在每年6万吨翻倍达到12万吨。

（11）敏实集团塞尔维亚工厂项目

2019年4月2日，敏实集团塞尔维亚工厂奠基仪式在洛兹尼察市举行。敏实集团塞尔维亚工厂主要负责生产铝制汽车部件，该工厂是洛兹尼察市30多年迎来的最大投资项目，总投资额达1亿欧元（1.125亿美元），创造就业岗位达1千多个，将大大带动洛兹尼察市及周边地区发展。

（12）星宇股份塞尔维亚项目

2020年3月12日，星宇股份塞尔维亚项目奠基仪式在塞尔维亚尼什举行，星宇股份塞尔维亚工厂正式开工建设。该项目位于塞尔维亚尼什市，总占地面积16.55公顷，总计划投资5000万欧元，将于2021年部分建成投产。项目建成后，工厂将主要从事汽车车灯的生产和销售，具备年产各类车灯600万只的生产能力，并预计为当地提供约1000个工作岗位。

16. 斯洛伐克

（1）联想集团在斯洛伐克建立技术支持中心

2006年4月20日，联想集团在斯洛伐克首都布拉迪斯拉发举行的新闻发布会上宣布将建立技术支持中心，主要负责处理欧洲、中东、非洲地区的订单、供应链、客户、财务、技术等业务。目前，联想已成为欧洲、中东和非洲地区PC市场的领头羊，占有25.7%的市场份额。

（2）宁波天胜轴承集团有限公司收购斯洛伐克ZVL公司

2008年4月，宁波天胜轴承集团有限公司出资660万欧元收购斯洛伐克ZVL公司55%的股份，利用ZVL公司的销售渠道和品牌优势，开拓轴承行业全球最大的轴承主机市场——欧洲市场。新组建的 ZVL 汽车轴承公司开始运营后，天胜集团将整个生产流程进行了改造，把全部的前道工序放在国内，而斯洛伐克 ZVL 公司主要承担后道工序和产品销售，在大幅降低生产成本的同时，也有效带动了天胜集团国内生产技术和检测手段的提升，为天胜全面提升国际品牌影响力发挥了巨大作用。

（3）青岛软控建立欧洲研发和技术中心

2009 年 6 月，青岛高校软控股份有限公司（以下简称"青岛软控"）软控与斯洛伐克 Rubber Point 公司签订合作意向书，在斯洛伐克合资 2000 万建立青岛软控欧洲研发和技术中心，其中青岛软控的出资额为该中心注册资本总额的 51%，研发设备的技术软件和产权归青岛软控所有。该中心主要业务是研究轮胎装备、工艺技术和生产制造高质量的轮胎生产装备，以及为欧洲用户提供技术服务。欧洲研发和技术中心的成立不仅拓展了青岛软控产品在欧洲的市场，同时，通过与 Rubber Point 公司的合作，有效提升了青岛软控在轮胎和橡胶装备领域的产品技术和质量水平，为其打入欧洲高端市场奠定了良好基础。

（4）航天科工海鹰集团旗下 IEE 斯洛伐克公司投资扩建新工厂

2014 年 11 月 10 日，中国航天科工海鹰集团控股的 IEE 公司在斯洛伐克第二大城市科希策举行新工厂开业典礼。IEE 科希策工厂主要生产汽车电子传感器和安全技术相关产品，新工厂投资额为 1000 万欧元，厂房面积达 1 万平方米，该工厂系 IEE 公司在全球的最大工厂。

（5）中国国新国际投资有限公司加兰塔（Galanta）物流园

2017 年，中国国新国际投资有限公司成功收购斯洛伐克第二大物流园——加兰塔物流园（该物流园是世界数家著名零售企业、制造企业在中东欧地区最大的物流仓储分销中心），成立国新国际斯洛伐克物流有限公司。该项目是近年来中国在斯洛伐克最大的投资项目，对深化中国与中东欧国家之间的经贸联系、扩大在该地区影响力、参与并推动当地经济和现代物流业发展具有重要意义。

17. 斯洛文尼亚

（1）中国恒天集团收购斯洛文尼亚 TAM 客车公司

2013 年 4 月，中国恒天集团与国际合作方联合收购了斯洛文尼亚

TAM–DuraBus客车公司，主要从事机场大巴、旅游大巴、中巴和底盘的生产及销售。2014年8月，恒天收购了合作方持有的股权，占有TAM公司100%股权。此后三次增加投资，总投资达到1627万欧元。TAM公司雇用本地员工172人，2018年销售收入达976万欧元。TAM–DuraBus客车公司是中斯建交以来中方在斯投资的首家生产型企业，通过将中国成本、技术优势与斯洛文尼亚的技术、品牌相结合，TAM–DuraBus公司已从收购时破产状态步入了良性发展阶段。

（2）华为在斯洛文尼亚成立分公司

华为2008年进入斯洛文尼亚市场，2015年11月在斯首都卢布尔雅那注册成立子公司，与当地主流运营商Telecom Slovenije，Telemach等建立了合作伙伴关系，并成为巴尔干地区增长最快的华为分公司。近年来，华为斯洛文尼亚子公司不断拓展当地市场，提高企业知名度，肩负社会责任，回馈当地社会，为中斯经贸合作起到了良好的示范作用。

（3）金科娱乐收购Outfit 7公司

2017年1月，浙江金科娱乐文化股份公司（以下简称"金科娱乐"）收购了Outfit 7公司全部股权，收购金额达10亿欧元（约合人民币73亿元）。Outfit 7是手游市场早期成功的少数公司之一，自2010年7月虚拟宠物手游《会说话的汤姆猫》发布之后，该公司陆续发布了数十款手游，拥有超过53亿次的客户下载数，位居全球第四位。通过此次收购，金科娱乐已成为全球大型轻度内容发行商，进一步推动了中国游戏、动漫、教育、影视产业的全球化。

（4）汉德资本收购Fotona公司

2017年5月，中国私募股权公司汉德资本（以下简称"汉德资本"AGIC）收购了斯洛文尼亚激光设备公司Fotona的全部股权。Fotona公司主要生产医疗、齿科和美容整形领域的高性能激光设备。收购完成后，汉德资本在市场推广、销售资源增加和在中国的监管审批上向Fotona提供了大力支持，为其开辟亚洲和中国市场创造了巨大机遇。

（5）海信集团收购戈兰尼亚（Gorenje）

2018年，中国海信集团以近3亿欧元价格收购了斯洛文尼亚著名家电制造商Gorenje100%股权。Gorenje成立于1950年，有员工1.1万人，在厨电和洗衣机等产品方面有较强的实力,品牌知名度较高,并在欧洲拥有完整的销售体系。并购之后,海信通过 Gorenje 在欧洲的营销底蕴,进一步提升了其品牌的国际知名度,并借助 Gorenje 生产优势,有效弥补了海信的厨电品类短板,实现了企业国际竞争力的显著提升。

参考文献

一 中文文献

陈恩、陈博，2015，《中国对发展中国家直接投资区位选择及影响因素》，载《国际经济合作》2015 年第 8 期。

陈恩、曾纪斌，2014，《我国对外直接投资（OFDI）的出口效应研究——基于随机前沿引力模型分析》，载《工业技术经济》2014 年第 7 期。

陈伟光、郭晴，2016，《中国对"一带一路"沿线国家投资的潜力估计与区位选择》，载《宏观经济研究》2016 年第 9 期。

陈岩、马利灵、钟昌标，2012，《中国对非洲投资决定因素：整合资源与制度视角的经验分析》，载《世界经济》2012 年第 10 期。

程惠芳、阮翔，2004，《用引力模型分析中国对外直接投资的区位选择》，载《世界经济》2004 年第 11 期。

崔日明、黄英婉，2016，《"一带一路"沿线国家贸易投资便利化评价指标体系研究》，载《国际贸易问题》2016 年第 9 期。

杜凯、周勤，2010，《中国对外直接投资：贸易壁垒诱发的跨越行为》，载《南开经济研究》2010 年第 2 期。

杜群阳、朱勤，2004，《中国企业技术获取型海外直接投资理论与实践》，载《国际贸易问题》2004 年第 11 期。

范兆斌、潘琳，2016，《中国对 TPP 成员国的直接投资效率及影响因素——基于随机前沿引力模型的研究》，载《国际经贸探索》2016 年第 6 期。

高运胜、尚宇红，2017，《中国高铁产业投资中东欧国家竞争力分析——基于修正钻石模型的视角》，载《广东社会科学》2017 年第 1 期。

龚鉴尧，2000，《世界统计名人传记》，中国统计出版社。

巩雪，2016，《中东欧投资环境评估及建议》，载《国际经济合作》2016 年第 5 期。

郭力，2010，《中俄直接投资便利化的实施路径分析》，载《俄罗斯中亚东欧市场》2010 年第 12 期。

胡博、李凌，2008，《我国对外直接投资的区位选择——基于投资动机的视角》，载《国际贸易问题》2008 年第 12 期。

胡翠平，2015，《中国企业顺向与逆向 OFDI 的动因及影响因素对比分析》，载《国际经贸探索》2015 年第 5 期。

蒋殿春、张庆昌，2011，《美国在华直接投资的引力模型分析》，载《世界经济》2011 年第 5 期。

鞠维伟，2015，《美国与中东欧国家的贸易投资关系现状及对中国的启示》，载《欧亚经济》2015 年第 6 期。

李计广、李彦莉，2015，《中国对欧盟直接投资潜力及其影响因素——基于随机前沿模型的估计》，载《国际商务》（对外经济贸易大学学报）2015 年第 5 期。

李磊、郑昭阳，2012，《议中国对外直接投资是否为资源寻求型》，载《国际贸易问题》2012 年第 2 期。

刘思峰等，2010，《灰色系统理论及其应用》，科学出版社 2010 年版。

刘永辉、赵晓晖、张娟，2020，《中国对中东欧直接投资效率和潜力的实证研究》，载《上海大学学报》（社会科学版）2020 年第 4 期。

刘作奎、鞠维伟，2015，《"国际格局变化背景下的中国和中东欧国家关系"国际学术研讨会综述》，载《欧洲研究》2015 年第 3 期。

刘作奎、鞠维伟，2016，《中国—波兰外交政策论坛：进展、潜力与前瞻》，载《欧洲研究》2016 年第 4 期。

刘作奎，2013，《新形势下中国对中东欧国家投资问题分析》，载《国际问题研究》2013 年第 1 期。

刘作奎，2016，《"一带一路"倡议背景下的"16 + 1 合作"》，载《当代世界与社会主义》2016 年第 3 期。

刘作奎，2017，《英国"脱欧"导致欧盟内部结构变化及对中东欧国家的影响》，载《欧亚经济》2017 年第 3 期。

刘作奎，2014，《中东欧在丝绸之路经济带建设中的作用》，载《国际问题研究》2014 年第 4 期。

刘作奎，2013，《中国与中东欧合作：问题与对策》，载《国际问题研究》2013 年第 5 期。

卢进勇、冯涌，2006，《国际直接投资便利化的动因、形式与效益分析》，载《国际贸易》2006 年第 9 期。

鲁明泓，1999，《制度因素与国际直接投资区位分布：一项实证研究》，载《经济研究》1999 年第 7 期。

马骏驰，2015，《德国与维谢格拉德国家的经贸、投资关系探究——对中国与中东欧合作的启示》，载《欧亚经济》2015 年第 6 期。

沈铭辉，2009，《APEC 投资便利化进程——基于投资便利化行动计划》，载《国际经济合作》2009 年第 4 期。

宋林、谢伟、郑雯，2017，《"一带一路"战略背景下我国对外直接投资的效率研究》，载《西安交通大学学报》（社会科学版）2017 年第 4 期。

宋勇超，2013，《中国对外直接投资目的效果检验——以资源寻求型 OFDI 为视角》，载《经济问题探索》2013 年第 8 期。

孙建中，2000，《资本国际化运营：中国对外直接投资发展研究》，经济科学出版社。

谭晶荣、周英豪，2005，《影响 FDI 区位选择的因素分析》，载《商业研究》2005 年第 20 期。

唐绍祥，2012，《基于资源及经济安全视角的中国对外投资合作研究》，载《上海经济研究》2012 年第 7 期。

王鹏飞，2014，《我国对外直接投资区域选择的影响因素分析》，载《统计与决策》2014 年第 22 期。

项本武，2009，《东道国特征与中国对外直接投资的实证研究》，载《数量经济技术经济研究》2009 年第 7 期。

谢娟娟等，2013，《中国对外直接投资模式与决定因素——基于2000—2010年面板数据的实证研究》，载《经济问题探索》2013年第10期。

邢建国，2003，《中国企业FDI研究：理论模型与政策思路》，博士毕业论文，复旦大学。

闫国庆、张海波：《基于引力模型的中国利用FDI影响因素分析及潜力测算》，载《经济理论与经济管理》2008年第8期。

杨成玉、陈虹，2016，《中国OFDI对出口贸易转型升级的影响——基于中国—中东欧16国的实证分析》载，《国际商务》（对外经济贸易大学学报）2016年第6期。

杨德新，2005，《中国对外直接投资的实践与理论》，载《山东财政学院学报》2005年第4期。

翟卉、徐永辉，2016，《中国对"一带一路"国家直接投资影响因素分析——基于东道国角度的实证研究》，载《对外经贸》2016年第9期。

张鹏，2014，《中国在中东欧国家开展农业投资的研究》，硕士毕业论文，对外经济贸易大学。

张莞洺，2004，《入世后中国进口反倾销与外资政策的潜在冲突与应对策略》，载《浙江学刊》2004年第6期。

张亚斌，2016，《"一带一路"投资便利化与中国对外直接投资选择——基于跨国面板数据及投资引力模型的实证研究》，载《国际贸易问题》2016年第9期。

宗芳宇等，2012，《双边投资协定、制度环境和企业对外直接投资区位选择》，载《经济研究》2012年第5期。

［英］麦金德，1965，《民主的理想与现实》，武原译，商务印书馆。

［日］小岛清，周宝廉译，1987，《对外贸易论》，南开大学出版社。

二　英文文献

Afriat S. N. , 1972, "Efficiency Estimation of Production Functions," *International Economic Review*, Vol. 13, No. 3.

Aigner D. et al. , 1977, "Formulation and Estimation of Stochastic Frontier Production Function Models," *Journal of Econometrics*, Vol. 6, No. 1.

Aigner D. J. , 1968, "Chu S F. On Estimating the Industry Production Function," *American Economic Review*, Vol. 58, No. 4.

Aldaba R. M. , 2013, "Getting Ready for the ASEAN Economic Community 2015: Philippine Investment Liberalization and Facilitation," Discussion Papers.

Andreff W. , 2002, "The New Multinational Corporations from Transition Countries," *Economic Systems*, Vol. 26, No. 4.

Armstrong S. P. , 2007, "Measuring Trade and Trade Potential: A Survey," Asia Pacific Economic Papers.

Battese G. E. , Tim J. Coelli, 1995, "A Model for Technical Inefficiency Effects in a Stochastic Frontier Production Function for Panel Data," *Empirical Economics*, Vol. 20, No. 2.

Battese G. , Tim J. Coelli, 1988, "Prediction of Firm – Level Technical Efficiencies, Given a Generalized Frontier Production Function and Panel Data: With application to the Australian Dairy Industry," *Journal of Econometrics*, Vol. 38, No. 3.

Belderbos R. , 1995, *The Role of Investment in Europe in the Globalization Strategy of Japanese Electronics Firms*, Harwood Academic Publishers.

Bevan A. A. , Saul Estrin, 2004, "Foreign Investment Location and Institutional Development in Transition Economics," *International Business Review*, No. 13.

Blomkvist K. , Rian Drogendijk, 2013, "The Impact of Psychic Distance on Chinese Outward Foreign Direct Investments," *Management International Review*, Vol. 53, No. 5.

Blonigen B. A. , 2005, "A Review of the Empirical Literature on FDI Determinants," Nber Working Papers, Vol. 33, No. 4.

Blonigen B. A, Robert C. Feenstra, 1997, "Protectionist Threats and Foreign Direct Investment," Working Papers, Vol. 1, No. 597.

Buckley P. J. et al. , 2009, "Erratum: The Determinants of Chinese Outward Foreign Direct Investment," *Journal of International Business Studies*, Vol. 40, No. 2.

Buckley P. J., et al., 2007, "The Determinants of Chinese Outward Direct Investment," *Journal of International Business Studies*, Vol. 38, No. 4.

Buckley P. J., Mark Casson, 1976, *The Future of Multinational Enterprise*, London Macmillan.

Cantwell J. A., 1989, *Technological Innovation and Multinational Corporations*, Oxford: Basil Blackwell.

Cheng L. K., Zihui Ma., 2007, "China's Outward Foreign Direct Investment," *Journal of World Business*.

Chen M. X., Michael Moore, 2010, "Location Decision of Heterogeneous Multinational Firms," *Journal of International Economics*, Vol. 80, No. 2.

Cheung Y. W., Xing Wang Qian, 2009, "Empirics of China's Outward Direct Investment," *Pacific Economic Review*, Vol. 14, No. 3.

Delios A., Witold I. Henisz, 2000, "Japanese Firms Investment Strategies in Emerging Economies," *Academy of Management Journal*, Vol. 43, No. 3.

Duanmu J. L., 2012, "Firm heterogeneity and Location Choice of Chinese Multinational Enterprises (MNEs)," *Journal of World Business*, Vol. 47, No. 1.

Dunning J. H., 2006, "Comment on Dragon Multinationals: New Players in 21st Century Globalization," *Asia Pacific Journal of Management*, Vol. 23, No. 2.

Dunning J. H., 1981, *International Product and the Multinational Enterprises*, London: George Allen and Unwin.

Dunning J. H., 1993, *The Theory of transnational corporations*, London: Routledge.

Dunning J. H., 1977, "Trade, Location of Economic Activity and the MNE: A Search for An Eclectic Approach," *International Allocation of Economic Activity*, No. 1023.

Farrell M., 1957, "The Measurement of Production Efficiency," *Journal of the Royal Statistical Society*.

Frenkel M., et al., 2004, "A Panel Analysis of Bilateral FDI Flows to Emerging Economies," *Economic Systems*, Vol. 28, No. 3.

Galan J. I., et al., 2007, "Factors Determining the Location Decisions of Spanish MNEs: An Analysis Based on the Investment Development Path," *Journal of International Business Studies*, Vol. 38, No. 6.

Helpman E., et al., 2004, "Export Versus FDI with Heterogeneous Firms," *Scholarly Articles*, Vol. 94, No. 1.

Hines J. R., 1995, "Forbidden Payment: Foreign Bribery and American Business After 1977," *Nber Working Papers*.

Hymer S., 1976, "The International Operations of National Firms: A Study of Direct Foreign Investment," MIT Press.

Kojima K., 1978, *Direct Foreign Investment: A Japanese Model of Multinational Business Operations*, London: Croom Helm.

Koopmans T. C., 1951, "Analysis of Production as An Efficient Combination of Activities," *Analysis of Production & Allocation*, Vol. 158, No. 1.

Kumar N., 2001, "Infrastructure Availability, Foreign Direct Investment Inflows and Their Export – Orientation: A Cross – Country Exploration," *Indian Economic Journal*.

Lall S., 1983, *The New Multinationals: The Spread of Third World Enterprises*, London: John Wiley &Sons.

Liu J. J., Joanna Scott – Kennel. 2011, "Asset – Seeking Investment by Chinese Multinationals: Firm Ownership, Location, and Entry mode," *Asia Pacific and Globalization Review*, Vol. 1, No. 1.

Mauro F. D., 2000, "The Impact of Economic Integration on FDI and Exports: A Gravity Approach," *Capital Goods Services Workers*.

Meeusen W., Julienvan Den Broeck, 1977, "Efficiency Estimation from Cobb – Douglas Production Functions with Composed Error," *International Economic Review*, Vol. 18, No. 2.

Niels Hermes, Robert Lensink., 2003, "Foreign Direct Investment, Financial Developmentand Economic Growth," *Journal of Development Studies*, Vol. 40, No. 1.

Ozawa T., 1992, "Foreign Direct Investment and Economic Development," *Transnational corporations*, Vol. 1, No. 1.

Ozawa T., 1992, *Foreign Direct Investment and Economic Development*, World Investment Report.

Quer D. et al., 2012, "Political risk, Cultural Distance, and Outward Foreign Direct Investment: Empirical Evidence from Large Chinese Firms," *Asia Pacific Journal of Management*, Vol. 29, No. 4.

Ramasamy B. et al., 2012, "China's Outward Foreign Direct Investment: Location Choice and firm Ownership," *Journal of World Business*, Vol. 47, No. 1.

Root F. R., 1979, "Empirical Determinants of Manufacturing Direct Foreign Investment in Developing Countries," *Economic Development & Cultural Change*, Vol. 27, No. 4.

Rothaermel F. T. et al., 2006, "Balancing Vertical Integration and Strategic Outsourcing: Effects on Product Portfolio, Product Success, and Firm Performance," *Strategic Management Journal*, Vol. 27, No. 11.

Tan B., Ilan Vertinsky, 1995, "Strategic Advantages of Japanese Electronics Firms and the Scale of Their Subsidiaries in the US and Canada," *International Business Review*, Vol. 4, No. 3.

Tolentino P. E., 1993, *Technological Innovation and Third World Multinationals*, London: Routledge.

Ure J., 2005, "ICT Sector Development in Five Central Asian Economies: A Policy Framework for Effective Investment Promotion and Facilitation," A Paper for UNESCAP.

Vernon R., 1966, "International Investment and International Trade in the Product Cycle," *The Quarterly Journal of Economics*, Vol. 80, No. 2.

Wells L. T., 1983, *Third World Multinationals*, Cambridge, Massachusetts: MIT Press.

Yeaple S. R., 2008, "Firm Heterogeneity and Structure of U. S. Multinational Activity," *Journal of International Economics*, Vol. 78, No. 2.

Yiu D., Shige Makino, 2002, "The Choice Between Joint Venture and Wholly Owned Subsidiary: An Institutional Perspective," *Organization Science*, Vol. 13, No. 6.